Poétique et Rhétorique

Édition annotée, en larges caractères, Police Atkinson Hyperlegible

ARISTOTE

Traduction par
Ch-Émile Ruelle

Alicia ÉDITIONS

Table des matières

POÉTIQUE

I. La poésie consiste dans l'imitation. — Trois différences entre les imitations. — Différentes sortes de poésie, selon les moyens d'imitation. — 3

II. Différentes sortes de poésie, selon les objets imités — 7

III. Différentes sortes de poésie selon la manière d'imiter. — 9

IV. Origine de la poésie. — Divisions primitives de la poésie. — Épopée ; poésie ïambique (ou satirique). — Origine de la tragédie et de la comédie. — Premiers progrès de la tragédie. — 11

V. Définition de la comédie ; ses premiers progrès. — Comparaison de la tragédie et de l'épopée. — 16

VI. Définition de la tragédie. — Détermination des parties dont elle se compose. — Importance relative de ces parties. — 19

VII. De l'étendue de l'action. — 26

VIII. De l'unité de l'action. — 29

IX. Comparaison de l'histoire et de la poésie. — De l'élément historique dans le drame. — Abus des épisodes dans le drame. — De la péripétie1, considérée comme moyen dramatique. — 31

X. De l'action simple et de l'action complexe. — 35

XI. Éléments de l'action complexe : péripétie, reconnaissance, événement pathétique. — 37

XII. Divisions de la tragédie. — 40

XIII. Des qualités de la fable par rapport aux personnes — Du dénouement. — 42

XIV. De l'événement pathétique dans la fable. — Pourquoi la plupart des sujets tragiques sont fournis par l'histoire. — 46

XV. Des mœurs dans la tragédie. — De ce qu'il convient de mettre sur la scène. — De l'art d'embellir les caractères. — 50

XVI. Des quatre formes de la reconnaissance. — 54

XVII. Il faut se pénétrer du sujet que l'on met en tragédie. Manière de le développer. — 58

XVIII. Du nœud et du dénouement. Il faut éviter de donner à une tragédie les proportions d'une épopée. — Des sujets traités dans les chants du chœur. — 61

XIX. De la pensée et de l'élocution. — 65

XX. Des éléments grammaticaux de l'élocution. — 67

XXI. Des diverses espèces de noms. — 72

XXII. De l'emploi de la glose, de la métaphore, de l'ornement, etc. — 78

XXIII. De la composition épique. — 84

XXIV. Comparaison de l'épopée avec la tragédie. — Nombreux mérites d'Homère.	86
XXV. Objections faites au style poétique. — Solutions.	91
XXVI. La composition épique est-elle supérieure à la composition tragique ? Conclusion dans le sens de la négative.	100
APPENDICE : FRAGMENTS PRÉSUMÉS DE LA POÉTIQUE	104

RHÉTORIQUE

LIVRE I

I. Rapports de la rhétorique et de la dialectique. - Utilité et rôle de la rhétorique.	113
II. Définition de le rhétorique. La vraisemblance, le signe, l'exemple.	121
III. Des trois genres de la rhétorique : le délibératif, le judiciaire, le démonstratif.	133
IV. Principales propositions propres au genre délibératif.	138
V. Quel but on doit se proposer quand on conseille et quand on dissuade. Variétés du bonheur.	144
VI. De l'honnête et de l'utile.	153
VII. Du bien préférable et du plus utile.	161
VIII. Du nombre et de la nature des divers gouvernements. De la fin de chacun d'eux.	174

IX. De la vertu et du vice. Du beau et du laid (moral). Des éléments de l'éloge et du blâme. — 177

X. De l'accusation et de la défense. Du nombre et de la nature des sources du syllogisme. — 189

XI. Des choses agréables. — 196

XII. Quels sont les gens qui font du tort, quel genre de mal font-ils, et à qui ? — 207

XIII. La loi naturelle et la loi écrite. — Des gens équitables. — 216

XIV. Sur les causes d'un préjudice plus grave et moins grave. — 223

XV. Des preuves indépendantes de l'art. — 227

LIVRE II

I. Comment on agit sur l'esprit des juges. — 241

II. De ceux qui excitent la colère ; des gens en colère ; des motifs de colère. — 245

III. Ce que c'est que d'être calme ; à l'égard de qui l'on est calme, et pour quels motifs. — 254

IV. Quelles sortes de personnes on aime et l'on hait. Pour quels motifs. — 260

V. Qu'est-ce que la crainte et ce qui l'inspire ? Dans quelle disposition est-on lorsqu'on a de la crainte ? — 268

VI. De quoi avons-nous honte et n'avons-nous pas honte ? — Devant qui avons-nous honte ? — Dans quelle disposition avons-nous honte ? — 276

VII. Des personnes à qui l'on fait une faveur. — Des motifs de la faveur accordée. — De la disposition d'esprit de ceux qui l'accordent. 285
VIII. De la pitié. 288
IX. De l'indignation. 293
X. De l'envie. 299
XI. De l'émulation. 303
XII. Des mœurs. — De celles de la jeunesse. 306
XIII. Des mœurs de la vieillesse. 311
XIV. Des mœurs de l'homme fait. 315
XV. Des mœurs des nobles. 317
XVI. Des moeurs inhérentes à la richesse. 319
XVII. Des moeurs des puissants et des heureux. 321
XVIII. Des traits communs à tous les genres de discours. 323
XIX. Sur le possible et l'impossible. 326
XX. Sur les exemples, leurs variétés, leur emploi, leur opportunité. 332
XXI. Sur la sentence, ses variétés, son emploi, son utilité. 336
XXII. Des enthymèmes. 344
XXIII. Lieux d'enthymèmes. 350
XXIV. Lieux des enthymèmes apparents. 369
XXV. Des solutions. 377
XXVI. De l'exagération et de l'atténuation. 382

LIVRE III

I. De l'élocution.	387
II. Sur les qualités principales du style.	392
III. Sur le style froid.	400
IV. Sur l'image.	404
V. Il faut parler grec.	407
VI. Sur l'ampleur du style.	411
VII. Sur la convenance du style.	414
VIII. Sur le rythme oratoire.	418
IX. Du style continu et du style périodique.	422
X. Sur les mots d'esprit.	430
XI. Mettre les faits devant les yeux.	437
XII. À chaque genre convient une diction différente.	447
XIII. De la disposition.	452
XIV. De l'exorde.	455
XV. Des moyens de réfuter une imputation malveillante.	463
XVI. De la narration.	468
XVII. Des preuves.	474
XVIII. De l'interrogation. — De la plaisanterie.	481
XIX. De la péroraison.	485

POÉTIQUE

I. La poésie consiste dans l'imitation. — Trois différences entre les imitations. — Différentes sortes de poésie, selon les moyens d'imitation.

I. Nous allons parler et de la poétique elle-même et de ses espèces ; dire quel est le rôle de chacune d'elles et comment on doit constituer les fables[1] pour que la poésie soit bonne ; puis quel est le nombre, quelle est la nature des parties qui la composent : nous traiterons pareillement des autres questions qui se rattachent au même art, et cela, en commençant d'abord par les premières dans l'ordre naturel.

II. L'épopée[2], la poésie tragique, la comédie, la poésie dithyrambique, l'aulétique, la citharistique, en majeure partie se trouvent être toutes, en résumé, des imitations. Seulement, elles diffèrent entre elles par trois points. Leurs éléments d'imitation sont autres ; autres les objets imités, autres enfin les procédés et la manière dont on imite. En effet, de même que certains imitent beaucoup de choses avec des couleurs et des gestes, les uns au moyen de l'art, d'autres par habitude, d'autres encore avec l'aide de la nature (seule)[3], de même, parmi les arts précités, tous produisent l'imitation au moyen du rythme, du langage et de l'harmonie[4], employés séparément ou mélangés.

III. Ainsi l'harmonie et le rythme sont mis seuls en usage dans l'aulétique, la citharistique et dans les autres arts qui ont un rôle analogue, tel que celui de la syrinx[5].

IV. Le rythme est l'unique élément d'imitation dans l'art des danseurs, abstraction faite de l'harmonie. En effet, c'est par des rythmes figurés[6] qu'ils imitent les mœurs, les passions et les actions.

V. L'épopée n'emploie que le langage pur et simple[7], ou les mètres, soit qu'elle mélange ceux-ci entre eux, ou qu'elle ne vienne à mettre en usage qu'un seul genre de mètre, comme on l'a fait jusqu'à présent.

VI. Nous ne pourrions en effet donner une (autre) dénomination commune aux mimes de Sophron, à ceux de Xénarque[8], et aux discours socratiques, pas plus qu'aux œuvres d'imitation composées en trimètres, en vers élégiaques, ou en d'autres mètres analogues, à moins que, reliant la composition au mètre employé, l'on n'appelle les auteurs poètes élégiaques ou poètes épiques et qu'on ne leur donne ainsi la qualification de poètes, non pas d'après le genre d'imitation qu'ils traitent, mais, indistinctement, en raison du mètre (qu'ils adoptent). Il est vrai que les auteurs qui exposent en vers quelque point de médecine ou de physique reçoivent d'ordinaire cette qualification ; mais, entre Homère et Empédocle, il n'y a de commun que l'emploi du mètre. Aussi est-il juste d'appeler le premier un poète et le second un physicien, plutôt qu'un poète. Supposé, semblablement, qu'un auteur fasse une œuvre d'imitation en mélangeant divers mètres, comme Chérémon dans le *Centaure*[9], rapsodie où sont confondus des mètres de toute sorte, il ne faudrait pas moins lui donner le nom de poète. Telles sont les distinctions à établir en ces matières.

VII. Il y a des genres de poésie qui emploient tous les éléments nommés plus haut, savoir : le rythme, le chant et le mètre ; ce sont la poésie dithyrambique, celle des nomes[10], la tragédie et la comédie. Ces genres diffèrent en ce que les uns emploient ces trois choses à la fois, et les autres quelqu'une d'entre elles séparément.

VIII. Voilà pour les différences qui existent entre les arts, quant à la pratique de l'imitation.

---

1. Traiter les sujets poétiques.
2. Nous suivons la division en paragraphes adoptée par Buhle, tout en conservant la division par chapitres consacrée par l'usage, division dont il ne se sépare d'ailleurs qu'en dédoublant le chapitre Ier et en faisant commencer ici son chapitre II.
3. Manuscrits : διὰ φωνῆς. — Correction de Madius. Cp. chap. VII, 3 : διὰ τέχνην, ἢ διὰ φύσιν. D. Heinsius a proposé διὰ ἀμφοῖν, lecture adoptée par Dacier et l'abbé Batteux.

ARISTOTE

4. Ἁρμονία. C'est, ici, la musique, considérée uniquement sous le rapport des sons mélodiques.
5. Flûte de Pan.
6. Ou plutôt par des figures rythmées.
7. La prose.
8. Fils de Sophron.
9. Athénée appelle ce poème dramatique : δρᾶμα πολύμετρον. *Deipnosophistes*, l. XIII, p. 608, E.
10. Chants religieux et autres.

II. Différentes sortes de poésie, selon les objets imités

I. Comme ceux qui imitent des gens qui agissent et que ceux-ci seront nécessairement bons ou mauvais (presque toujours les mœurs se rattachent à ces deux seules qualités, et tous les hommes, en fait de mœurs, diffèrent par le vice et par la vertu), il s'ensuit nécessairement aussi que nous imitons des gens ou meilleurs qu'on ne l'est dans le monde, ou pires, ou de la même valeur morale. C'est ainsi que, parmi les peintres, Polygnote représentait des types meilleurs, Pauson de pires, et Denys des types semblables.

II. Seulement, il est évident que chacun des genres d'imitation comportera les mêmes différences et que, de plus, l'imitation sera autre, en ce sens qu'elle imitera d'autres choses de la même manière.

III. Ainsi, dans la danse, dans le jeu de la flûte, dans celui de la cithare, il est possible que ces dissemblances se produisent. De même dans le langage et dans la versification pure et simple[1]. Par exemple, Homère (nous présente) des types meilleurs ; Cléophon de semblables ; Hégémon, celui qui le premier composa des parodies et Nicocharès, l'auteur de la *Déliade*, des types inférieurs à la réalité.

IV. De même encore, dans le dithyrambe et les nomes, on pourrait imiter comme le firent Argus, Timothée et Philoxène, dans les *Cyclopes*.

V. La même différence sépare la tragédie et la comédie. Celle-ci tend à imiter des êtres pires, celle-là des êtres meilleurs que ceux de la réalité actuelle.

---

1. Ni chantée, ni rythmée.

III. Différentes sortes de poésie selon la manière d'imiter.

I. La troisième différence consiste dans la manière d'imiter chacun de ces êtres. En effet, il est possible d'imiter le même objet, dans les mêmes circonstances, tantôt sous forme de récit et en produisant quelque autre personnage, comme le fait Homère, ou bien le personnage restant le même, sans qu'on le fasse changer, ou encore de telle façon que les sujets d'imitation soient présentés agissant et accomplissant tout par eux-mêmes.

L'imitation comporte donc les trois différences que voici, comme nous l'avons dit en commençant : les circonstances où elle a lieu, son objet, son procédé.

Par l'une, Sophocle est un imitateur dans le même sens qu'Homère, car tous deux imitent des êtres meilleurs ; par la seconde, il l'est dans le même sens qu'Aristophane, car tous deux imitent en mettant leurs personnages en action.

II. De là le nom de drames (δράματα), donné à leurs œuvres, parce qu'ils imitent en agissant (δρῶντες).

De là vient aussi que les Doriens revendiquent la tragédie et la comédie, les Mégariens, la comédie, ceux de ce pays alléguant que celle-ci est née sous le règne du gouvernement démocratique, et ceux de Sicile par la raison que le poète Épicharme était originaire de cette île et vivait bien avant Chionide et Magnès.

III. La comédie[1] est revendiquée aussi par ceux du Péloponèse, qui se fondent sur un indice fourni par les noms ; car ils allèguent que chez eux *village* se dit κώμα, et chez les Athéniens *dème* ; de sorte que les comédiens sont appelés ainsi non pas du mot κωμάζειν (railler), mais de ce que, repoussés avec mépris hors de la ville, ils errent dans les villages. Ils ajoutent que *agir* se dit chez eux δρᾶν, et chez les Athéniens πράττειν.

IV. Voilà pour le nombre et la nature des différences que comporte l'imitation.

---

1. Vulgate : τῆς τραγῳδίας — Voir, sur cette phrase, le commentaire de M. Egger sur la *Poétique*, 2e édition, p. 76.

IV. Origine de la poésie. — Divisions primitives de la poésie. — Épopée ; poésie ïambique (ou satirique). — Origine de la tragédie et de la comédie. — Premiers progrès de la tragédie.

I. Il y a deux causes, et deux causes naturelles, qui semblent, absolument parlant, donner naissance à la poésie.

II. Le fait d'imiter est inhérent à la nature humaine dès l'enfance ; et ce qui fait différer l'homme d'avec les autres animaux, c'est qu'il en est le plus enclin à l'imitation : les premières connaissances qu'il acquiert, il les doit à l'imitation, et tout le monde goûte les imitations.

III. La preuve en est dans ce qui arrive à propos des œuvres artistiques ; car les mêmes choses que nous voyons avec peine, nous nous plaisons à en contempler l'exacte représentation, telles, par exemple, que les formes des bêtes les plus viles et celles des cadavres.

IV. Cela tient à ce que le fait d'apprendre est tout ce qu'il y a de plus agréable non seulement pour les philosophes, mais encore tout autant pour les autres hommes ; seulement ceux-ci ne prennent qu'une faible part à cette jouissance.

V. Et en effet, si l'on se plaît à voir des représentations d'objets, c'est qu'il arrive que cette contemplation nous instruit et nous fait raisonner sur la nature de chaque chose, comme, par exemple, que tel homme est un tel ; d'autant plus que si, par aventure, on n'a pas prévu ce qui va survenir, ce ne sera pas la représentation qui produira le plaisir goûté, mais plutôt l'artifice ou la couleur, ou quelque autre considération.

VI. Comme le fait d'imiter, ainsi que l'harmonie et le rythme, sont dans notre nature (je ne parle pas des mètres qui sont, évidemment, des parties des rythmes), dès le principe, les hommes qui avaient le plus d'aptitude naturelle pour ces choses ont, par une lente progression, donné naissance à la poésie, en commençant par des improvisations.

VII. La poésie s'est partagée en diverses branches, suivant la nature morale propre à chaque poète. Ceux qui étaient plus graves imitaient les belles actions et celles des gens d'un beau caractère ; ceux qui étaient plus vulgaires, les actions des hommes inférieurs, lançant sur eux le blâme comme les autres célébraient leurs héros par des hymnes et des éloges.

VIII. Des poètes antérieurs à Homère, il n'en est aucun dont nous puissions citer une composition dans le genre des siennes ; mais il dut y en avoir un grand nombre. À partir d'Homère, nous pouvons en citer ; tels, par exemple, son *Margitès* et d'autres poèmes analogues, parmi lesquels le mètre ïambique prit aussi une place convenable ; et même on l'appelle aujourd'hui l'*ïambe* parce que c'est dans ce mètre que l'on s'*ïambisait* mutuellement (que l'on échangeait des injures).

IX. Parmi les anciens, il y eut des poètes héroïques et des poètes ïambiques. Et, de même qu'Homère était principalement le poète des choses sérieuses (car il est unique non seulement comme ayant fait bien, mais aussi comme ayant produit des imitations propres au drame), de même il fut le premier à faire voir les formes de la comédie, en dramatisant non seulement le blâme, mais encore le ridicule ; en effet, le *Margitès* est aux comédies ce que l'*Iliade* et l'*Odyssée* sont aux tragédies.

X. Dès l'apparition de la tragédie et de la comédie, les poètes s'attachant à l'une ou à l'autre, suivant leur caractère propre, les uns, comme auteurs comiques remplacèrent les poètes ïambiques, et les autres, comme monteurs de tragédies, remplacèrent les poètes épiques, parce qu'il y a plus de grandeur et de dignité dans cette dernière forme que dans l'autre.

XI. Pour ce qui est d'examiner si la tragédie est, ou non, dès maintenant, en pleine possession de ses formes, à la juger en elle-même ou par rapport à la scène, c'est une question traitée ailleurs[1].

XII. Ainsi donc, improvisatrice à sa naissance, la tragédie, comme la comédie, celle-ci tirant son origine des poèmes dithyrambiques, celle-là des poèmes phalliques, qui conservent, encore aujourd'hui, une existence légale dans un grand nombre de cités, progressa peu à peu, par le développement qu'elle reçut autant qu'il était en elle.

XIII. Après avoir subi de nombreuses transformations[2], la tragédie y a mis un terme, puisqu'elle avait revêtu sa forme naturelle[3].

XIV. Vint ensuite Eschyle qui, le premier, porta le nombre des acteurs de un à deux, amoindrit la fonction du chœur et donna le premier rôle au discours parlé. Sophocle institua trois acteurs et la mise en scène.

XV. Quant à l'importance de la tragédie, partie de fables légères et d'un langage plaisant, vu le caractère satirique de son origine, elle mit du temps à prendre de la gravité, et son mètre, de tétramètre, devint ïambique ; car, primitivement, on employait le tétramètre, attendu que cette forme poétique est celle de la satire et plus propre à la danse. Puis, lorsque vint le langage parlé[4], la nature trouva elle-même le mètre qui lui convenait ; car le mètre le plus apte au langage, c'est l'ïambe ; et la preuve, c'est que, dans la conversation, nous frisons très souvent des ïambes, des hexamètres rarement et seulement lorsque l'on quitte le ton de la conversation.

XVI. Puis on parle encore de quantité d'épisodes et des autres accessoires destinés à orner chaque partie. Ainsi donc voilà tout ce que nous avions à dire là-dessus, car ce serait assurément une grande affaire que de nous arrêter à chaque détail en particulier.

---

1. Cp. le chapitre XXVI et dernier.
2. Résumé d'une note de G. Hermann. — 1re forme de la tragédie : La tragédie est issue de ceux qui chantaient le dithyrambe. — 2e forme : Improvisations satiriques. — 3e : Thepsis, inventeur du drame tragique, comportant un personnage unique qui dialoguait avec le chœur. — 4e : Phrynichus, disciple de Thepsis, introduit les personnages de femmes. — 5e : Pratinas, de Phlionte, inventeur du drame satirique. — 6e : Eschyle produit un second personnage ; mise en scène plus brillante ; plus grande place donnée au mètre ïambique, au détriment du chant chorique. — 7e : Sophocle institue un troisième personnage et ajoute encore à l'éclat de la mise en scène. — 8e : Introduction d'un quatrième personnage, ce qu'on appelait παραχορήγημα.
3. Traduction de M. Egger : « La tragédie se développa peu à peu, l'art du poète aidant à ses progrès naturels, et elle ne cessa de se transformer que lorsqu'elle eut trouvé son propre génie. »
4. Lorsque le monologue, puis le dialogue, ne fut plus exclusivement chanté.

V. Définition de la comédie ; ses premiers progrès. — Comparaison de la tragédie et de l'épopée.

I. La comédie, nous l'avons dit déjà, est une imitation de ce qui est plus mauvais (que la réalité), et non pas en tout genre de vice, mais plutôt une imitation de ce qui est laid, dont une partie est le ridicule. En effet, le ridicule a pour cause une faute et une laideur non accompagnées de souffrance et non pernicieuses : par exemple, on rit tout d'abord à la vue d'un visage laid et déformé, sans que celui qui le porte en souffre.

II. Les transformations de la tragédie, ainsi que leurs auteurs, ne sont pas restées ignorées ; mais celles de la comédie le sont, parce qu'on n'y a pas prêté d'attention dans le principe. En effet, ce n'est que tardivement que l'archonte[1] régla le chœur des comédiens. On le formait (d'abord) à volonté.

III. Depuis le moment où la comédie affecta certaines formes[2], on cite un petit nombre de poètes en ce genre.

IV. Qui est-ce qui introduisit les masques, ou les prologues, ou la pluralité des acteurs, etc., on l'ignore.

V. La composition des fables eut pour premiers auteurs Épicharme et Phormis.

VI. À l'origine la comédie vint de Sicile. À Athènes, ce fut Cratès qui, le premier, rejetant le poème ïambique[3], commença à composer des sujets ou des fables sur une donnée générale.

VII. L'épopée marche avec la tragédie jusqu'au mètre (exclusivement), comme imitation des gens graves produite par le discours ; mais elle s'en sépare d'abord en ce qu'elle a un mètre simple[4] et que c'est une narration, puis par l'étendue, car la tragédie s'applique, autant que possible, à rester dans une seule révolution solaire, ou à ne la dépasser que de peu de chose, tandis que l'épopée n'est pas limitée par le temps, ce qui fait une nouvelle différence. Toutefois, dans le principe, on faisait pour les tragédies comme pour les poèmes épiques.

VIII. Des parties qui les composent, les unes leur sont communes, les autres sont propres à la tragédie. Aussi, lorsque l'on sait ce qui fait qu'une tragédie est bonne ou mauvaise, on en sait autant en ce qui concerne les poèmes épiques ; car les éléments que comporte l'épopée existent dans la tragédie ; mais ceux que renferme celle-ci ne se rencontrent pas tous dans l'épopée.

---

1. Cp. Petit, *Leges atticæ*, p. 265. — Telfy, *Corpus juris attici*, n°s 922-927.
2. Où ce genre a fourni certaines œuvres d'une forme arrêtée.
3. Où dominaient les attaques personnelles.
4. Le mètre épique ou héroïque, l'hexamètre, tandis que la tragédie, outre le mètre ïambique, a tous ceux des chœurs. « C'est un passage qui, comme tant d'autres de la *Poétique*, laisse entrevoir le sens, mais est altéré de telle sorte qu'on ne peut le restaurer avec vraisemblance. » (Thurot, *Analyse de l'édition 2 de Vahlen* (*Revue critique*, XVII, 131.)

VI. Définition de la tragédie. — Détermination des parties dont elle se compose. — Importance relative de ces parties.

I. Nous parlerons plus tard de l'art d'imiter en hexamètres[1] et de la comédie[2], et nous allons parler de la tragédie en dégageant de ce qui précède la définition de son essence.

II. La tragédie est l'imitation d'une action grave et complète, ayant une certaine étendue, présentée dans un langage rendu agréable et de telle sorte que chacune des parties qui la composent subsiste séparément, se développant avec des personnages qui agissent, et non au moyen d'une narration, et opérant par la pitié et la terreur la purgation des passions de la même nature[3].

III. J'entends par « langage rendu agréable » celui qui réunit le rythme, l'harmonie et le chant, et par les mots « que chaque partie subsiste séparément » j'entends que quelques-unes d'entre elles sont réglées seulement au moyen des mètres, et d'autres, à leur tour, par la mélodie.

IV. Mais, comme c'est en agissant que (les poètes tragiques) produisent l'imitation, il en résulterait nécessairement que l'ordonnance du spectacle offert est la première partie de la tragédie ; vient ensuite la mélopée et, enfin, le langage parlé, car tels sont les éléments qui servent à produire l'imitation[4].

V. J'entends par « langage parlé » la composition des mètres, et par « mélopée » une chose qui possède en soi une valeur évidente pour tout le monde[5].

VI. Maintenant, comme l'imitation a pour objet une action et qu'une action a pour auteurs des gens qui agissent, lesquels ont nécessairement telle ou telle qualité, quant au caractère moral et quant à la pensée (car c'est ce qui nous fait dire que les actions ont tel ou tel caractère), il s'ensuit naturellement que deux causes déterminent les actions, savoir : le caractère moral et la pensée ; et c'est d'après ces actions que tout le monde atteint le but proposé, ou ne l'atteint pas.

VII. Or l'imitation d'une action, c'est une fable[6] ; j'entends ici par « fable » la composition des faits, et par « caractères moraux » (ou mœurs) ceux qui nous font dire que ceux qui agissent ont telle ou telle qualité ; par « pensée », tout ce qui, dans les paroles qu'on prononce, sert à faire une démonstration ou à exprimer une opinion.

VIII. Il s'ensuit donc, nécessairement, que toute tragédie se compose de six parties qui déterminent son caractère ; ce sont : la fable, les mœurs, le langage, la pensée, l'appareil scénique et la mélopée.

IX. Deux de ces parties concernent les moyens que l'on a d'imiter ; une, la manière dont on imite ; trois, les objets de l'imitation ; puis c'est tout.

X. Un grand nombre d'entre eux[7] ont employé ces formes ; et, en effet, tout (poème tragique) comporte en soi de la même façon un appareil scénique, un caractère moral, une fable, un langage, un chant et une pensée.

XI. Le point le plus important, c'est la constitution des faits, car la tragédie est une imitation non des hommes, mais des actions, de la vie, du bonheur et du malheur ; et en effet, le bonheur, le malheur, réside dans une action, et la fin est une action, non une qualité.

XII. C'est par rapport aux mœurs que les hommes ont telle ou telle qualité, mais c'est par rapport aux actions qu'ils sont heureux ou malheureux. Aussi ce n'est pas dans le but d'imiter les mœurs que (les poètes tragiques) agissent, mais ils montrent implicitement les mœurs de leurs personnages au moyen des actions ; de sorte que ce sont les faits et la fable qui constituent la fin de la tragédie ; or la fin est tout ce qu'il y a de plus important.

XIII. Je dirai plus : sans action, il n'y aurait pas de tragédie, tandis que, sans les mœurs, elle pourrait exister ; et en effet, chez la plupart des modernes, les tragédies n'ont pas de place pour les mœurs[8], et, absolument parlant, beaucoup de poètes sont dans ce cas[9]. Ainsi, chez les peintres, c'est ce qui arrive à Zeuxis comparé à Polygnote. Polygnote est un bon peintre de mœurs, tandis que la peinture de Zeuxis n'a aucun caractère moral.

XIV. Ce n'est pas tout : si l'on débitait une suite de tirades morales et des discours ou des sentences bien travaillées, ce ne serait pas là ce que nous disions tout à l'heure constituer une œuvre tragique ; on le ferait beaucoup mieux en composant une tragédie où ces éléments seraient moins abondants, mais qui possèderait une fable et une constitution de faits.

XV. Il en est de même[10] dans les arts du dessin ; car, si l'on étalait pêle-mêle les plus riches couleurs, on ne ferait pas autant plaisir qu'en traçant une figure déterminée au crayon.

XVI. Ajoutons que les parties de la fable les plus propres à faire que la tragédie entraîne les âmes, ce sont les péripéties et les reconnaissances.

XVII. Une autre preuve encore, c'est que ceux qui abordent la composition dramatique peuvent arriver à une grande habileté sous le rapport du style et des mœurs, avant de savoir constituer les faits. Au surplus, c'est ce qui est arrivé à presque tous les premiers poètes.

XVIII. Ainsi donc le principe, et comme l'âme de la tragédie, c'est la fable. Les mœurs viennent en second lieu ; car l'imitation[11] est l'imitation d'une action et, à cause de cette action, l'imitation de gens qui agissent.

XIX. Puis, en troisième lieu, la pensée, c'est-à-dire la faculté de dire avec convenance ce qui est dans le sujet et ce qui s'y rapporte, partie qui, en fait d'éloquence, est l'affaire de la politique et de la rhétorique. En effet, les personnages que les anciens mettaient en scène parlaient un langage politique, et ceux d'aujourd'hui parlent un langage oratoire.

XX. Le caractère moral, c'est ce qui est de nature à faire paraître le dessein. Voilà pourquoi il n'y a pas de caractère moral dans ceux des discours où ne se manifeste pas le parti que l'on adopte ou repousse, ni dans ceux qui ne renferment absolument rien comme parti adopté ou repoussé par celui qui parle. La pensée, c'est ce qui sert à démontrer qu'une chose existe ou qu'elle n'existe pas, ou, généralement, à énoncer une affirmation.

XXI. En quatrième lieu vient la diction : or j'appelle « diction » comme on l'a dit précédemment[12], l'élocution obtenue au moyen de la dénomination, ce qui est d'une même valeur, soit qu'il s'agisse de paroles versifiées, ou de discours en prose.

XXII. En cinquième lieu vient la mélopée, partie la plus importante au point de vue du plaisir à produire.

Quant à l'appareil scénique, c'est une partie qui, certes, entraîne les âmes, mais elle est indépendante de l'art et n'appartient en aucune façon à la poétique ; car la tragédie subsiste indépendamment de l'exécution théâtrale et des acteurs, et ce qui est essentiel pour la confection de l'appareil scénique, c'est plutôt l'art du costumier que celui du poète.

---

1. Voir les chap. XXIII et XXIV.
2. Partie perdue. Les éditions de Vahlen et de G. Christ donnent, en appendice, des fragments empruntés, selon toute vraisemblance, à la *Poétique*. Nous les traduisons à la suite du dernier chapitre.
3. Voir Egger, *Essai sur l'histoire de la critique chez les Grecs, suivi de la* Poétique d'Aristote et d'Extraits de ses Problèmes, *avec traduction française et Commentaires*, chap. III, § 7, où le savant académicien, dès 1849 (ou plutôt dès 1840, devant son auditoire de la Sorbonne), a dit comme le dernier mot sur cette fameuse « purgation des passions ». Après avoir donné un historique succinct de cette question si controversée, il rapproche divers passages de la *Morale à Nicomaque* (vii, 15 ; ix, 11), de la *Politique* (viii, 5), des *Problèmes* (xix, 27 et 29) ; il examine ceux de Platon (*Sophiste*, p. 227 ; *République*, p. 378), où le maître d'Aristote traite, à un autre point de vue, de la « purgation des passions » ; il cite Plotin (*Sur le beau*, ch. V), où cette question est abordée dans l'esprit néo-platonicien, et conclut en nous faisant voir dans la *catharsis* aristotélique un « soulagement » causé par le libre cours donné aux sentiments de terreur ou de pitié qui résident en nous. « Toute passion, selon lui [Aristote], existe en germe au fond de notre âme, et elle s'y développe plus ou moins, selon les tempéraments. Comprimée au fond de nous-mêmes, elle nous agiterait comme un ferment intérieur ; l'émotion excitée par la musique et le spectacle lui ouvre une voie, et c'est ainsi qu'elle purge l'âme et la soulage avec un plaisir sans danger » (p. 188). Au livre VIII de la *Politique* (p. 1341 *b*), Aristote dit qu'il donnera, dans la *Poétique*, une explication plus détaillée de ce qu'il entend par *catharsis*, mais le passage annoncé ne se retrouve pas dans ce qui nous reste de ce traité. En 1858, M. Barthélemy Saint-Hilaire, dans sa traduction de la *Poétique*, résume en ces termes l'interprétation qu'il donne de la *catharsis* : « On le voit, dans la pensée d'Aristote (*Politique*, VIII, § 5), la musique purifie comme la tragédie, et, pour lui, selon toute apparence, l'art du poète ne va pas plus loin sous ce rapport que l'art du musicien. L'un et l'autre épurent en nous des passions qu'ils rendent plus délicates et plus douces, etc. » (Préface, p. XXIX) — Et ailleurs (p. 31) :

Poétique et Rhétorique

« Aristote veut seulement dire que la pitié et la terreur, excitées par la tragédie, n'ont point l'intensité douloureuse qu'elles ont en présence de la réalité. » M. Egger a de nouveau traité, en passant, cette question de la *catharsis* dans la 25ᵉ leçon du cours professé par lui en 1867-1868 à la Sorbonne et qui est devenu son livre de l'*Hellénisme en France*.

4. Cp. ch. II, § 2.
5. Les musicographes définissent la mélopée : « La faculté de constituer un chant. » (Aristide Quintilien, *Sur la Musique*, p. 28, édit. Meybaum.)
6. Μῦθος, histoire imaginaire ou légendaire.
7. Les poètes tragiques.
8. C'est peut-être pour cela qu'il ne nous reste pas une seule tragédie du temps d'Aristote.
9. Font des pièces d'où les mœurs sont absentes.
10. Cette phrase, dans les manuscrits, ne vient qu'après le § 18. La transposition, due à Castelvetro, est plausible, mais non indispensable.
11. Buhle place ce membre de phrase, non sans apparence de raison, à la suite de celle qui commence le § 15.
12. § 5.

VII. De l'étendue de l'action.

I. Tout cela une fois défini, nous avons à dire maintenant quelle doit être la constitution des faits, puisque c'est la première partie et la plus importante de la tragédie.

II. Il est établi par nous que la tragédie est l'imitation d'une action parfaite et entière, ayant une certaine étendue. Or il existe telle chose qui est entière, sans avoir aucune étendue.

III. Une chose parfaite[1] est celle qui a un commencement, un milieu et une fin. Le commencement est ce qui ne vient pas nécessairement après autre chose, mais est tel que, après cela, il est naturel qu'autre chose existe ou se produise ; la fin, c'est cela même qui, au contraire, vient après autre chose par une succession naturelle, ou nécessaire, ou ordinaire, et qui est tel qu'il n'y a plus rien après ; le milieu, c'est cela même qui vient après autre chose, lorsqu'il y a encore autre chose après.

IV. Il ne faut donc, pour que les fables soient bien constituées, ni qu'elles commencent avec n'importe quel point de départ, ni qu'elles finissent n'importe où, mais qu'elles fassent usage des formes précitées.

V. De plus, comme le beau, que ce soit un être animé ou un fait quelconque, se compose de certains éléments, il faut non seulement que ces éléments soient mis en ordre, mais encore qu'ils ne comportent pas n'importe quelle étendue ; car le beau suppose certaines conditions d'étendue et d'ordonnance. Aussi un animal ne serait pas beau s'il était tout à fait petit, parce que la vue est confuse lorsqu'elle s'exerce dans un temps presque inappréciable ; pas davantage s'il était énormément grand, car, dans ce cas, la vue ne peut embrasser l'ensemble, et la perception de l'un et du tout échappe à notre vue. C'est ce qui arriverait, par exemple, en présence d'un animal d'une grandeur de dix mille stades.

VI. Ainsi donc, de même que, pour les corps et pour les êtres animés, il faut tenir compte de l'étendue et la rendre facile à saisir, de même, pour les fables, il faut tenir compte de la longueur et la rendre facile à retenir.

VII. Quant à la délimitation de la longueur, elle a pour mesure la durée des représentations, et c'est une affaire d'appréciation qui n'est pas du ressort de l'art ; en effet, s'il fallait représenter cent tragédies, on les représenterait à la clepsydre, comme on l'a fait, dit-on, en d'autres temps.

VIII. C'est la nature elle-même qui règle cette délimitation ; et à vrai dire, plus une tragédie est longue, tant qu'elle reste claire d'un bout à l'autre, plus elle est belle dans son étendue.

IX. Du reste, pour donner une détermination absolue, je dirai que, si c'est dans une étendue conforme à la vraisemblance ou à la nécessité que l'action se poursuit et qu'il arrive successivement des événements malheureux, puis heureux, ou heureux puis malheureux, il y a juste délimitation de l'étendue.

---

1. Nous traduisons comme s'il y avait : τέλειον au lieu de ὅλον, que donnent tous les manuscrits connus. M. Barthélemy Saint-Hilaire avait fait de même.

VIII. De l'unité de l'action.

I. Ce qui fait que la fable est une, ce n'est pas, comme le croient quelques-uns, qu'elle se rapporte à un seul personnage, car il peut arriver à un seul une infinité d'aventures dont l'ensemble, dans quelques parties, ne constituerait nullement l'unité ; de même, les actions d'un seul peuvent être en grand nombre sans qu'il en résulte aucunement unité d'action.

II. Aussi paraissent-ils avoir fait fausse route, tous les poètes qui ont composé l'*Héracléide*, la *Théséide* et autres poèmes analogues ; car ils croient qu'Hercule, par exemple, étant le seul héros, la fable doit être une.

III. Homère, entre autres traits qui le distinguent des autres poètes, a celui-ci, qu'il a bien compris cela, soit par sa connaissance de l'art, soit par un génie naturel. En composant l'*Odyssée*, il n'a pas mis dans son poème tous les événements arrivés à

Ulysse, tels, par exemple, que les blessures reçues par lui sur le Parnasse, ou sa simulation de la folie au moment de la réunion de l'armée. De ces deux faits, l'accomplissement de l'un n'était pas une conséquence nécessaire, ou même probable de l'autre ; mais il constitua l'*Odyssée* en vue de ce que nous appelons l'« unité d'action ». Il fit de même pour l'*Iliade*.

IV. Il faut donc que, de même que dans les autres arts imitatifs, l'imitation d'un seul objet est une, de la même manière la fable, puisqu'elle est l'imitation d'une action, soit celle d'une action une et entière, et que l'on constitue les parties des faits de telle sorte que le déplacement de quelque partie, ou sa suppression, entraîne une modification et un changement dans l'ensemble ; car ce qu'on ajoute ou ce qu'on retranche, sans laisser une trace sensible, n'est pas une partie (intégrante) de cet ensemble.

IX. Comparaison de l'histoire et de la poésie. — De l'élément historique dans le drame. — Abus des épisodes dans le drame. — De la péripétie1, considérée comme moyen dramatique.

I. Il est évident, d'après ce qui précède, que l'affaire du poète, ce n'est pas de parler de ce qui est arrivé, mais bien de ce qui aurait pu arriver et des choses possibles, selon la vraisemblance ou la nécessité.

II. En effet, la différence entre l'historien et le poète ne consiste pas en ce que l'un écrit en vers, et l'autre en prose. Quand l'ouvrage d'Hérodote serait écrit en vers, ce n'en serait pas moins une histoire, indépendamment de la question de vers ou de prose. Cette différence consiste en ce que l'un parle de ce qui est arrivé, et l'autre de ce qui aurait pu arriver.

III. Aussi la poésie est quelque chose de plus philosophique et de plus élevé que l'histoire ; car la poésie parle plutôt de généralités, et l'histoire de détails particuliers.

IV. Les généralités, ce sont les choses qu'il arrive à tel personnage de dire ou de faire dans une condition donnée, selon la vraisemblance ou la nécessité, et c'est à quoi réussit la poésie, en imposant des noms propres. Le détail particulier c'est, par exemple, ce qu'a fait Alcibiade ou ce qui lui a été fait.

V. On a déjà vu procéder ainsi pour la comédie. Après avoir constitué une fable d'après les vraisemblances, les poètes comiques imposent, de la même manière, n'importe quels noms, mais non pas, à la façon dont s'y prennent les ïambographes, pour composer sur des faits personnels.

VI. Pour la tragédie, les poètes s'emparent des noms de personnages qui ont existé. La raison en est que ce qui est possible est probable ; or, ce qui n'est pas arrivé, nous ne croyons pas encore que ce soit possible ; mais ce qui est arrivé, il est évident que c'est possible, car ce ne serait pas arrivé si c'était impossible[1].

VII. Néanmoins, dans quelques tragédies, il y a un ou deux noms connus, et les autres sont fictifs ; dans quelques autres, il n'y en a pas un seul de connu, par exemple dans la *Fleur*, d'Agathon[2] ; car, faits et noms, tout y est imaginaire, ce qui n'empêche pas que cette pièce fait plaisir.

VIII. Ainsi donc il ne faut pas affecter de s'en tenir de tout point aux fables traditionnelles sur lesquelles il existe déjà des tragédies. Cette affectation serait ridicule, car les sujets connus ne le sont que d'un petit nombre et, cependant, font plaisir à tout le monde.

IX. Il est évident, d'après cela, que le poète doit être nécessairement un faiseur de fables plutôt qu'un faiseur de vers, d'autant qu'il est poète par l'imitation : or il imite des actions ; donc, lors même qu'il lui arrive de composer sur des faits qui sont arrivés, il n'en sera pas moins un poète, car rien n'empêche que quelques-uns des faits arrivés soient de telle nature qu'il serait vraisemblable qu'ils fussent arrivés ou possible qu'ils arrivent, et, dans de telles conditions, le poète est bien le créateur de ces faits[3].

X. Parmi les fables et les actions simples, les plus mauvaises sont les épisodiques[4] ; or j'entends par « fable épisodique » celle où la succession des épisodes ne serait conforme ni à la vraisemblance, ni à la nécessité. Des actions de cette nature sont conçues par les mauvais poètes en raison de leur propre goût, et, par les bons, pour condescendre à celui des acteurs. En effet, composant des pièces destinées aux concours, développant le sujet au delà de l'étendue possible, ils sont forcés de rompre la suite de l'action.

XI. Mais comme l'imitation, dans la tragédie, ne porte pas seulement sur une action parfaite, mais encore sur des faits qui excitent la terreur et la pitié, et que ces sentiments naissent surtout lorsque les faits arrivent contre toute attente, et mieux encore[5] lorsqu'ils sont amenés les uns par les autres, car, de cette façon, la surprise est plus vive que s'ils surviennent à l'improviste et par hasard, attendu que, parmi les choses fortuites, celles-là semblent les plus surprenantes qui paraissent produites comme à dessein (ainsi, par exemple, la statue de Mitys, à Argos, tua celui qui avait causé la mort de Mitys en tombant sur lui pendant qu'il la regardait, car il semblait que cet événement n'était pas un pur effet du hasard), il s'ensuit nécessairement que les fables conçues dans cet esprit sont les plus belles.

---

1. Peut-être le membre de phrase : « Car, » est-il une glose marginale insérée dans le texte.
2. On ne sait rien de plus sur cette tragédie.
3. Voir une remarque importante de M. Thurot sur cette phrase. (*Revue critique*, février 1875, p. 131.)
4. G. Hermann, d'après Castelvetro, transporte tout ce paragraphe dans le chapitre suivant, après : ἡ μετάβασις γίγνεται.
5. Nous adoptons la transposition proposée par Hermann, que justifie la suite du texte.

X. De l'action simple et de l'action complexe.

I. Parmi les fables, les unes sont simples et les autres complexes ; et, en effet, les actions, dont les fables sont des imitations, se trouvent précisément avoir (l'un ou l'autre de) ces caractères.

II. Or j'appelle « action simple » celle qui, dans sa marche une et continue, telle qu'on l'a définie, se déroule sans péripétie ou sans reconnaissance ; et « action complexe » celle qui se déroule avec reconnaissance ou avec péripétie, ou encore avec l'une et l'autre.

III. Il faut nécessairement que ces effets soient puisés dans la constitution même de la fable, de façon qu'ils viennent à se produire comme une conséquence vraisemblable ou nécessaire des événements antérieurs ; car il y a une grande différence entre un fait produit à cause de tel autre fait, et un fait produit après tel autre[1].

ARISTOTE

1. Même idée que dans la *Rhétorique, II, XXIV, § 8.*

XI. Éléments de l'action complexe : péripétie, reconnaissance, événement pathétique.

I. La péripétie est un changement en sens contraire dans les faits qui s'accomplissent, comme nous l'avons dit précédemment[1], et nous ajouterons ici : « selon la vraisemblance ou la nécessité. »

II. C'est ainsi que, dans *Œdipe*[2], un personnage vient avec la pensée de faire plaisir à Œdipe et de dissiper sa perplexité à l'endroit de sa mère ; puis, quand il lui a fait connaître qui il est, produit l'effet contraire. De même dans *Lyncée*[3], où un personnage est amené comme destiné à la mort, tandis que Danaüs survient comme devant le faire mourir, et où il arrive, par suite des événements accomplis, que celui-ci meurt et que l'autre est sauvé.

III. La reconnaissance, c'est, comme son nom l'indique, le passage de l'état d'ignorance à la connaissance, ou bien à un sentiment d'amitié ou de haine entre personnages désignés pour avoir du bonheur ou du malheur.

IV. La plus belle reconnaissance, c'est lorsque les péripéties se produisent simultanément, ce qui arrive dans *Œdipe*[4].

V. Il y a encore d'autres sortes de reconnaissance. Ainsi, telle circonstance peut survenir, comme on l'a dit, par rapport à des objets inanimés ou à des faits accidentels ; et il peut y avoir reconnaissance selon que tel personnage a ou n'a pas agi ; mais celle qui se rattache principalement à la fable, ou celle qui a trait surtout à l'action, c'est la reconnaissance dont nous avons parlé.

VI. En effet, c'est cette sorte de reconnaissance et de péripétie qui excitera la pitié ou la terreur, sentiments inhérents aux actions dont l'imitation constitue la tragédie.

VII. De plus, le fait d'être malheureux ou heureux se produira sur des données de cette nature.

VIII. Maintenant, comme la reconnaissance est celle de certains personnages, il y en a une qui consiste en ce que l'un des deux seulement est reconnu, lorsque l'autre sait qui il est ; d'autres fois, la reconnaissance est nécessairement réciproque. Par exemple, Iphigénie est reconnue d'Oreste, par suite de l'envoi de la lettre[5] ; mais, pour que celui-ci le soit d'Iphigénie, il aura fallu encore une autre reconnaissance[6].

Poétique et Rhétorique

IX. Il y a donc, à cet égard, deux parties dans la fable : la péripétie et la reconnaissance. Une troisième partie, c'est l'événement pathétique[7].

X. Quant à la péripétie et à la reconnaissance, nous en avons parlé. L'événement pathétique, c'est une action destructive ou douloureuse ; par exemple, les morts qui ont lieu manifestement, les souffrances, les blessures et toutes les autres choses de ce genre[8]...

---

1. Chap. VIII.
2. Œdipe roi (vers 924 et suivants).
3. Tragédie de Théodecte. Cp. plus loin (chap. XIX), et Hygin (§§ 170 et 273) Schol. d'Euripide (*Oreste*, v. 872).
4. Toujours *Œdipe roi*. Aristote ne cite pas *Œdipe à Colone*.
5. *Iphigénie en Tauride* (vers 759 et suiv.).
6. *Iphigénie en Tauride* (vers 811 et suiv.).
7. M. Egger traduit πάθος, l'événement tragique.
8. Note de G. Christ : *Quartæ partis* ἠθῶν, *definitio intercedisse videtur.* Conf. 1455 *b* 32 (ou plutôt 1456 *a* 2).

XII. Divisions de la tragédie.

I. Pour ce qui est de la qualité des formes que doivent employer les parties de la tragédie[1], nous en avons parlé précédemment. Maintenant, en ce qui concerne leur quantité et leurs divisions spéciales, on distingue les suivantes : le prologue, l'épisode, le dénouement, la partie chorique et, dans cette partie, l'entrée (πάροδος) et la station.

II. Ces éléments sont communs à toutes (les tragédies). Les éléments particuliers sont ceux qui dépendent de la scène[2] et les lamentations (κομμοί)[3].

III. Le prologue est une partie complète en elle-même de la tragédie, qui se place avant l'entrée du chœur.

IV. L'épisode est une partie complète en elle-même de la tragédie, placée entre les chants complets du chœur.

V. Le dénouement est une partie complète en elle-même après laquelle il n'y a plus de chant du chœur.

VI. Dans la partie chorique, l'entrée est ce qui est dit en premier par le chœur entier ; et la station, le chant du chœur, exécuté sans anapeste et sans trochée.

VII. Le commos est une lamentation commune au chœur et aux acteurs en scène.

VIII. Nous avons parlé précédemment des parties de la tragédie qu'il faut employer, et nous venons de les considérer sous le rapport de leur quantité et de leurs divisions[4].

---

1. Voir, sur tout ce chapitre, le commentaire de G. Hermann.
2. C'est-à-dire des acteurs en scène. Le chœur occupait l'orchestre.
3. Les manuscrits et les éditions d'Aristote accentuent le plus souvent κόμμοι. Voir le *Trésor* de Henri Estienne, éd. Didot, *voce* κομμός.
4. Ce dernier paragraphe pourrait bien être une répétition altérée de la phrase qui ouvre le chapitre.

XIII. Des qualités de la fable par rapport aux personnes — Du dénouement.

I. Quel doit être le but de ceux qui constituent des fables ; sur quoi doit porter leur attention ; à quelles conditions la tragédie remplit-elle sa fonction, voilà ce que nous avons à dire après les explications données jusqu'ici.

II. Comme la composition d'une tragédie, pour que celle-ci soit des plus belles, ne doit pas être simple, mais complexe et susceptible d'imiter les choses qui excitent la terreur et la pitié (c'est là le caractère propre de ce genre d'imitation), il est évident, d'abord, qu'il ne faut pas que les gens de bien passent du bonheur au malheur (ce qui n'excite ni la pitié, ni la crainte, mais nous fait horreur) ; il ne faut pas, non plus, que les méchants passent du malheur au bonheur, ce qui est tout à fait éloigné de l'effet tragique, car il n'y a rien là de ce qu'elle exige : ni sentiments d'humanité, ni motif de pitié ou de terreur. Il ne faut pas, par contre, que l'homme très pervers tombe du bonheur dans le malheur, car une telle situation donnerait cours aux sentiments d'humanité, mais non pas à la pitié, ni à la terreur. En effet, l'une surgit en présence d'un malheureux qui l'est injustement, l'autre, en présence d'un malheureux d'une condition semblable à la nôtre[1]. Ce cas n'a donc rien qui fasse naître la pitié, ni la terreur.

III. Reste la situation intermédiaire ; c'est celle d'un homme qui n'a rien de supérieur par son mérite ou ses sentiments de justice, et qui ne doit pas à sa perversité et à ses mauvais penchants le malheur qui le frappe, mais plutôt à une certaine erreur qu'il commet pendant qu'il est en pleine gloire et en pleine prospérité ; tels, par exemple, Œdipe, Thyeste et d'autres personnages célèbres, issus de familles du même rang.

IV. Il faut donc que la fable, pour être bien composée, soit simple et non pas double, ainsi que le prétendent quelques-uns ; et qu'elle passe non pas du malheur au bonheur, mais, au contraire, du bonheur au malheur ; et cela non pas à cause de la perversité, mais par suite de la grave erreur d'un personnage tel que nous l'avons décrit, ou d'un meilleur plutôt que d'un pire.

V. Voici un fait qui le prouve. À l'origine, les poètes racontaient n'importe quelles fables ; mais, aujourd'hui, les meilleures tragédies roulent sur des sujets empruntés à l'histoire d'un petit nombre de familles, comme, par exemple, sur Alcméon, Œdipe, Oreste,

Méléagre, Thyeste, Télèphe et tous autres personnages qui ont fait ou éprouvé des choses terribles.

VI. Tel sera donc le mode de constitution de la tragédie la meilleure, selon les règles de l'art. Aussi est-ce un tort[2] que de critiquer Euripide sur ce qu'il procède ainsi dans ses tragédies et de ce que beaucoup d'entre elles ont un dénouement malheureux. Cela, comme on l'a dit, est correct, et la meilleure preuve, c'est que, dans les concours et à la scène, ces sortes de pièces sont celles que l'on trouve les plus tragiques quand elles sont bien menées. Euripide, si, à d'autres égards, l'économie de ses pièces laisse à désirer, est au moins le plus tragique des poètes.

VII. La seconde espèce, mise au premier rang par quelques-uns, est celle qui a une constitution double, comme l'*Odyssée*, et qui présente une fin opposée et pour les bons et pour les méchants.

VIII. Elle paraît occuper le premier rang, à cause de la faiblesse d'esprit des spectateurs ; car les poètes s'abandonnent, dans leurs créations, au goût et au désir de leurs spectateurs.

IX. Du reste, ce n'est pas là l'intérêt que l'on puise dans la tragédie ; c'est plutôt celui qui appartient à la comédie. Là, en effet, des personnages donnés par la fable comme les plus grands ennemis, tels qu'Oreste et Égisthe, en arrivent à être amis sur la fin de la pièce, et personne ne donne ni ne reçoit la mort.

Poétique et Rhétorique

1. Les manuscrits ajoutent : ἔλεος μὲν περὶ τὸν ἀνάξιον, φόβος δὲ περὶ τὸν ὅμοιον, ce qui doit être une glose marginale introduite dans le texte. Ritter propose de supprimer ces mots. M. Cougny, dans sa traduction de la *Poétique*, reproduit ici celle de Jean Racine.
2. Nous supprimons τὸ αὐτὸ avec Reizius et M. Thurot. (Cp. *Revue critique*, février 1875, p. 131.)

XIV. De l'événement pathétique dans la fable. — Pourquoi la plupart des sujets tragiques sont fournis par l'histoire.

I. Les effets de terreur et de pitié peuvent être inhérents au jeu scénique ; mais ils peuvent aussi prendre leur source dans la constitution même des faits, ce qui vaut mieux et est l'œuvre d'un poète plus fort.

II. En effet, il faut, sans frapper la vue, constituer la fable de telle façon que, au récit des faits qui s'accomplissent, l'auditeur soit saisi de terreur ou de pitié par suite des événements ; c'est ce que l'on éprouvera en écoutant la fable d'Œdipe.

III. La recherche de cet effet au moyen de la vue est moins artistique et entraînera de plus grands frais de mise en scène.

IV. Quant à produire non des effets terribles au moyen de la vue, mais seulement des effets prodigieux, cela n'a plus rien de commun avec la tragédie, car il ne faut pas chercher, dans la tragédie, à provoquer un intérêt quelconque, mais celui qui lui appartient en propre.

V. Comme le poète (tragique) doit exciter, au moyen de l'imitation, un intérêt puisé dans la pitié ou la terreur, il est évident que ce sont les faits qu'il doit mettre en œuvre.

VI. Voyons donc quelle sorte d'événements excitera la terreur ou la pitié.

VII. De telles actions seront nécessairement accomplies ou par des personnages amis entre eux, ou par des ennemis, ou par des indifférents.

VIII. Un ennemi qui tue son ennemi, ni par son action elle-même, ni à la veille de la commettre, ne fait rien paraître qui excite la pitié, à part l'effet produit par l'acte en lui-même. Il en est ainsi de personnages indifférents (entre eux).

IX. Mais que les événements se passent entre personnes amies ; que, par exemple, un frère donne ou soit sur le point de donner la mort à son frère, une mère à son fils, un fils à sa mère, ou qu'ils accomplissent quelque action analogue, voilà ce qu'il faut chercher.

X. Il n'est pas permis de dénaturer les fables acceptées ; je veux dire, par exemple, Clytemnestre mourant sous les coups d'Oreste, Ériphyle sous ceux d'Alcméon.

XI. Il faut prendre la fable telle qu'on la trouve et faire un bon emploi de la tradition. Or, ce que nous entendons par « bon emploi », nous allons le dire plus clairement.

XII. Il est possible que l'action soit accomplie dans les conditions où les anciens la représentaient, par des personnages qui sachent et connaissent[1] ; c'est ainsi qu'Euripide a représenté Médée faisant mourir ses enfants.

XIII. Il est possible aussi que l'action ait lieu, mais sans que ses auteurs sachent qu'elle est terrible, puis que, plus tard, ils reconnaissent le rapport d'amitié existant, comme l'Œdipe de Sophocle. Cela se passe tantôt en dehors de l'action dramatique, tantôt dans la tragédie elle-même, comme, par exemple, l'*Alcméon* d'Astydamas, ou le Télégone de la *Blessure d'Ulysse*.

XIV. Il peut exister une troisième situation, c'est lorsque celui qui va faire une action irréparable, par ignorance, reconnaît ce qu'il en est avant de l'accomplir.

XV. Après cela, il n'y a plus de combinaison possible ; car, nécessairement, l'action a lieu ou n'a pas lieu, et le personnage agit avec ou sans connaissance.

XVI. Qu'un personnage au courant de la situation soit sur le point d'agir et n'agisse point, c'est tout ce qu'il y a de plus mauvais, car cette situation est horrible sans être tragique, attendu qu'elle manque de pathétique. Aussi personne ne met en œuvre une donnée semblable, sauf en des cas peu nombreux. Tel, par exemple, Hémon voulant tuer Créon[2], dans *Antigone*.

XVII. Vient en second lieu l'accomplissement de l'acte ; mais il est préférable qu'il soit accompli par un personnage non instruit de la situation et qui la reconnaisse après l'avoir fait ; car l'horrible ne s'y ajoute pas et la reconnaissance est de nature à frapper le spectateur.

XVIII. Le plus fort, c'est le dernier cas, j'entends celui, par exemple, où, dans *Cresphonte*, Mérope va pour tuer son fils et ne le tue pas, mais le reconnaît ; où, dans *Iphigénie*, la sœur, sur le point de frapper son frère, le reconnaît, et, dans *Hellé*, le fils au moment de livrer sa mère.

XIX. Voilà pourquoi les tragédies, comme on l'a dit depuis longtemps[3], prennent leurs sujets dans un petit nombre de familles. Les poètes, cherchant non pas dans l'art, mais dans les événements fortuits, ont trouvé dans les fables ce genre de sujet à traiter : ils sont donc mis dans la nécessité de s'adresser aux familles dans lesquelles ces événements se sont produits.

XX. On s'est expliqué suffisamment sur la constitution des faits et sur les qualités que doivent avoir les fables.

---

1. Qui sachent ce qu'ils font et connaissent le lien qui les unit à leurs victimes.
2. Et se tuant lui-même.
3. Aristote lui-même l'a dit (XIII, § 5).

XV. Des mœurs dans la tragédie. — De ce qu'il convient de mettre sur la scène. — De l'art d'embellir les caractères.

I. En ce qui concerne les mœurs[1], il y a quatre points auxquels on doit tendre ; l'un, le premier, c'est qu'elles soient bonnes.

II. Le personnage aura des mœurs si, comme on l'a dit[2], la parole ou l'action fait révéler un dessein ; de bonnes mœurs, si le dessein révélé est bon.

III. Chaque classe de personnes a son genre de bonté : il y a celle de la femme, celle de l'esclave, bien que le caractère moral de l'une soit peut-être moins bon, et celui de l'autre absolument mauvais[3].

IV. Le second point, c'est que (les mœurs) soient en rapport de convenance (avec le personnage). Ainsi la bravoure[4] est un trait de caractère, mais il ne convient pas à un rôle de femme d'être brave ou terrible.

V. Le troisième point, c'est la ressemblance. Car c'est autre chose que de représenter un caractère honnête et (un caractère) en rapport de convenance (avec le personnage), comme on l'a dit.

VI. Le quatrième, c'est l'égalité. Et en effet, le personnage qui présente une imitation et qui suppose un tel caractère, lors même qu'il serait inégal, devra être également inégal.

VII. Un exemple de perversité morale non nécessaire[5] c'est le Ménélas d'*Oreste* ; de caractère dépourvu de décence et convenance, la lamentation d'Ulysse, dans *Scylla*[6], et le discours de Mélanippe[7] ; de rôle inégal, Iphigénie à Aulis[8] ; car, dans les scènes où elle est suppliante, elle ne ressemble en rien à ce qu'elle se montre plus tard.

VIII. Or il faut, dans les mœurs comme dans la constitution des faits, toujours rechercher ou le nécessaire, ou la vraisemblance, de manière que tel personnage parle ou agisse conformément à la nécessité ou à la vraisemblance, et qu'il y ait nécessité ou vraisemblance dans la succession des événements.

IX. Il est donc évident que le dénouement des fables doit survenir par le moyen de la fable elle-même et non pas, comme dans *Médée*, par une machine[9] et comme, dans l'*Iliade*, ce qui concerne le rembarquement[10]. Mais il faut se servir de machine pour ce qui est en dehors du drame, pour tout ce qui le précède et que l'homme ne peut connaître, ou pour tout ce qui doit venir ensuite et qui a besoin d'être prédit et annoncé ; car nous attribuons aux dieux la faculté de voir toutes choses et (pensons) qu'il n'y a rien d'inexplicable dans les faits ; autrement, ce sera en dehors de la tragédie, comme, par exemple, ce qui arrive dans l'*Œdipe* de Sophocle[11].

X. Mais, comme la tragédie est une imitation de choses meilleures (que nature), nous devons, nous autres[12], imiter les bons portraitistes. Ceux-ci, tout en reproduisant une forme particulière, tout en observant la ressemblance avec l'original, l'embellissent par le dessin. Le poète, de même qu'il représente des gens colères ou calmes et de ou tel autre caractère, doit former un modèle ou d'honnêteté ou de rudesse, comme le personnage d'Achille, chez Agathon et chez Homère.

XI. Il faut observer avec attention ces divers points et, en outre, ce qui s'adresse aux sens dans leurs rapports nécessaires avec la poésie, car on peut faire souvent des fautes à cet égard ; mais nous nous sommes suffisamment expliqué là-dessus dans les livres précédemment publiés[13].

---

1. L'auteur passe à la seconde des parties de la tragédie énumérées chap. VI, § 8.
2. Chap. VII.
3. Aristote semble contester à la femme et à l'esclave non pas la capacité et la bonté, mais plutôt la responsabilité morale de leurs actes. (Cp. son *Histoire des Animaux*, chap. IX, 1, et ses *Problèmes*, chap. XXIX, 11.)
4. L'édition de G. Christ (coll. Teubner) propose l'addition de Ἀταλάντης après ἔστι γὰρ.
5. On admet ici la correction de M. Thurot ἀναγκαίας, ou même ἀναγκαίου. (*Revue critique*, février 1875, p. 132.)
6. Pièce dont l'auteur est resté inconnu.
7. Tragédie perdue d'Euripide.

Poétique et Rhétorique

8. Vettori observe qu'il manque ici un exemple de rôle non semblable.
9. Dans *Médée*, c'est le Soleil qui fait office de *Deus ex machina* (vers 1319-22).
10. Voir Egger (*Critique chez les Grecs*, p. 136 et suiv.).
11. Le meurtre de Laïus par Œdipe et le mariage de celui-ci avec Jocaste.
12. Lorsque nous composons des tragédies.
13. Probablement dans les Διδασκαλίαι et dans le traité περὶ τραγῳδιῶν, ouvrages mentionnés par Diogène Laërce (l. V, ch. I, § 12.). Il s'agit de la décoration et de la musique, qui s'adressent aux sens de la vue et l'ouïe.

XVI. Des quatre formes de la reconnaissance.

I. En quoi consiste la reconnaissance, on l'a dit plus haut. Quant aux formes de la reconnaissance, la première et celle qui emprunte le moins à l'art et qu'on emploie le plus souvent, faute de mieux, c'est la reconnaissance amenée par des signes.

II. Parmi les signes, les uns sont naturels, comme la lance que portent (sur le corps) les hommes nés de la terre[1], ou les étoiles que fait figurer Carcinus dans *Thyeste*. Les autres sont acquis et, parmi ces derniers, les uns sont appliqués sur le corps, comme, par exemple, les cicatrices ; d'autres sont distincts du corps, ainsi les colliers, ou encore, comme dans *Tyro*[2], une petite barque[3].

III. On peut faire un usage plus ou moins approprié de ces signes. Ainsi Ulysse, par le moyen de sa cicatrice, est reconnu d'une façon par sa nourrice, et d'une autre par les porchers.

Poétique et Rhétorique

IV. En effet, les reconnaissances obtenues à titre de preuve et toutes celles de cet ordre sont moins du ressort de l'art ; mais celles qui naissent d'une péripétie[4], comme la reconnaissance qui a lieu dans la scène du bain[5], sont préférables.

V. La seconde forme comprend les reconnaissances inventées par le poète ; aussi ne sont-elles pas dépourvues d'art[6]. Par exemple, Oreste, dans *Iphigénie en Tauride*, reconnaît sa sœur, puis est reconnu d'elle[7], car celle-ci le reconnaît par le moyen de la lettre ; mais Oreste, lui, dit ce que lui fait dire le poète, et non la fable. Il y a donc là un procédé presque aussi défectueux que celui dont on vient de parler, car Oreste pouvait porter quelques objets sur lui. De même encore, dans le *Térée* de Sophocle, le langage de la toile[8].

VI. La troisième forme, c'est la reconnaissance par souvenir, lorsqu'on se rend compte de la situation à la vue d'un objet. Telle est celle qui a lieu dans les *Cypriens*, de Dicéogène. À la vue du tableau, le personnage fond en larmes. Telle encore celle qui a lieu dans la demeure d'Alcinoüs d'après des paroles. (Ulysse) entend le citharistе ; il se souvient et pleure ; de là, reconnaissance.

VII. La quatrième est celle qui se tire d'un raisonnement, comme dans les *Choéphores*[9]. Quelqu'un qui lui ressemble (à Électre) est venu ; or personne autre qu'Oreste ne lui ressemble ; donc, c'est lui qui est venu. Telle encore celle que présente l'*Iphigénie* de Polyide, le sophiste[10]. Il est naturel que le raisonnement d'Oreste soit que sa sœur a été immolée et que le même sort lui arrive. De même, dans le *Tydée* de Théodecte, le personnage qui vient comme s'il allait trouver son fils est lui-même mis à mort.

De même encore la reconnaissance qui a lieu dans les *Phinéides* ; à la vue de la place (?), elles tirèrent la conclusion fatale que leur destin était d'y mourir elles-mêmes, car c'est précisément là qu'elles avaient été exposées[11].

VIII. Il y a aussi une certaine reconnaissance amenée par un faux raisonnement des spectateurs, comme, par exemple, dans *Ulysse faux messager*. Le personnage dit qu'il reconnaîtra [12] l'arc, que pourtant il n'avait pas vu ; et le spectateur, se fondant sur cette reconnaissance à venir, aura fait un faux raisonnement.

IX. Le meilleur mode de reconnaissance est celui qui résulte des faits eux-mêmes, parce que, alors, la surprise a des causes naturelles, comme dans *Œdipe roi*, de Sophocle, et dans *Iphigénie en Tauride*, où il est naturel que celle-ci veuille adresser une lettre. Ces sortes de reconnaissance sont les seules qui aient lieu sans le secours de signes fictifs et de colliers ; après celles-là viennent celles qui se tirent d'un raisonnement.

---

1. Les Thébains. (Cp. Dion Chrysostome, IV.)
2. Pièce perdue de Sophocle.
3. C'est la barque ou le petit bateau dans lequel les deux enfants de Tyro avaient été exposés par leur mère. (Voyez *Odyssée*, XI, 235 ; Apollodore, *Bibliothèque*, t. Ier, ch. IX, § 8 ; les *Fragments*, de Sophocle, coll. Didot, p. 315 (Egger).
4. Ici, la péripétie est à peu près le « coup de théâtre ».

Poétique et Rhétorique

5. *Odyssée*, XIX, 386.
6. Nous adoptons la lecture de Batteux (διὸ οὐκ ἄτεχνοι) et renvoyons à ses Remarques. L'édition de G. Christ supprime διὸ ἄτεχνοι.
7. Nous suivons ici la vulgate, le vieux manuscrit de Paris ne donnant pas de sens ; mais, dans le membre de phrase qui suit, nous abandonnons la vulgate pour revenir à ce manuscrit.
8. On a traduit quelquefois *la voix* ou *le son de la navette* ; mais κερκίς a souvent le sens de *tissu*, et il y a ici, très probablement, une allusion à la fable de Philomèle, envoyant à Procné, sa sœur, un message sous la forme d'un tissu avec lettres brodées. (*Bibliothèque* d'Appollodore, l. III, ch. XIII, P. 7. — Cp. Achille Tace, liv. V.)
9. Eschyle, *Choéphores*, 166-234.
10. Poète, musicien et peintre, qui florissait dans la 95° olympiade, vers 400 av. J.-C.
11. Le manuscrit 1741 met au féminin les enfants de Phinée.
12. Le texte dit : *qu'il connaîtra*.

XVII. Il faut se pénétrer du sujet que l'on met en tragédie. Manière de le développer.

I. Il faut constituer les fables et les mettre d'accord avec les discours en se mettant, autant que possible, les faits devant les yeux ; car, de cette façon, voyant les choses très clairement, comme si l'on était mêlé à l'action elle-même, on trouvera l'effet convenable et l'on ne laissera pas échapper les contrastes.

II. La preuve en est dans ce que l'on reprochait à Carcinus. Amphiaraüs était remonté du temple sans que le spectateur pût le voir ; et, à la scène, la pièce échoua, par suite du mécontentement que cette faute causa aux spectateurs.

III. Il faut mettre autant de faits qu'on le peut en rapport avec les rôles, car, en vertu de la nature même, les personnages les plus persuasifs sont ceux qui éprouvent les passions qu'ils font paraître. On provoque l'agitation quand on est agité soi-même ; l'indignation, quand on est en proie à une colère véritable. C'est pourquoi l'art du poète appartient à l'esprit doué d'une heureuse aptitude, ou à celui qu'emporte le délire de l'inspiration. Le premier se façonne aisément, le second est prédisposé à se mettre hors de lui.

IV. Que les sujets soient déjà composés, ou qu'on les compose soi-même, il faut les exposer d'une manière générale, puis les disposer en épisodes et les développer de la manière suivante.

V. Voici ce que j'entends par « exposer d'une manière générale ». Prenons pour exemple Iphigénie. La jeune fille a été offerte en sacrifice, puis dérobée aux regards des sacrificateurs et transportée dans un autre pays, où la loi ordonnait de sacrifier les étrangers à la déesse. Elle a obtenu ce sacerdoce. Plus tard, il arriva que le frère de la prêtresse vint dans ce pays, et cela parce que le dieu lui avait ordonné par un oracle de s'y rendre, pour une certaine raison prise en dehors du cas général et dans un but étranger à la fable. Donc, venu là et appréhendé au corps, au moment où il allait être sacrifié, il la reconnut, soit comme dans Euripide, soit comme dans Polyide, en disant tout naturellement que ce n'était pas seulement sa sœur, mais lui aussi qui devait être sacrifié ; et de là, son salut.

VI. Après cela, il faut, le choix des noms une fois arrêté, disposer les épisodes. Il faut aussi observer comment les épisodes seront appropriés. Tels, dans *Oreste*, la scène de la démence, qui est cause qu'il est pris, et son salut, conséquence de sa purification.

VII. Dans les pièces dramatiques, les épisodes sont concis, mais l'épopée s'en sert pour se prolonger. Ainsi, le sujet de l'*Odyssée* est très limité. Un personnage étant absent pendant longues années et placé sous la surveillance de Neptune, se trouvant seul et les hôtes de sa demeure se comportant de telle sorte que sa fortune est dissipée par des prétendants, son fils est livré à leurs embûches et lui-même arrive plein d'indignation. Après en avoir reconnu quelques-uns, il tombe sur eux. Il est sauvé, et ses ennemis sont anéantis. Ce dernier trait est inhérent au sujet du drame, mais les autres sont des épisodes.

XVIII. Du nœud et du dénouement. Il faut éviter de donner à une tragédie les proportions d'une épopée. — Des sujets traités dans les chants du chœur.

I. Il y a, dans toute tragédie, le nœud et le dénouement. Les faits pris en dehors de la fable, et souvent aussi quelques-uns de ceux qui s'y accomplissent, voilà le nœud ; tout le reste constitue le dénouement.

II. J'appelle *nœud* ce qui a lieu depuis le commencement jusqu'à la fin de la partie de laquelle il résulte que l'on passe du malheur au bonheur, ou du bonheur au malheur[1] ; et *dénouement*, ce qui part du commencement de ce passage jusqu'à la fin de la pièce. Ainsi, dans le *Lyncée* de Théodecte, le nœud consiste dans les faits accomplis jusques et y compris l'enlèvement de l'enfant, et le dénouement va depuis l'accusation de mort jusqu'à la fin.

III. Il y a quatre espèces de tragédies, c'est-à-dire un nombre égal aux parties dont une tragédie est composée[2]. L'une est complexe et comprend dans son ensemble la péripétie et la reconnaissance ; la seconde est pathétique : telles sont les tragédies où figurent les Ajax et les Ixions ; la troisième est morale, comme dans les *Phthiotides* et *Pélée* ; la quatrième espèce est tout unie, par exemple : les *Phorcides*, *Prométhée* et les actions qui se passent dans l'Hadès[3].

IV. Il faut s'appliquer surtout à posséder toutes ces ressources, ou sinon, au moins les plus importantes et la plupart d'entre elles, surtout aujourd'hui que l'on attaque violemment les poètes.

V. En effet, comme il y a eu de bons poètes dans chaque partie, on exige de chacun d'eux qu'il soit supérieur à chacun de ceux qui avaient un mérite particulier.

VI. Il est juste aussi de dire qu'une tragédie est semblable ou différente, sans considérer peut-être la fable mise en œuvre, mais plutôt la ressemblance inhérente au nœud et au dénouement. Or beaucoup de poètes tragiques ourdissent bien le nœud, et mal le dénouement ; mais il faut que l'un et l'autre enlèvent les applaudissements.

VII. On l'a dit souvent, et il faut se le rappeler et ne pas faire de la tragédie une composition épique ; j'appelle ainsi une série de fables nombreuses, comme, par exemple, si l'on prenait pour sujet toute l'*Iliade*. Dans ce cas[4], l'étendue de l'œuvre fait que les parties reçoivent chacune leur grandeur convenable ; mais, dans les actions dramatiques, il en résulte un effet contraire à l'attente.

VIII. En voici la preuve : ceux qui ont mis en action la ruine de Troie, et cela non pas par parties comme Euripide dans *Hécube*[5], ou comme Eschyle, tantôt échouent complètement, tantôt luttent sans succès dans les concours. Ainsi, Agathon échoua sur ce seul point ; mais, dans les péripéties et dans les actions simples, il réussit merveilleusement à satisfaire le goût du public. C'est ce qui a lieu[6] lorsque l'homme habile, mais avec perversité, a été trompé comme Sisyphe et que l'homme brave, mais injuste, a été vaincu ; car c'est là un dénouement tragique et qui plaît aux spectateurs. De plus, il est vraisemblable ; et, comme le dit Agathon, « il est vraisemblable que bien des choses arrivent contre toute vraisemblance[7]. »

IX. Quant au chœur, il faut établir que c'est un des personnages, une partie intégrante de l'ensemble et le faire concourir à l'action, non pas à la manière d'Euripide, mais comme chez Sophocle.

X. Pour les autres poètes, les parties chantées dans le cours de la pièce n'appartiennent pas plus à la fable qui en est le sujet qu'à toute autre tragédie. Voilà pourquoi on y chante des intermèdes, procédé dont le premier auteur est Agathon ; et pourtant, quelle différence y a-t-il entre chanter des intermèdes et ajuster, dans une tragédie, un morceau ou un épisode tout entier emprunté à quelque autre pièce ?

---

1. Nous adoptons, sous réserve, les additions proposées par Vahlen.
2. Cp. le chap. XIII, § 1. Voir le commentaire donné par Buhle sur ce passage, qui pourrait bien résumer le contenu des chapitres VII à XVI, plutôt que viser un autre passage de la *Poétique*.
3. Dans les Enfers.
4. Dans le cas du poème épique.
5. On adopte ici la leçon Ἑκάβην que Laurent Valla parait avoir eue sous les yeux dans sa traduction. Le vieux manuscrit de Paris et tous les autres donnent Νιόβην. Pour tout concilier, Vahlen lit ‹ ἢ › Νιόβην ; mais comment admettre que les noms d'Euripide et d'Eschyle soient séparés par le titre d'une tragédie anonyme ? — « ou comme Eschyle ». D'autres traducteurs interprètent : « Et non pas comme Eschyle, » supposant ici une allusion à ses trilogies ; mais chacune des pièces qui les composent forme une œuvre à part, instituée conformément aux règles que formule Aristote. La leçon καὶ μὴ ὥσπερ Αἴσχ s'explique très bien d'ailleurs, si l'on y voit une opposition entre les deux manières également correctes et d'Euripide, traitant un point spécial de l'*Iliade*, — et d'Eschyle, en traitant plusieurs de suite, mais dans autant de tragédies complètes en elles-mêmes.
6. Il y a péripétie.
7. Allusion à deux vers d'Agathon rapportés par Aristote. (*Rhétorique, liv. II, chap. XXIV*, § 10.)

XIX. De la pensée et de l'élocution.

I. Nous nous sommes expliqué déjà sur les autres parties, et il ne nous reste plus à parler que de l'élocution et de la pensée.

II. Ce qui concerne la pensée sera placé dans les livres de la *Rhétorique*[1], car c'est une matière qui appartient plutôt à cet art.

III. À la pensée se rattachent tous les effets qui doivent être mis en œuvre par la parole. On y distingue le fait de démontrer, celui de réfuter et le fait de mettre en œuvre les passions, comme la pitié, la crainte, la colère et leurs analogues et, de plus, la grandeur et la petitesse[2].

IV. Il est évident qu'il faut aussi faire usage des faits, d'après les mêmes vues, lorsqu'il y a nécessité de produire des effets propres à exciter la pitié ou la terreur, des effets imposants ou vraisemblables. La seule différence, c'est que l'on doit faire paraître les uns[3] indépendamment de la mise en scène, et produire les autres[4] dans le discours du personnage qui parle et qu'ils doivent s'accomplir grâce à sa parole ; car à quoi se réduirait l'action du personnage qui parle si les faits devaient plaire par eux-mêmes, et non par l'enchaînement du discours ?

---

1. Livre III.
2. Le fait de grandir et de diminuer l'importance des faits.
3. Les effets oratoires.
4. Les effets dramatiques.

XX. Des éléments grammaticaux de l'élocution.

I. Parmi les choses qui se rapportent à l'élocution, il y en a une catégorie qui rentre dans la théorie actuelle ; ce sont les formes d'élocution dont la connaissance appartient et à l'hypocritique et à celui à qui incombe ce genre d'exécution[1]. Telle est la question de savoir qu'est-ce que le commandement, la prière, le récit, la menace et leurs analogues.

II. En effet, la connaissance ou l'ignorance de ces moyens ne donne lieu de porter contre la poétique aucun reproche sérieux. Qui supposerait qu'il y a une faute dans ce fait critiqué par Protagoras que le Poète[2], pensant exprimer une prière, fait une injonction lorsqu'il dit :

Chante, déesse, la colère... ?

Ordonner, allègue-t-il, de faire ou de ne pas faire une chose, c'est une injonction. Laissons donc de côté cette considération comme étant du ressort non de la poétique, mais d'un autre art.

III. Voici les parties de toute élocution : l'élément[3], la syllabe, la conjonction, le nom, le verbe, l'article, le cas, le discours[4].

IV. L'élément est un son indivisible ; non pas un son quelconque, mais un son qui peut devenir naturellement un son intelligible. Car certains sons émis par les bêtes sont indivisibles, et cependant je n'appelle aucun d'eux élément.

V. Les parties du son dont je parle sont la voyelle, la demi-voyelle et l'aphone (ou muette). La voyelle est l'élément qui a un son perceptible à l'oreille, sans adjonction[5], comme, par exemple, A et O ; la demi-voyelle, l'élément qui a un son perceptible à l'oreille, avec adjonction, comme S et R. L'aphone est l'élément accompagné d'adjonction qui n'a par lui-même aucun son, mais qui devient perceptible à l'oreille quand il est accompagné d'éléments qui ont un son : tels, par exemple, le G et le D.

VI. Les éléments diffèrent entre eux par la forme de la bouche, par les lieux (d'émission), par l'aspiration et la non-aspiration, la longueur et la brièveté, enfin par l'acuité, la gravité et leur intermédiaire. C'est dans les traités de métrique qu'il convient de considérer ces divers points en détail.

VII. La syllabe est un son non significatif, composé d'un élément aphone et d'un élément qui a un son.

En effet, *GR*, sans *A*, n'est pas une syllabe, mais avec un *A*, en est une, savoir *GRA*. Il appartient d'ailleurs à la métrique de considérer aussi les différences qui distinguent les syllabes.

VIII. La conjonction est un son non significatif qui n'empêche pas un son d'être significatif, mais qui ne le rend pas tel, composé de plusieurs sons, placé naturellement soit à une extrémité, soit au milieu (d'une phrase), à moins qu'il n'y ait convenance à le placer pour son propre compte au commencement d'une proposition, comme, par exemple, ἤτοι ou δή ; ou encore un son non significatif de nature à rendre un autre son significatif, composé de plusieurs sons qui, eux, seraient significatifs.

IX. L'article est un son non significatif qui montre ou le début, ou la fin, ou la division d'une proposition ; par exemple, la (locution) *je dis*[6], le (mot) *sur*[7], etc.[8]

X. Le nom est un son composé, significatif indépendamment du temps, dont aucune partie n'est significative par elle-même ; car dans les noms doubles nous n'employons pas (une des parties) comme ayant une signification en propre : ainsi, dans le mot Θεόδωρος (Théodore), la partie correspondant à δῶρον (don) n'a pas de sens.

XI. Le verbe est un son composé significatif, comportant une idée de temps et dont aucune partie n'est significative par elle-même, de même que dans les noms. En effet, le mot *homme*, le mot *blanc* ne marquent pas le temps, tandis que les mots *marche*, *a marché*, comportent, outre leur sens propre, l'un l'idée du temps présent, l'autre celle du temps passé.

XII. Le cas est ce qui, dans un nom ou dans un verbe, marque tantôt le rapport de possession ou de destination, ou tout autre analogue, tantôt celui d'unité ou de pluralité, par exemple, *homme* ou *hommes* : ou le rapport de rôle joué, comme, par exemple, s'il s'agit d'une question ou d'une injonction. En effet, cette expression : *a-t-il marché ?* ou celle-ci : *marche*, voilà des cas de verbe qui rentrent dans ces variétés.

XIII. Le discours est un son composé significatif dont quelques parties ont une signification par elles-mêmes ; car toute proposition ne se compose pas de noms et de verbes, comme, par exemple, la définition de l'homme ; mais une proposition peut exister sans qu'il y ait de verbe, et pourtant elle contiendra toujours une partie significative, comme, par exemple, Cléon, dans la proposition : « Cléon marche. »

XIV. Le discours est un de deux manières : ou bien il désigne un seul objet, ou bien il en comprend plusieurs par conjonction. Ainsi l'*Iliade* est un discours un par conjonction, et la définition de l'homme l'est en ce sens qu'elle désigne un seul objet.

---

1. Il s'agit sans doute ici de l'art de déclamer et de régler le ton et le jeu des acteurs.
2. Homère (*Iliade*, vers 1).
3. La lettre alphabétique.
4. La phrase ou une suite de phrases.
5. Sans adjonction d'un son articulé.

Poétique et Rhétorique

6. Φημί. Hartung propose ἀμφί, autour.
7. Περί. Hermann lit πέπερι.
8. Les manuscrits ajoutent : « Ou encore un son non significatif, soit au milieu (d'une phrase), » même texte que ci-dessus, lequel n'est sans doute ici qu'une répétition introduite par quelque copiste. Nous le supprimons, avec G. Hermann et Buhle.

XXI. Des diverses espèces de noms.

I. Les espèces de noms sont :

Le nom simple ; or j'appelle « nom simple » celui qui n'est pas composé d'éléments significatifs, comme, par exemple, γῆ (terre) ;

II. Le nom double, qui se compose tantôt d'un élément significatif et d'un élément non significatif[1], tantôt d'éléments tous significatifs.

III. Le nom pourrait être triple, quadruple, enfin multiple, comme, par exemple, la plupart des mots emphatiques, parmi lesquels *Hermocaïcoxanthos*[2].

IV. Tout nom est ou bien un mot propre, ou un mot étranger (glose), ou une métaphore, ou un ornement, ou un mot forgé, ou allongé ou raccourci, ou altéré.

V. J'appelle « mot propre » celui qu'emploie chaque peuple[3], « glose » (ou mot étranger) celui qui est en usage chez les autres peuples. On voit qu'un même mot peut être mot propre et glose, mais non pas dans le même pays. Ainsi le mot σίγυνον est un mot propre pour les Cypriens[4] et une glose pour nous.

VI. La métaphore est le transfert d'un nom d'autre nature, ou du genre à l'espèce ou de l'espèce au genre, ou de l'espèce à l'espèce, ou un transfert par analogie.

VII. J'appelle transfert du genre à l'espèce, par exemple :

> Ce mien navire resta immobile[5].

En effet, être à l'ancre, pour un vaisseau, c'est être immobile.

De l'espèce au genre (par exemple) :

> Oui, certes, Ulysse accomplit des milliers de belles actions[6].

Des milliers a le sens de *un grand nombre*, et c'est dans ce sens que cette expression est employée ici.

De l'espèce à l'espèce, par exemple :

> Ayant arraché la vie par l'airain[7] ;

et :

> Ayant tranché avec le dur airain[8].

En effet, dans ces exemples, d'abord dans le sens de « trancher », le poète a dit « arracher », puis dans le sens d'« arracher » il a dit « trancher » ; car l'un et l'autre terme signifient ôter.

VIII. Je dis qu'il y a analogie (ou proportion) lorsque le second nom est au premier comme le quatrième est au troisième ; car on dira le quatrième à la place du second et le second à la place du quatrième ; quelquefois aussi l'on ajoute, à la place de ce dont on parle, ce à quoi cela se rapporte[9]. Citons un exemple : La coupe est à Bacchus ce que le bouclier est à Mars. On dira donc et « le bouclier, coupe de Mars », et « la coupe, bouclier de Bacchus[10] ». Autre exemple : Ce que le soir est au jour, la vieillesse l'est à la vie. On dira donc : « le soir, vieillesse du jour, » et « la vieillesse, soir de la vie ; » ou, comme Empédocle : « couchant de la vie. »

IX. Pour quelques noms, il n'existe pas d'analogue établi ; néanmoins on parlera par analogie. Ainsi, *laisser tomber le grain*[11], c'est le semer ; mais, pour dire *laisser tomber la lumière du soleil*, il n'y a pas de terme (propre). Or cette idée, par rapport au soleil, c'est comme le mot *semer* par rapport au grain ; on a donc pu dire :

Semant sa lumière divine[12].

On peut employer ce mode de métaphore et, d'une autre façon aussi, en appliquant une dénomination étrangère (à l'objet dénommé), lui dénier quelqu'une de ses qualités propres ; comme, par exemple, si l'on disait du bouclier non pas *la coupe de Mars*, mais *la coupe sans vin*[13]...

X. Le nom forgé est celui que le poète place sans qu'il ait été employé par d'autres. Quelques mots semblent avoir ce caractère ; ainsi les cornes, appelées ἐρνύται, le prêtre, appelé ἀρητήρ.

XI. Le nom est allongé, raccourci, d'une part lorsqu'on emploie une voyelle plus longue que celle du mot usuel, ou qu'une syllabe est intercalée ; d'autre part, si on lui retranche quelque partie. Exemple de nom allongé : πόλεος devenu πόληος ; Πηλείδου devenu Πηληϊάδεω ; — de nom raccourci : κρῖ[14], δῶ[15], et dans ce vers :

Toutes deux ont une seule et même figure[16].

XII. Le nom est altéré lorsqu'une partie du mot énoncé est rejetée et une autre faite (arbitrairement). Exemple : À la mamelle droite, δεξιτερόν au lieu de δεξιόν.

XIII. Les noms eux-mêmes[17] sont les uns masculins, d'autres féminins, d'autres entre les deux[18]. Sont masculins tous ceux qui se terminent par un N, un P (R), un Σ (S) et par les lettres qui se composent de cette dernière. Celles-ci sont au nombre de deux, le Ψ (PS) et le Ξ (KS). Sont féminins tous ceux qui se terminent, en fait de voyelles, par celles qui sont toujours longues, telles que H (È) et Ω (Ô), et par celles qui peuvent s'allonger, telles que A ; de sorte qu'il arrive que sont égales en nombre les lettres par lesquelles se terminent les noms masculins et

ARISTOTE

les noms féminins ; car le Ψ et le Ξ ne font qu'un (avec Σ)[19]. Aucun nom ne se termine sur une lettre aphone (muette), ni sur une voyelle brève[20]. Trois seulement se terminent sur un Ι : μέλι (miel), κόμμι (gomme), πέπερι (poivre)[21]. Cinq noms se terminent sur Υ[22]. Les noms intermédiaires (sc. neutres) se terminent sur ces voyelles (Α, Ι, et Υ), sur Ν et sur Σ.

---

1. Il y a ici, dans le vieux manuscrit de Paris, le membre de phrase qui suit : πλὴν οὐκ ἐκ τῷ ὀνόματι.
2. Formé, sans doute, des mots Ἑρμῆς, Hermès, Mercure ; Κάϊκος, Caïque, fleuve de Mysie et ξανθός, jaune.
3. Pour désigner une seule et même personne, une seule et même chose dans un pays donné.
4. Cp. Hérodote, V, 9 : « Les Cypriens appellent σιγύννας les lances (δόρατα) ». Voir, dans la *Revue archéologique*, 1879, 2ᵉ série, XXXVII, p. 373, un article de G. Colonna Ceccaldi sur la *sigyne* et le *verutum* des anciens.
5. Homère, *Odyssée*, XXIV, 310. — Cp. *Odyssée*, I, 181.
6. Homère, *Iliade*, II, 272.
7. Vers de source inconnue.
8. Cp. Homère (*Iliade*, III, 292). Le mot εἴρηκε qui va suivre, ferait croire que les deux citations sont du même poète, Homère.
9. Cp. Ch. Thurot (*Observations philol. sur la* Poétique *d'Aristote* (*Revue archéologique*, 1863, II), où ce passage a été interprété, pour la première fois, d'une façon plausible).
10. Cp. *Rhétorique, III, IV* et XI.
11. Littéralement : « le fruit. »
12. Vers d'un poète inconnu. Cp. Lucrèce, II, 211, et Virgile, *Énéide*, II, 584, qui ont reproduit cette métaphore.
13. Cp. Rhétorique, III, VI. — Le manuscrit de Paris 2040 présente ici un espace blanc, signe de lacune. Cette lacune porterait sur l'explication du κόσμος, de l'ornement.
14. Pour κρῖμνον, farine d'orge.
15. Pour δῶμα, demeure.
16. Ὤψ pour ὄψις. Cette citation d'Empédocle est rapportée aussi par Strabon (l. VIII), qui cite un second exemple de ὄψ pour ὄψις, tiré d'Antimaque.
17. C'est-à-dire abstraction faite de toute modification.
18. Neutres.

19. Addition de Tyrwhitt tout à fait plausible.
20. C'est-à-dire sur une voyelle non susceptible de devenir longue ; c'est le cas de E et de O.
21. Il faut ajouter σίναπι, avec Buhle.
22. Quelques manuscrits ajoutent : τὸ πῶϋ, τὸ νάπυ, τὸ γόνυ, τὸ δόρυ, τὸ ἄστυ, ce qui doit être une glose marginale insérée dans le texte par la suite du temps. Ajoutons, avec Buhle : μέθυ.

XXII. De l'emploi de la glose, de la métaphore, de l'ornement, etc.

I. La qualité principale de l'élocution, c'est d'être claire sans être plate.

II. L'élocution la plus claire est celle qui consiste en termes propres, mais qui est terre à terre. La poésie de Cléophon et de Sthénélus en est un exemple.

III. Elle est élevée et s'écarte du style vulgaire lorsqu'elle fait usage de termes étrangers[1] ; or j'appelle « termes étrangers » la glose, la métaphore, l'allongement et tout ce qui est à côté du terme propre.

IV. Maintenant, si l'on employait de telles expressions indistinctement, il y aurait énigme ou barbarisme ; énigme, si elles étaient empruntées à des métaphores, barbarisme, si elles l'étaient à des gloses.

V. En effet, une forme de l'énigme, c'est de relier entre elles des choses qui ne peuvent l'être pour énoncer des faits qui existent ; or il n'est pas possible de faire cela par l'alliance des noms, mais il est permis de le faire par métaphore. Exemple : « J'ai vu un homme qui, au moyen du feu, avait appliqué l'airain sur la peau d'un autre homme[2] ; » et autres expressions analogues. Des gloses peut résulter un barbarisme. Il faut donc les employer dans certaines conditions spéciales[3].

VI. En effet, la glose, la métaphore, l'ornement et les autres formes précitées ôteront au style la vulgarité et la bassesse ; le terme propre lui donnera de la clarté.

VII. Une chose qui contribuera grandement à la clarté et à l'élévation du style, ce sont les allongements, les apocopes (coupures) et les altérations (des noms) ; car (un mot), présenté comme forme insolite, perdra de sa vulgarité en devenant autre que le terme propre, tandis que la clarté d'un terme aura pour cause sa participation à la propriété d'expression.

VIII. Aussi c'est faire un reproche mal fondé que de critiquer un tel mode de langage et de tourner en ridicule le poète qui l'emploie ; comme Euclide l'Ancien, qui prétendait qu'il était facile de faire de la poésie, du moment que l'on accordait aux poètes la faculté d'allonger (les noms) autant qu'ils le veulent et qui les raillait en citant ce vers :

Je vis Épicharès marcher sur Marathon...[4]

et cet autre :

> Lui qui n'aurait pas aimé son ellébore...⁵

IX. Il serait ridicule d'employer ce procédé d'une façon quelconque, et la mesure doit être gardée dans toutes les parties ; en effet, se servir des métaphores, des gloses et des autres formes sans observer la convenance, ou s'appliquer à faire rire, ce serait aboutir au même résultat.

X. Pour voir jusqu'à quel point la convenance est observée, il faut considérer la question dans les vers en faisant entrer les noms dans un mètre. Pour la glose, pour la métaphore et pour les autres formes, en y substituant le terme propre, on pourrait reconnaître que nous disons la vérité. Ainsi Euripide et Eschyle mettant le même vers ïambique, l'un, en changeant un seul nom et faisant une glose à la place du terme propre employé habituellement, donne à ses vers une belle apparence, tandis que l'autre est tout simple ; car Eschyle, dans son *Philoctète*, voulant dire :

> L'ulcère qui mange (ἐσθίει) les chairs de
> mon pied,

au verbe (ἐσθίει) a substitué le mot θοινᾶται (se repaît).

Et encore :

> Mais maintenant lui qui est exigu, et sans valeur aucune et sans vigueur, il m'a...

Si l'on voulait substituer les termes propres, on dirait :

> Mais maintenant lui qui est petit, débile et laid, il m'a...[6]

ou (au lieu de) :

> Après avoir déposé à terre un misérable siège[7] et une modeste table,
> Après avoir déposé à terre un mauvais siège[8] et une petite table ;

ou cette expression :

> Le rivage mugit[9],

au lieu de celle-ci :

> Le rivage crie[10].

XI. Ariphrade, en outre, raillait les auteurs tragiques de ce qu'ils emploient telles façons de parler que personne ne ferait entrer dans la conversation, comme, par exemple, δωμάτων ἄπο, et non pas ἀπὸ δωμάτων[11], ou les formes σέθεν[12], ἐγὼ δέ νιν[13], Ἀχιλλέως πέρι, et non pas περὶ Ἀχιλλέως[14], ou d'autres formes analogues. Comme elles ne rentrent pas dans les termes propres, elles ôtent au style sa vulgarité, et c'est ce que cet Ariphrade ne voyait pas.

XII. Il n'est certes pas indifférent de faire un emploi convenable de chacune des formes précitées, noms doubles et noms étrangers ou gloses : mais le plus important, c'est d'avoir un langage métaphorique ; car c'est le seul mérite qu'on ne puisse emprunter à un autre et qui dénote un esprit naturellement bien doué, vu que, bien placer une métaphore, c'est avoir égard aux rapports de ressemblance.

XIII. Parmi les noms, ceux qui sont doubles conviennent surtout aux dithyrambes, les mots étrangers à la poésie héroïque et les métaphores aux ïambes[15]. Dans la poésie héroïque, tous les moyens expliqués plus haut sont applicables. Dans les ïambes, comme on y cherche surtout à imiter le langage ordinaire, les noms les plus convenables sont ceux dont on fait usage dans le discours parlé, c'est-à-dire le terme propre, la métaphore et l'ornement.

---

1. Étrangers dans le sens de : « autres que l'expression littérale. »
2. Énigme qui exprime l'application des ventouses. (Cp. *Rhétorique, l. III, ch. III.*)
3. On voit que nous lisons κεχρῆσθαι au lieu de κεκρᾶσθαι. Le vieux manuscrit de Paris donne κεκρῖσθαι, qui se rapproche de notre lecture, vu l'iotacisme.
4. Épicharès, conjecture de Tyrwhitt. — M. Egger lit : ἥνικ' Ἄρην, d'après Duntzer. Le vieux manuscrit parisien donne : ἤτει χάριν ; d'autres manuscrits : ἤτ... χάριν, εἴτι χάριν, εἴ τι χάριεν, etc.
5. Ce vers est tout aussi mutilé que le précédent.
6. Aristote oppose les termes ὀλίγος, οὐτιδανός, ἄκικυς, aux termes μικρός, ἀσθενικός, ἀειδής.
7. Δίφρον μοχθηρὸν μικράν τε τράπεζαν.
8. Δίφρον ἀεικέλιον ὀλίγην τε τράπεζαν.
9. Ἠϊόνες βοῶσιν.

Poétique et Rhétorique

10. Κράζουσιν.
11. Loin des demeures.
12. Au lieu de ἀπό σου, loin de toi.
13. Au lieu de ἐγὼ δ' αὐτόν.
14. Au sujet d'Achille.
15. Il s'agit ici des ïambes de la poésie dramatique, et non des anciens ïambes, tels que ceux d'Archiloque.

XXIII. De la composition épique.

I. Voilà qui suffit sur la tragédie et sur l'imitation en action. Quant à la poésie narrative et traitée en hexamètres, il faut évidemment constituer des fables dramatiques comme dans la tragédie, et les faire rouler sur une action unique, entière et complète, ayant un commencement, un milieu et une fin, pour que, semblable à un animal unique et entier, elle cause un plaisir qui lui soit propre. Il faut éviter que les compositions ressemblent à des histoires, genre dans lequel on ne doit pas faire l'exposé d'une seule action, mais d'une seule période chronologique (dans laquelle sont racontés) tous les événements qui concernent un homme ou plusieurs et dont chacun en particulier a, selon les hasards de la fortune, un rapport avec tous les autres.

II. En effet, de même que, dans le temps où fut livrée la bataille navale de Salamine, avait lieu celle des Carthaginois en Sicile, ces deux batailles n'avaient pas le même objet, de même, dans la succession des temps, tel événement prend place après tel autre sans qu'ils aient une fin commune.

III. C'est ce que font la presque généralité des poètes ; aussi, nous l'avons déjà dit[1], Homère paraît, à cet égard, un poète divin, incomparable, n'entreprenant pas de mettre en poésie toute la guerre (de Troie), bien qu'elle ait eu un commencement et une fin ; car elle devait être trop étendue et difficile à saisir dans son ensemble et, tout en lui donnant une étendue médiocre, il en faisait une guerre trop chargée d'incidents variés. Au lieu de cela, il en détache une partie et recourt à plusieurs épisodes, tels que le catalogue des vaisseaux et d'autres, sur lesquels il étale sa poésie.

IV. Les autres font rouler leur poème sur un seul héros, dans les limites d'une époque unique ; mais l'action unique qui en fait le fond se divise en parties nombreuses. Tels les poètes qui ont composé l'*Épopée de Chypre* et la petite *Iliade*. Aussi l'*Iliade*, l'*Odyssée*, servent chacune de texte à une ou deux tragédies, l'*Épopée de Chypre* à un grand nombre, la petite *Iliade* à huit, et même plus : *le Jugement des armes, Philoctète, Néoptolème, Eurypyle, le Mendiant, les Lacédémoniens et la prise de Troie, le Départ de la flotte, Sinon et les Troyennes.*

---

1. Chap. VIII, § 2.

XXIV. Comparaison de l'épopée avec la tragédie. — Nombreux mérites d'Homère.

I. Il y a nécessairement autant d'espèces d'épopée que de tragédie ; car elle est nécessairement simple, complexe, morale ou pathétique. Elle a autant de parties, à part la mélopée et la mise en scène, car elle demande des péripéties, des reconnaissances (des mœurs)[1] et des événements pathétiques ; elle exige aussi la beauté des pensées et du beau style. Tous ces éléments, Homère les a mis en usage et pour la première fois, et dans les conditions convenables.

II. En effet, chacun de ces deux poèmes constitue, l'*Iliade* une œuvre simple et pathétique, l'*Odyssée* une œuvre complexe — les reconnaissances s'y rencontrent partout, — et morale. De plus, par le style et par la pensée, il a surpassé tous les poètes.

III. Ce qui fait différer l'épopée (de la tragédie), c'est l'étendue de la composition et le mètre. La limite convenable de son étendue, nous l'avons indiquée : il faut que l'on puisse embrasser dans son ensemble le commencement et la fin ; et c'est ce qui pourrait avoir lieu si les compositions étaient moins considérables que les anciennes et en rapport avec le nombre des tragédies données dans une représentation.

IV. L'épopée a, pour développer son étendue, des ressources variées qui lui sont propres, attendu que, dans la tragédie, l'on ne peut représenter plusieurs actions dans le même moment, mais une seule partie à la fois est figurée sur la scène et par les acteurs ; tandis que dans l'épopée, comme c'est un récit, on peut traiter en même temps plusieurs événements au moment où ils s'accomplissent. Quand ils sont bien dans le sujet, ils ajoutent de l'ampleur au poème ; ils contribuent ainsi à lui donner de la magnificence, à transporter l'auditeur d'un lieu dans un autre et à jeter de la variété dans les épisodes ; car l'uniformité, qui a bientôt engendré le dégoût, fait tomber les tragédies.

V. Le mètre héroïque est celui dont l'expérience a fait reconnaître la convenance pour l'épopée Si l'on composait un poème narratif en un ou plusieurs mètres autres que celui-là, on verrait comme ce serait déplacé.

VI. C'est que l'héroïque est le plus posé des mètres et celui qui a le plus d'ampleur ; aussi se prête-t-il le mieux aux noms étrangers et aux métaphores, car la poésie narrative est la plus riche de toutes. Quant au vers ïambique et au tétramètre, ils ont la propriété d'agiter ; l'un convient à la danse, l'autre à l'action dramatique.

VII. Une chose encore plus déplacée, ce serait de mélanger ces mètres, à la façon de Chérémon. Aussi l'on n'a jamais fait un poème de longue haleine dans un mètre autre que l'héroïque. D'ailleurs, comme nous l'avons dit, la nature elle-même enseigne à discerner ce qui lui convient.

VIII. Homère mérite des louanges à bien d'autres titres, mais surtout en ce que, seul de tous les poètes, il n'ignore point ce que le poète doit faire par lui-même. Le poète doit parler le moins possible en personne ; car, lorsqu'il le fait, il n'est pas imitateur.

IX. Les autres poètes se mettent en scène d'un bout à l'autre de leur œuvre ; ils imitent peu et rarement ; mais lui, après un court prélude, introduit bientôt un personnage, homme ou femme, ou quelque autre élément moral, et jamais personne sans caractère moral, mais toujours un personnage pourvu de ce caractère.

X. Il faut, dans les tragédies, produire la surprise, mais dans l'épopée il peut y avoir, plutôt qu'ailleurs, des choses que la raison réprouve (c'est ce qui contribue le plus à la surprise), parce que l'action ne se passe pas sous les yeux. Ainsi les détails de la poursuite d'Hector seraient ridicules à la scène, où l'on verrait d'une part les Grecs s'arrêtant court et cessant de le poursuivre et de l'autre (Achille) leur faisant signe (de s'arrêter) ; mais, dans l'épopée, cet effet n'est pas sensible et la surprise cause du plai-

Poétique et Rhétorique

sir ; la preuve, c'est qu'en racontant on ajoute toujours, vu que c'est un moyen de plaire.

XI. Homère a aussi parfaitement enseigné aux autres poètes à dire, comme il faut, les choses fausses ; or le moyen, c'est le paralogisme. Les hommes croient, étant donné tel fait qui existe, tel autre existant, ou qui est arrivé, tel autre arrivant, que si le fait postérieur existe, le fait antérieur existe ou est arrivé aussi ; or cela est faux. C'est pourquoi, si le premier fait est faux, on ajoute nécessairement autre chose qui existe ou soit arrivé, ce premier fait existant ; car, par ce motif qu'elle sait être vraie cette autre chose existante, notre âme fait ce paralogisme que la première existe aussi. La scène du bain[2] en est un exemple.

XII. Il faut adopter les impossibilités vraisemblables, plutôt que les choses possibles qui seraient improbables, et ne pas constituer des fables composées de parties que la raison réprouve, et en somme n'admettre rien de déraisonnable, ou alors, que ce soit en dehors du tissu fabuleux. Ainsi Œdipe ne sait pas comment Laïus a péri ; mais la mort de Laïus n'est pas comprise dans le drame ; ainsi, dans Électre, ceux qui racontent les jeux pythiques[3] ou, dans les Mysiens, le personnage muet qui vient de Tégée en Mysie[4].

XIII. En conséquence, dire que la fable serait détruite[5] serait ridicule ; car il ne faut pas, en principe, constituer des fables sur une telle donnée ; mais, si on l'établit ainsi et qu'elle ait une apparence assez raisonnable, on peut y admettre même l'absurde, puisque le passage déraisonnable de l'*Odyssée*, relatif à l'exposition[6], serait évidemment intolérable si un mauvais poète l'avait traité ; mais Homère a beaucoup d'autres qualités pour dissimuler, en l'adoucissant, l'absurdité de cette situation.

XIV. Il faut travailler le style dans les parties inertes, mais non pas dans celles qui se distinguent au point de vue des mœurs ou de la pensée ; et par contre, un style trop brillant fait pâlir l'effet des mœurs et des pensées.

---

1. Addition de Susemihl.
2. Homère, (*Odyssée*, XIX, 467.) Euryclée sait qu'Ulysse a été mordu à la jambe (fait passé) ; elle voit une cicatrice à la jambe de l'étranger, à qui elle lave les pieds (fait actuel). Elle en conclut, non faussement si l'on veut, mais gratuitement, que cet étranger doit être Ulysse.
3. Sophocle (*Électre*, vers 683 et suiv.)
4. Voir, sur les *Mysiens*, la note de Buhle.
5. Si l'on retranchait les parties non vraisemblables ou non fondées en raison.
6. Chant XIII, où Ulysse, transporté à Ithaque, est exposé sur le rivage, pendant son sommeil, par les matelots phéaciens qui l'ont amené.

XXV. Objections faites au style poétique. — Solutions.

I. Sur la question des objections et de leurs solutions, du nombre et de la nature de leurs formes, on verra clairement ce qu'il en est par les considérations qui vont suivre.

II. Comme le poète est un imitateur, aussi bien que le serait un peintre ou n'importe quel autre artiste de cet ordre, il s'ensuit nécessairement qu'il imite les choses sous quelqu'une de ces trois formes, ou telles qu'elles existaient ou existent, ou telles qu'on dit ou qu'on croit qu'elles sont, ou enfin telles qu'elles devraient être.

III. Ces choses sont énoncées au moyen de l'expression propre, ou bien par des gloses et par des métaphores. L'élocution (poétique) est susceptible de nombreux changements ; car c'est une faculté que nous accordons aux poètes. De plus, la correction n'est pas de la même nature pour la poétique et pour la politique, ni même pour n'importe quel autre art et pour la poétique.

IV. La poétique, elle, est sujette à deux genres de fautes ; les unes qui lui sont propres, les autres accidentelles. En effet, si elle se proposait d'imiter dans des conditions impossibles, la faute en reviendrait à elle-même, tandis que, si le dessin était correct, mais qu'elle représentât un cheval jetant en avant ses deux jambes de droite, ou commit quelque faute contre un art particulier, par exemple, contre la médecine ou tout autre art, les impossibilités qu'elle imaginerait ne seraient pas imputables à la poétique elle-même.

V. En conséquence, c'est d'après ces observations qu'il faudra résoudre (réfuter) les critiques introduites dans les controverses. (A)[1] Il y a d'abord celles qui se rapportent à l'art lui-même. Des impossibilités ont été imaginées, c'est une faute ; mais c'est correct, si le but de l'art est atteint.

VI. Et en effet, l'on a dit[2] que ce but (était atteint) si, de cette façon, l'on rendait plus saisissante la partie en question ou quelque autre partie ; exemple, la poursuite d'Hector.

VII. Si pourtant le but pouvait être atteint plus ou moins, et qu'il y eût une faute contre l'art dans lequel rentre la chose en question, ce ne serait pas bon ; car il faut, si c'est possible, ne commettre absolument aucune faute sur aucun point.

VIII. B. De plus, sur lequel des deux points porte la faute ? sur quelque détail inhérent à l'art, ou bien

Poétique et Rhétorique

sur quelque autre fait accidentel ? Car elle est moins grave si le poète a ignoré que la femelle du cerf n'a pas de cornes[3] que s'il ne l'a pas représentée suivant les principes de l'imitation.

IX. C. Outre cela, si l'on reproche le manque de vérité, on répondra qu'on a voulu rendre les objets tels qu'ils devraient être. C'est ainsi que Sophocle disait que lui-même représentait les hommes tels qu'ils doivent être, et Euripide tels qu'ils sont. Voilà comment il faut réfuter cette critique.

X. D. Si l'on dit qu'ils ne sont représentés d'aucune des deux façons, c'est ainsi (dira-t-on) que les voit l'opinion commune ; par exemple, ce qui se dit sur les dieux. Car il ne serait peut-être pas mieux parler de telle façon, ni possible de dire la vérité, mais on en parle un peu au hasard, comme dit Xénophane.

XI. E. Ce n'est pas l'opinion commune[4], et ce n'est peut-être pas le mieux, mais c'est la réalité. Exemple, ce vers sur les armes :

> Leurs lances étaient plantées droit sur le bout[5].

En effet, c'était l'usage alors, comme font encore aujourd'hui les Illyriens.

XII. F. Quant à la question de savoir (si) la parole ou l'action d'un personnage est convenable ou non, il ne faut pas l'examiner en n'ayant égard qu'à cette parole ou à cette action prise en elle-même pour voir si elle est bonne ou mauvaise, mais en considérant aussi quel est celui qui agit ou parle, à qui il a affaire, dans quel moment, en faveur de qui, dans quel but, comme, par exemple, en vue d'un plus grand bien, afin qu'il se produise, ou à cause d'un plus grand mal, afin de l'éviter.

XIII. G. Les critiques qui ont trait au style, il faut les détruire, par exemple en alléguant l'emploi d'une glose ou nom étranger :

> Les mulets d'abord[6] ;

car, peut-être, ne veut-il pas entendre ici les mulets, mais les gardes. Et à propos de Dolon

> Qui, certes, était mal conformé[7],

cela ne signifie pas difforme de corps, mais laid de figure, car, chez les Crétois, on dit εὐειδὲς (de belle forme) pour exprimer la beauté du visage. Et dans ce vers :

> Mélange (du vin) « ζωρότερον[8] »

« ζωρότερον » ne signifie pas « du vin non trempé d'eau » comme pour les ivrognes, mais « plus promptement ».

XIV. H. Tel terme a été employé par métaphore, comme dans ces vers :

> Tous les autres, — dieux et hommes — dormaient la nuit entière...[9]

Puis il dit en même temps :

> lorsqu'il regardait du côté de la plaine de Troie...[10] ...le son des flûtes et des syrinx[11].

Le mot πάντες a été pris par métaphore, à la place de πολλοί (beaucoup) ; car le mot *tout*, ici, veut dire *en grand nombre*.

Ceci encore :

> Mais celle qui est la seule à être privée...[12]

est dit par métaphore ; car, ce qui est le plus connu, c'est ce qui est seul.

XV. I. (On peut encore réfuter la critique en alléguant) l'accentuation, comme Hippias de Thasos la réfutait à propos de l'expression :

> δίδομεν δέ οἱ... nous lui donnons[13],

et de cette autre :

> ce qui d'une part n'est pas pourri par la pluie[14].

XVI. K. D'autres fois on alléguera la ponctuation, comme dans ce vers d'Empédocle :

> Et dès lors naquirent mortels les êtres qui, auparavant, avaient appris à être immortels ;
> et purs, auparavant, ils avaient été mélangés[15].

XVII. L. Ou bien l'amphibologie :

La plus grande moitié de la nuit est passée...

car πλέων est équivoque[16].

XVIII. M. Ou encore les expressions consacrées par l'usage. C'est ainsi que de tout breuvage mélangé on dit « du vin », et que l'on écrira :

une cnémide d'étain nouvellement ouvré,

ou que l'on appellera χαλκεῖς (ouvriers en airain) ceux qui travaillent le fer. C'est ainsi que l'on a dit de Ganymède : οἰνοχεύει (il verse du vin) à Jupiter, bien que (les dieux) ne boivent pas de vin[17]. Toutes ces locutions rentrent dans la métaphore.

XIX-XX. Il faut aussi, lorsqu'un nom semble indiquer quelque contradiction, observer de combien de manières il peut être entendu dans le passage en question ; par exemple, dans celui-ci : La lance d'airain s'attacha τῇ (sur celle-ci)[18]. De combien de manières[19] la lance fut-elle arrêtée par celle-ci ? Est-ce de cette manière-ci qu'on devra le mieux l'entendre, à savoir : « contre cette lame » (sans y pénétrer) ? Il y a encore le cas examiné par Glaucon : certains ont un préjugé non fondé en raison ; raisonnant et décidant d'après cela et après avoir parlé d'après leur opinion personnelle, ils critiquent la chose qui est en contradiction avec leur pensée.

XXI. C'est ce qui est arrivé à propos d'Icare. On pense qu'il était Lacédémonien. On trouve étrange, par suite, que Télémaque, arrivé à Lacédémone, ne se soit pas rencontré avec lui ; or la chose s'est peut-être passée comme les Céphalléniens le racontent. Ils prétendent qu'Ulysse épousa une femme de chez eux et qu'il s'agit d'Icade[20], et non pas d'Icare. Il est donc probable que cette controverse est causée par une erreur.

XXII. En somme, il faut ramener l'impossible à la conception poétique, ou au mieux[21], ou à l'opinion ; car, pour la poésie, l'impossible probable doit être préféré à l'improbable, même possible. Pour le mieux, il faut que les personnages soient représentés non seulement tels qu'ils sont, comme dans les peintures de Zeuxis, mais aussi le mieux possible, car l'œuvre doit surpasser le modèle. (Pour l'opinion), s'il s'agit de choses déraisonnables, la composition peut avoir ce caractère et, par quelque côté, n'être pas déraisonnable ; car il est vraisemblable que certaines choses arrivent contrairement à la vraisemblance[22].

Pour les choses contradictoires par rapport à ce qui a été dit, il faut examiner, comme lorsqu'il s'agit des réfutations oratoires, si une même chose a été mise en rapport avec la même chose et de la même façon, si le poète a parlé lui-même, et voir dans quelle intention il s'est exprimé ainsi et quelle idée un homme de sens se ferait de son langage.

XXIII. Portant sur une inconséquence ou sur une méchanceté, la critique sera fondée si c'est sans aucune nécessité que l'on emploie soit l'inconséquence, comme Euripide dans *Égée*[23], ou la méchanceté, comme celle de Ménélas dans *Oreste*.

XXIV. Ainsi donc les critiques se tirent de cinq espèces (d'idées), présentées soit comme impossibles, comme inconséquentes, comme nuisibles, comme contradictoires, ou enfin comme contraires aux règles de l'art. Quant aux solutions (ou réponses), il faut les examiner d'après les explications qui précèdent ; or elles sont au nombre de douze.

---

1. A. Nous marquons par des lettres les douze objections posées et résolues.
2. Chap. XXIV, § 10.
3. Pindare : Χρυσοκέρων ἔλαφον θήλειαν. (*Olymp.*, III, 52.)
4. Autre réponse aux critiques.
5. *Iliade*, X, 153.
6. Homère (*Iliade*, I, 50. Cp. *Iliade*, X, 316) où le même mot a le sens de « gardes »
7. *Iliade*, X, 316.
8. *Iliade*, I, 203. Cp. Plutarque, *Problèmes*, V, 4.
9. *Iliade*, II, 1.
10. *Iliade*, X, 11.
11. *Iliade*, X, 13.
12. *Iliade*, XVIII, 489. Il s'agit de la Grande Ourse, la seule constellation qui soit privée de se plonger dans l'Océan.
13. *Iliade*, XXI, 297. — On accentuera suivant le sens adopté δίδομεν (*damus*), ou διδόμεν pour διδόναι (*dare*). Voir la note de Buhle.
14. *Iliade*, XXIII, 358. Cp. Alexandre d'Aphrodisias : *In Elench. Soph.*, *Aristot.*, fol. 12. — οὑ peut devenir οὗ et prendre le sens de *là*, *là où*.
15. Cette citation est donnée plus complètement par Athénée (*Deipnosoph.*, X, p. 423, *f*, et par Simplicius, *Auscult. phys.*, fol. 7 *b*). Le sens varie selon que l'on ponctue avant ou après τὰ πρίν, au second vers.
16. *Iliade*, X, 252. Pour saisir cette équivoque, il faut connaître le vers suivant : τῶν δύο μοιράων, τριτάτη δ' ἔτι μοῖρα λέλειπται. La plus grande des deux portions (sur trois) est passée et il reste encore la troisième. — Πλέων est équi-

voque, « car ce *plus* peut s'appliquer à la moitié ou aux deux tiers de la nuit ». (Egger.) — Eustathe trouve même un triple sens à ce passage.
17. Cp. Homère (*Iliade*, XX, 234, et le commentaire d'Eustathe sur l'*Odyssée*, I, 374). Le mot οἰνοχεύω ou οἰνοχέω a signifié d'abord *verser du vin*, puis *verser à boire*.
18. *Iliade*, XX, 272. — Τῇ correspond à πτύχη χρυσείη, l'une des cinq lames qui composaient le bouclier d'Achille.
19. Ici commence le § 20 de Buhle, qui se rattache par ce qui suit au passage d'Homère.
20. Pénélope était fille d'Icade.
21. Au mieux (idéal). — (Egger.)
22. Cp. plus haut, chap. XVIII, § 8.
23. Pièce perdue.

XXVI. La composition épique est-elle supérieure à la composition tragique ? Conclusion dans le sens de la négative.

I. L'imitation épique est-elle supérieure à l'imitation tragique ? On peut se le demander.

II. En effet, si c'est la moins vulgaire qui a l'avantage, et que soit toujours dans ce cas celle qui s'adresse à des spectateurs d'une valeur supérieure, il est bien évident[1] que celle qui s'exerce sur toutes choses indifféremment est une imitation vulgaire ; car l'acteur, voyant que les spectateurs restent insensibles si lui-même ne renchérit pas, se donne beaucoup de mouvement. C'est ainsi que de mauvais aulètes (joueurs de flûte) tournent sur eux-mêmes lorsqu'il s'agit d'imiter un disque, et qu'ils entraînent le coryphée[2] quand ils exécutent, au son de la flûte, la scène de *Scylla*[3].

III. La tragédie est donc dans les conditions où les anciens (acteurs) disaient être ceux qui les ont suivis. Ainsi Mynniscos, voyant Callipide jouer avec exagération, l'appelait singe, et telle était aussi la réputation de Pindaros. Or, ce que ces acteurs étaient aux yeux de leurs critiques, l'art tout entier (de la tragédie) l'est pour l'épopée.

IV. On prétend que celle-ci s'adresse à des gens de sens rassis, parce qu'ils n'ont pas besoin de voir des gestes, tandis que la tragédie s'adresse à des spectateurs d'un goût inférieur. Par conséquent, si elle est vulgaire, il est évident qu'elle pourrait bien être inférieure.

V. D'abord l'accusation n'atteint pas la poétique, mais plutôt l'hypocritique[4], puisque c'est dans les gestes que l'on peut mettre de l'exagération en déclamant, ce que faisait Sosistrate, et en chantant, ce qui caractérisait le chant de Mnasithée d'Opunte.

VI. Ensuite, il ne faut pas désapprouver toute sorte de mouvement, puisque ce n'est pas la danse, mais la danse mal exécutée (qui prête à la critique), comme celle qu'on reprochait à Callipide, et qu'on reproche aujourd'hui à d'autres de ce qu'ils imitent des femmes de bas étage.

VII. De plus, la tragédie, même sans mouvement, remplit sa fonction propre de même que l'épopée ; car, rien qu'à la lecture, on peut bien voir quelle en est la qualité. Par conséquent, si elle l'emporte sur les autres points, il n'est certes pas nécessaire qu'elle possède cet accessoire[5].

VIII. Ajoutons qu'elle a toutes les ressources qui appartiennent à l'épopée (puisqu'elle dispose du mètre), et en outre, ce qui n'est pas de mince importance, la musique et le spectacle, au moyen duquel les jouissances sont aussi vives que possible. Elle trouve encore une puissante ressource dans la reconnaissance et dans les actions (qu'elle déroule).

IX. (Elle est supérieure) aussi en ce que le but de l'imitation y est atteint dans une étendue moins considérable (que pour l'épopée) ; car ce qui est plus resserré donne plus de plaisir que ce que l'on répand sur une longue période de temps. J'entends par là si, par exemple, on composait l'*Œdipe* de Sophocle en autant de vers qu'il y en a dans l'*Iliade*.

X. De plus, l'imitation des poètes épiques est moins une, et la preuve, c'est que de n'importe quelle imitation épique on tire plusieurs tragédies ; c'est au point que, si l'on ne traite qu'une seule fable (dans l'épopée), ou bien elle est exposée brièvement, et alors l'œuvre parait écourtée, ou bien on s'accommode à la longueur que comporte ce mètre, et elle paraît délayée. Je citerai comme exemple... Maintenant, si (l'épopée) se compose de plusieurs fables, comme l'*Iliade*, elle renferme un grand nombre de parties, ainsi que l'*Odyssée*, qui ont chacune leur étendue propre ; et cependant la constitution de ces poèmes est aussi parfaite que possible, et ils sont l'imitation d'une action unique.

XI. Si, par conséquent (la tragédie) l'emporte par tous ces avantages et, en outre, par la fonction propre de cet art (car les tragédies ne procurent pas un plaisir quelconque, mais bien celui que nous avons dit), il est évident qu'elle pourrait bien, atteignant mieux son but, être meilleure que l'épopée.

XII. Voilà donc tout ce que nous avons à dire sur la tragédie et sur l'épopée, sur leurs variétés et leurs parties, sur le nombre et la nature de leurs différences, sur ce qui les rend bonnes ou mauvaises, sur les critiques auxquelles elles prêtent et les réponses qu'on peut y faire.

---

1. Ἀεί·λίαν. Bonne correction, par Vahlen, du texte δειλίαν, que donne le vieux manuscrit de Paris.
2. Le chef de chœur.
3. Parce que le gouffre de Scylla attire les navigateurs.
4. L'art de la mise en scène, le jeu scénique.
5. Le mouvement, les gestes.

APPENDICE : FRAGMENTS PRÉSUMÉS DE LA POÉTIQUE

La formule περὶ μὲν οὖν, qui commence la dernière phrase indique clairement que l'auteur allait traiter un nouveau point de l'art poétique. Il est probable que les chapitres suivants étaient relatifs à la comédie, puis à la poésie dithyrambique et aux nomes ou chansons. (Cp. chap. II, §§ 1 et 7.) — Aristote lui-même vise, dans la *Rhétorique*, une des parties perdues : « Nous avons dit, dans les livres de la *Poétique*, combien il y avait d'espèces de choses risibles. » (*Rhétorique*, l. III, chap. XVIII.)

Les fragments dont on va lire la première traduction française et qui paraissent, en partie, extraits, ou du moins inspirés des pages où Aristote parlait de la comédie, figurent dans un recueil anonyme sur les divisions de la poésie, publié par Cramer (*Anecdota parisiensia*, t. Ier, p. 403), d'après le manuscrit 120 du fonds Coislin. Bernays, le premier, les a rattachés à la *Poétique* (Ergœnzung zu Aristoteles Poetik, dans le Rhein. Museum, n. série, t. VIII, p. 561). Susemihl a proposé le placement de plusieurs d'entre eux (*Aristoteles liber die Dichtkunst*, gr. und deutsch, Leipzig, 1865). L'édition de Vahlen, suivie en cela, comme dans le reste, par G. Christ (collection Teubner, 1878), les a donnés en appendice. Ils figurent dans les *Fragmenta Aristotelis* (collection Didot, *Aristolelis opera*, t. IV, 2° partie, p. 127-129), précédés d'une notice de l'éditeur Em. Heitz, à laquelle on fera bien de se reporter. — Voir aussi Egger, *Commentaire sur la Poétique*, édition de 1876, chapitre V. — Diogène de Laërte (V. 1, 12) donne *deux* livres à la *Poétique*.

TRADUCTION

I. La tragédie doit avoir une juste proportion (συμμετρίαν) de terreur.

II. Le rire est produit par l'élocution dans ses rapports avec l'homonymie, la synonymie, le babil, la paronymie au moyen d'une addition, d'un retranchement, d'un diminutif, d'un terme altéré, ou d'une figure de mot.

III. Le rire causé par les faits résulte soit d'une assimilation avec distinction en pis et en mieux (?), soit de la ruse, de l'impossible, du possible inconséquent, de l'imprévu, ou de la pratique d'une danse grotesque, soit de ce qu'un personnage, d'entre ceux qui sont en charge, néglige les grands intérêts pour s'attacher aux détails les plus insignifiants, de ce que le discours est décousu, ou bien encore de ce qu'il n'a aucune suite.

IV. La comédie est différente de la médisance, attendu que la médisance expose, sans en rien cacher, les faits à la charge d'une personne, tandis que la comédie a besoin de ce que l'on appelle la « représentation »[1].

V. Le persifleur a pour attribution de relever ce qui est fautif dans l'âme et dans le corps.

VI. Il doit y avoir une juste proportion de terreur dans les tragédies, et de ridicule dans les comédies.

VII Les mœurs de la comédie sont la bouffonnerie, la dissimulation et la fanfaronnade.

VIII. Le style comique est vulgaire et populaire.

IX. L'auteur comique doit mettre, dans la bouche de chacun de ses personnages, la langue parlée dans son pays ; mais, dans celle d'un étranger, la langue parlée dans le pays où il est.

X. Le chant est du domaine de l'art musical et, par suite, c'est dans l'art musical qu'il faudra puiser les principes convenables.

XI. La comédie est l'imitation d'une action ridicule, d'une étendue bien proportionnée, complète en chacune de ses parties prise isolément[2] et opérant, par des récits, parle plaisir et par le rire, la purgation des passions de nature analogue. Or elle a pour mère le rire[3].

---

1. C'est-à-dire (peut-être) « de ce que l'on peut, sans inconvénient, représenter sur la scène ». Bernays propose de lire τῆς ὑπονοίας, au lieu de τῆς ἐμφάσεως.

2. Les mots non traduits (ἐν τοῖς εἴδεσι δρῶντας) ne font aucun sens.
3. Ce dernier fragment pourrait bien n'être, comme le dit Heitz, qu'une simple imitation « ridicula et plane insulsa imitatio » de la définition qu'Aristote a donnée de la tragédie (chap. VI, § 2).

RHÉTORIQUE

LIVRE I

I. Rapports de la rhétorique et de la dialectique. - Utilité et rôle de la rhétorique.

I. La rhétorique se rattache à la dialectique[1]. L'une comme l'autre s'occupe de certaines choses qui, communes par quelque point à tout le monde, peuvent être connues sans le secours d'aucune science déterminée. Aussi tout le monde, plus ou moins, les pratique l'une et l'autre ; tout le monde, dans une certaine mesure, essaie de combattre et de soutenir une raison, de défendre, d'accuser.

II. Les uns font tout cela au hasard[2], et d'autres par une habitude contractée dans leur condition. Comme ces deux moyens sont admissibles, il est évident qu'il y aurait lieu d'en diriger l'application et de considérer la cause qui fait réussir soit une action habituelle, soit une action spontanée. Or tout le monde conviendra que cette étude est le propre de l'art.

III. Aujourd'hui, ceux qui écrivent sur la rhétorique n'en traitent qu'une mince partie[3]. Les preuves ont seules un caractère vraiment technique, tout le reste n'est qu'un accessoire ; or ils ne disent rien de l'enthymème, ce qui est le corps de la preuve. Le plus souvent, leurs préceptes portent sur des points étrangers au fond de l'affaire.

IV. L'attaque personnelle (διαβολή), l'appel à la pitié, l'excitation à la colère et aux autres passions analogues de l'âme ont en vue non l'affaire elle-même, mais le juge. C'est au point que, si l'on faisait pour tous les jugements ce qui se fait encore aujourd'hui dans quelques cités, et des mieux policées, ces rhéteurs n'auraient rien à mettre dans leurs traités.

V. Parmi tous les hommes, les uns pensent que les lois doivent prononcer dans tel sens[4], et les autres, en admettant l'appel aux passions, interdisent tout ce qui est en dehors de l'affaire, comme on le fait dans l'Aréopage ; et c'est là une opinion juste. Il ne faut pas faire dévier le juge en le poussant à la colère, à la haine, à la pitié. C'est comme si l'on faussait d'avance la règle dont on va se servir.

VI. De plus, il est évident que, dans un débat, il faut montrer que le fait est ou n'est pas, ou bien a été ou n'a pas été, et ne pas sortir de là. Est-ce un fait de grande ou de faible importance, juste ou injuste, voilà autant de points que le législateur n'a pas déterminés ; il appartient au juge lui-même de les connaître et ce n'est pas des parties en cause qu'il doit les apprendre.

VII. Il convient donc, par-dessus tout, que les lois, établies sur une base juste, déterminent elles-mêmes tout ce qui est permis et qu'elles laissent le moins possible à faire aux juges. En voici les raisons. D'abord, il est plus facile de trouver un homme, ou un petit nombre d'hommes, qu'un grand nombre qui soient doués d'un grand sens et en état de légiférer et de juger. De plus, les législations se forment à la suite d'un examen prolongé, tandis que les décisions juridiques sont produites sur l'heure, et, dans de telles conditions, il est difficile, pour les juges, de satisfaire pleinement au droit et à l'intérêt des parties. Enfin, et ceci est la principale raison, le jugement du législateur ne porte pas sur un point spécial, mais sur des cas futurs et généraux, tandis que les membres d'une assemblée et le juge prononcent sur des faits actuels et déterminés, sans laisser d'être influencés, souvent, par des considérations d'amitié, de haine et d'intérêt privé, ce qui fait qu'ils ne peuvent plus envisager la vérité avec compétence, mais que des sentiments personnels de joie ou de peine viennent à offusquer leurs jugements.

VIII. Si, sur tout le reste, nous le répétons, il faut laisser le moins possible d'arbitraire au juge, c'est à lui qu'il faut laisser décider si tel fait a existé, existera, existe, oui ou non, attendu que le législateur n'a pu prévoir cette question.

IX. S'il en est ainsi, c'est, on le voit, traiter un sujet étranger à la cause que de déterminer d'autres points, comme, par exemple, qu'est-ce que doit contenir l'exorde, ou la narration, ou chacune des autres parties d'un discours ; car ces moyens ne tendent à autre chose qu'à mettre le juge dans tel ou tel état d'esprit. Mais, sur le chapitre des preuves oratoires, ils n'expliquent rien, et pourtant c'est par les preuves que l'on devient capable de faire des enthymèmes.

X. Aussi, bien que la même méthode s'applique indifféremment au genre délibératif et au genre judiciaire, et que l'éloquence de la tribune soit plus belle et plus politique que celle qui s'occupe des contrats, ils ne disent rien du premier genre et s'appliquent tous à traiter de l'art de plaider. Cela tient à ce que, dans les harangues, on a moins d'intérêt, avant d'en venir au fait, à toucher des points étrangers à la cause et qu'il s'y trouve moins de place pour la malignité que dans une plaidoirie, l'intérêt étant plus général. Lorsqu'on prononce une harangue, l'auditeur est juge dans sa propre cause, et l'orateur n'a pas à faire autre chose que de lui montrer comment les choses sont telles que les présente l'auteur de la proposition. Dans les affaires de procédure, cela n'est pas suffisant, et, avant d'arriver au fait, il faut s'emparer de l'esprit de l'auditeur, car les juges prononcent sur des intérêts qui leur sont étrangers ; n'ayant en vue que leurs goûts personnels, et prêtant l'oreille aux plaidoyers pour le plaisir qu'ils y trouvent, ils se livrent aux deux parties en cause, mais ils ne font pas office de juges. Aussi, en beaucoup d'endroits, je l'ai dit plus haut, la loi défend-elle de rien dire en dehors de l'affaire. Mais là (dans le genre délibératif), les juges observent assez bien cette règle.

Poétique et Rhétorique

XI. La méthode, en matière de rhétorique, repose évidemment sur les preuves. La preuve est une démonstration (car si nous admettons une preuve, c'est surtout lorsque nous supposons qu'il y a eu démonstration). D'autre part, la démonstration oratoire c'est l'enthymème, qui est, en résumé, la preuve par excellence ; or l'enthymème est une sorte de syllogisme, et il appartient tout aussi bien à la dialectique, prise dans son ensemble ou dans quelqu'une de ses parties, d'examiner tout ce qui se rattache au syllogisme. Il ressort de tout cela que celui qui pourra le mieux approfondir l'origine de la construction du syllogisme sera le plus capable de faire des enthymèmes, surtout s'il sait, de plus, sur quels objets portent les enthymèmes et en quoi ils diffèrent des syllogismes logiques. En effet, la considération du vrai et celle du vraisemblable dépend d'une seule et même faculté et, en même temps, les hommes sont naturellement aptes à recevoir une notion suffisante de la vérité ; la plupart du temps ils réussissent à la saisir. Aussi, à l'homme en état de discerner sûrement le plausible[5], il appartient également de reconnaître la vérité. Ainsi donc, on vient de voir que les autres rhéteurs traitent de la matière sans avoir égard à la cause et tendent plutôt à dévier vers le genre judiciaire.

XII. La rhétorique est utile, d'abord, parce que le vrai et le juste sont naturellement préférables à leurs contraires, de sorte que, si les décisions des juges ne sont pas prises conformément à la convenance, il arrive, nécessairement, que ces contraires auront l'avantage ; conséquence qui mérite le blâme. De plus, en face de certains auditeurs, lors même que nous posséderions la science la plus précise, il ne serait pas facile de communiquer la persuasion par nos paroles à l'aide de cette science. Un discours scientifique tient de la doctrine, ce qui est (ici) d'une application impossible, attendu que, pour produire des preuves et des raisons, il faut s'en tenir aux lieux communs, comme nous l'avons déjà dit dans les *Topiques*[6], à propos de la manière de parler à la multitude. Il faut, de plus, être en état de plaider le contraire de sa proposition, comme il arrive en fait de syllogismes, non pas dans le but de pratiquer l'un et l'autre (le non vrai et le non juste), car il ne faut pas conseiller le mal, mais pour ne pas ignorer ce qu'il en est, et afin que, si quelque autre orateur voulait discourir au détriment de la justice, nous soyons nous-mêmes en mesure de détruire ses arguments. À la différence des autres arts, dont aucun n'arrive par le syllogisme à une conclusion opposée, la rhétorique et la dialectique sont seules à procéder ainsi, l'une et l'autre supposant des contraires. Toutefois, les matières qui s'y rapportent ne sont pas toutes dans les mêmes conditions, mais toujours ce qui est vrai et ce qui est naturellement meilleur se prête mieux au syllogisme et, en résumé, est plus facile à prouver. De plus, il serait absurde que l'homme fût honteux de ne pouvoir s'aider de ses membres et qu'il ne le fût pas de manquer du secours de sa parole, ressource encore plus propre à l'être humain que l'usage des membres.

XIII. Si, maintenant, on objecte que l'homme pourrait faire beaucoup de mal en recourant injustement à la puissance de la parole, on peut en dire autant de tout ce qui est bon, la vertu exceptée, et principalement de tout ce qui est utile ; comme, par exemple, la force, la santé, la richesse, le commandement militaire, car ce sont des moyens d'action dont l'application juste peut rendre de grands services et l'application injuste faire beaucoup de mal.

XIV. Il est donc évident que la rhétorique n'appartient pas à un seul genre déterminé, mais qu'elle opère comme la dialectique, et qu'elle est utile. Maintenant, son fait n'est pas autant de persuader que de voir l'état probable des choses par rapport à chaque question, ce qui a lieu pareillement dans les autres arts. Ainsi, le propre de la médecine n'est pas de donner la santé, mais plutôt d'agir en vue de ce résultat autant qu'il est en elle ; car il peut arriver que des gens incapables de jouir d'une bonne santé reçoivent cependant des soins efficaces. Outre cela, le propre de la rhétorique, c'est de reconnaître ce qui est probable et ce qui n'a que l'apparence de la probabilité, de même que le propre de la dialectique est de reconnaître le syllogisme et ce qui n'en est que l'apparence ; car, si le syllogisme devient sophistique, ce n'est pas en puissance, mais par l'intention qu'on y met[7]. Toutefois, dans le cas actuel (celui de la rhétorique), on sera orateur soit par science, soit d'intention, tandis que, dans l'autre (celui de la dialectique), on sera sophiste d'intention et dialecticien, non pas d'intention, mais en puissance.

XV. Essayons d'exposer la méthode (oratoire) elle-même et de dire par quels moyens nous pourrons atteindre le but que nous nous sommes proposé. Reprenons-en donc la définition à son principe ; après quoi, nous nous occuperons de tout le reste.

---

1. Cp. Plutarque, *De la lecture des Poètes*, IV, 1. Μιμητικὴ τέχνη καὶ δύναμίς ἐστιν ἀντίστροφος τῇ ζωγραφίᾳ. L'art et la faculté d'imiter se rattachent à la peinture. — « La rhétorique n'est pas subordonnée à la dialectique ; elle lui est coordonnée (ἀντίστροφος). » [Ch. Thurot, *Études sur Aristote*, 1850, p. 171, et appendice 10.] Pour M. Thurot, la rhétorique « fait le pendant de la dialectique », p. 265 et ailleurs. Cp. J.-P. Rossignol, *Journal des savants* (sept. 1842).
2. On dirait aujourd'hui *d'instinct, spontanément* ; mais nous nous sommes appliqué, en traduisant Aristote, à conserver, autant que possible, l'expression et l'image de notre auteur.
3. Si, au lieu de πεποιήκασι que donne le plus ancien manuscrit connu (*Cod. parisinus*, 1743), on adopte πεπορίκασι leçon donnée à la marge de ce manuscrit et dans le texte de trois autres, sur les cinq consultés, on pourra traduire : « n'ont apporté qu'un faible secours à cet art. »
4. Οὕτως ἀγορεύειν.
5. Sur la signification de τὰ ἔνδοξα, voir Ch. Thurot, *Études sur Aristote*. 1860, p. 125. Cp. Aristote, Top. I, 1.
6. Cp. *Topic*, I, 2, 4. — VIII, 2, 1, éd. Buhle.
7. La puissance, δύναμις, c'est ici l'ensemble des ressources renfermées dans un art, indépendamment d'une application bonne ou mauvaise. L'intention, le dessein (προαίρεσις), c'est l'application de ces ressources à tel but, à telle arrière-pensée.

II. Définition de le rhétorique. La vraisemblance, le signe, l'exemple.

I. La rhétorique est la faculté de considérer, pour chaque question, ce qui peut être propre à persuader. Ceci n'est le fait d'aucun autre art, car chacun des autres arts instruit et impose la croyance en ce qui concerne son objet : par exemple, la médecine, en ce qui concerne la santé et la maladie ; la géométrie, en ce qui concerne les conditions diverses des grandeurs ; l'arithmétique, en ce qui touche aux nombres, et ainsi de tous les autres arts et de toutes les autres sciences. La rhétorique semble, sur la question donnée, pouvoir considérer, en quelque sorte, ce qui est propre à persuader. Voilà ce qui nous fait dire qu'elle n'a pas de règles applicables à un genre d'objets déterminé.

II. Parmi les preuves, les unes sont indépendantes de l'art, les autres en dépendent. Les premières sont toutes celles qui ne sont pas fournies par notre propre fonds, mais préexistent à notre action. Tels sont les témoins, la torture, les conventions écrites et les autres éléments de même nature. Les preuves dépendantes de l'art, c'est tout ce qu'il nous est possible de réunir au moyen de la méthode et par nous-mêmes. Nous avons donc, en fait de preuves, à tirer parti des premières et à trouver les secondes.

III. Les preuves inhérentes au discours sont de trois sortes : les unes résident dans le caractère moral de l'orateur ; d'autres dans la disposition de l'auditoire ; d'autres enfin dans le discours lui-même, lorsqu'il est démonstratif, ou qu'il paraît l'être.

IV. C'est le caractère moral (de l'orateur) qui amène la persuasion, quand le discours est tourné de telle façon que l'orateur inspire la confiance. Nous nous en rapportons plus volontiers et plus promptement aux hommes de bien, sur toutes les questions en général, mais, d'une manière absolue, dans les affaires embrouillées ou prêtant à l'équivoque. Il faut d'ailleurs que ce résultat soit obtenu par la force du discours, et non pas seulement par une prévention favorable à l'orateur. Il n'est pas exact de dire, comme le font quelques-uns de ceux qui ont traité de la rhétorique, — que la probité de l'orateur ne contribue en rien à produire la persuasion ; mais c'est, au contraire, au caractère moral que le discours emprunte je dirai presque sa plus grande force de persuasion.

V. C'est la disposition des auditeurs, quand leurs passions sont excitées par le discours. Nous portons autant de jugements différents, selon que nous anime un sentiment de tristesse ou de joie, d'amitié ou de haine. C'est le seul point, nous l'avons dit[1], que s'efforcent de traiter ceux qui écrivent aujourd'hui sur la rhétorique. Nous entrerons dans le détail à cet égard, lorsque nous parlerons des passions[2].

VI. Enfin, c'est par le discours lui-même que l'on persuade lorsque nous démontrons la vérité, ou ce qui paraît tel, d'après des faits probants déduits un à un.

VII. Comme les preuves sont obtenues par ces trois sortes de moyens, il est manifeste que l'emploi de ces moyens est à la disposition de celui qui est en état de former des syllogismes, de considérer ce qui se rapporte aux mœurs et à la vertu et, en troisième lieu, de connaître les passions de façon à saisir la nature et la qualité de chacune d'elles, ainsi que son caractère et les conditions de son origine. Il s'ensuit que la rhétorique est comme une branche de la dialectique et de l'étude morale qui mérite la dénomination de politique. Voilà pourquoi la rhétorique revêt la forme de la politique et qu'en font autant ceux qui s'en arrogent la pratique, soit par ignorance, soit par vanité, soit pour d'autres motifs humains[3]. La rhétorique, nous l'avons dit en commençant, est une partie de la dialectique et lui ressemble[4]. Ni l'une ni l'autre n'implique en soi la connaissance de quelque point déterminé, mais toutes deux comportent des ressources pour procurer des raisons. Ainsi donc, quant à leur puissance et à la corrélation qui existe entre elles, on en a parlé d'une façon à peu près suffisante.

VIII. Les moyens de démonstration réelle ou apparente sont, ici comme dans la dialectique, l'induction, le syllogisme réel et le syllogisme apparent. En effet, l'exemple est une induction, et l'enthymème est un syllogisme. J'appelle *enthymème*[5] un syllogisme oratoire et *exemple* une induction oratoire. Tout le monde fait la preuve d'une assertion en avançant soit des exemples, soit des enthymèmes, et il n'y a rien en dehors de là. Aussi, comme il est absolument nécessaire que l'on ait recours soit au syllogisme, soit à l'induction pour faire une démonstration concernant un fait ou une personne (alternative que nous avons reconnue dans les *Analytiques*[6], il s'ensuit que chacun de ces deux moyens (dans la rhétorique) est identique à chacun des moyens correspondants (de la dialectique).

IX. La différence de l'exemple d'avec l'enthymème, on l'a montrée dans les *Topiques*[7]. Nous y avons expliqué que, lorsqu'on appuyait la démonstration de tel fait sur des cas multiples et semblables, il y avait induction. Ici, il y a exemple. Lorsque, certains faits existant réellement, quelque autre fait se produit dans un rapport quelconque avec ces faits, en raison de l'universalité ou de la généralité de ces faits, il avait alors[8] ce que nous avons appelé « syllogisme », et il y a ici ce que nous appelons « enthymème ».

X. Il est évident que la rhétorique dispose de cette double ressource, et, comme nous l'avons dit dans les *Méthodiques*[9], elle en use de la même façon ; car les morceaux oratoires sont les uns remplis d'exemples, et les autres remplis d'enthymèmes, et, de même, parmi les orateurs, les uns emploient de préférence l'exemple, et les autres l'enthymème. Les discours où domine l'exemple ne sont pas moins persuasifs, mais ceux où domine l'enthymème ébranlent davantage l'auditeur.

XI. Quant à la raison d'être de ces arguments et à leur mode d'emploi, nous en parlerons plus tard. Pour le moment, il nous suffit d'en donner une définition exacte. Ce qui est propre à persuader est propre à persuader certain auditeur. Tantôt la persuasion et la conviction se produisent directement par elles-mêmes, tantôt elles s'obtiennent par une démonstration due à des arguments persuasifs ou convaincants. Aucun art n'envisage un cas individuel ; ainsi, la médecine ne recherche pas quel traitement convient à Socrate ou à Callias, mais bien à tel individu ou à tels individus pris en général et se trouvant dans tel ou tel état de santé. C'est là le propre de l'art, tandis que le cas individuel est indéterminé et échappe à la méthode scientifique. La rhétorique ne considérera pas, non plus, ce qui est vraisemblable dans un cas individuel, par exemple pour Socrate ou Hippias, mais ce qui le sera pour des individus se trouvant dans telle ou telle condition. Il en est de même de la dialectique. Lorsque celle-ci fait des syllogismes, elle ne les appuie pas sur les premiers faits qui se présentent (car certains apparaissent même à des gens dénués de sens), mais sur des arguments rationnels. De même la rhétorique s'appuie sur des faits que l'on a l'habitude de mettre en délibération.

XII. L'action de la rhétorique s'exerce sur des questions de nature à être discutées et qui ne comportent pas une solution technique, et cela, en présence d'un auditoire composé de telle sorte que les idées d'ensemble lui échappent et qu'il ne peut suivre des raisonnements tirés de loin. Or nous délibérons sur des questions qui comportent deux solutions diverses : car personne ne délibère sur des faits qui ne peuvent avoir été, être, ou devoir être autrement qu'ils ne sont présentés ; auquel cas, il n'y a rien à faire qu'à reconnaître qu'ils sont ainsi.

XIII. Il y a lieu, au contraire, de former des syllogismes ou des conclusions, soit d'après des arguments réduits antérieurement en syllogismes, soit par des propositions non réduites en syllogismes, mais qui ont besoin de l'être en raison de leur caractère improbable. Il arrive nécessairement que, parmi ces dernières, l'une n'est pas facile à suivre, en raison de son long développement (on suppose le cas où le juge est d'un esprit simple), et que les autres ne sont pas persuasives, comme n'étant pas puisées dans des faits reconnus ou probables. Il est donc nécessaire que l'on ait recours à l'enthymème et à l'exemple, dans les questions susceptibles de solutions multiples et diverses ; — à l'exemple comme induction, et à l'enthymème comme syllogisme, — composés de termes peu nombreux et souvent moins nombreux que ceux qui constituent le syllogisme[10]. En effet, si quelqu'un de ces termes est connu, il ne faut pas l'énoncer ; l'auditeur lui-même le supplée. Si, par exemple, on veut faire entendre que Dorieus[11] a vaincu dans un concours

« avec couronne », il suffit de dire qu'il a gagné le prix aux jeux olympiques, et il n'est pas nécessaire d'ajouter que les jeux olympiques sont un concours avec couronne, car tout le monde le sait.

XIV. Il y a peu de propositions nécessaires parmi celles qui servent à former les syllogismes oratoires ; un grand nombre des faits sur lesquels portent les jugements et les observations pouvant avoir leurs contraires. C'est sur des faits que l'on délibère et que l'on discute ; or les faits ont tous ce caractère, et aucun acte, pour ainsi dire, n'a lieu nécessairement. Le plus souvent, il y a lieu et il est possible de raisonner d'après des faits opposés, tandis que les conséquences nécessaires ne procèdent que d'antécédents nécessaires aussi, comme nous l'avons montré dans les *Analytiques*[12]. Il résulte évidemment de là que, parmi les arguments appelés enthymèmes, les uns seront nécessaires, et les autres, le plus grand nombre, simplement ordinaires. En effet, ce que nous appelons « enthymème » se tire soit des vraisemblances, soit des signes[13], de sorte que, nécessairement, chacune des premières est identique avec chacun des seconds.

XV. Le vraisemblable est ce qui se produit d'ordinaire, non pas absolument parlant, comme le définissent quelques-uns, mais ce qui est, vis-à-vis des choses contingentes, dans le même rapport que le général est au particulier.

XVI. Quant aux signes (σημεῖα), l'un se comporte comme concluant du particulier au général, l'autre comme concluant du général au particulier. Le signe nécessaire, c'est la preuve (τεκμήριον)[14] ; quant au signe non nécessaire, il n'a pas de dénomination distinctive.

XVII. J'appelle « nécessaires » les signes dont se tire un syllogisme. C'est pourquoi, parmi les signes, la preuve a cette propriété. Lorsque l'on pense que l'énoncé ne peut en être réfuté, on prétend apporter une preuve en tant que démontrée et finale ; et en effet, τέκμαρ et πέρας (terme) étaient synonymes dans l'ancienne langue[15].

XVIII. De plus, parmi les signes, l'un (avons-nous dit) va du particulier au général ; voici dans quel sens : par exemple, si on disait qu'il y a un signe que les sages sont justes dans ce fait que Socrate était à la fois sage et juste. Cela est bien un signe, mais un signe réfutable, lors même que l'énoncé serait vrai, car l'on ne peut en tirer un syllogisme. Mais, si l'on disait : « Le signe qu'un tel est malade, c'est qu'il a la fièvre ; » « Le signe qu'une telle a accouché, c'est qu'elle a du lait, » il y aurait là une conséquence nécessaire, ce qui est la seule preuve des signes ; car la condition, pour qu'un signe soit irréfutable, c'est d'être vrai. Voyons, maintenant, le signe qui va du général au particulier. Si l'on disait, par exemple : « Un tel a la fièvre, car sa respiration est précipitée, » ce serait réfutable, lors même que le fait énoncé serait vrai, car il peut arriver que l'on soit oppressé sans avoir la fièvre. Ainsi donc, nous venons (le dire en quoi consistent la vraisemblance, le signe et la preuve matérielle[16], ainsi que leurs différences ; mais, dans les *Analytiques*, nous nous sommes expliqué en plus grands détails sur ces points et sur la raison de ce fait que telles propositions ne peuvent entrer dans un syllogisme, et que telles autres le peuvent.

XIX. Quant à l'exemple, on a dit, plus haut, que c'est une induction et montré dans quel sens il faut l'entendre. Ce n'est pas dans le rapport de la partie au tout, ni du tout à la partie, ni du tout au tout, mais dans le rapport de la partie à la partie, et du semblable au semblable. Lorsque sont donnés deux termes de même nature, mais que l'un est plus connu que l'autre, il y a exemple. Ainsi, pour montrer que Denys conspirait en vue du pouvoir tyrannique lorsqu'il demandait une garde, on allègue que Pisistrate, lui aussi, visant à la tyrannie, demanda une garde et que, après l'avoir obtenue, il devint tyran. De même Théagène à Mégare[17], et d'autres encore, non moins connus, deviennent tous des exemples de ce qu'est Denys, que l'on ne connaît pas encore, dans la question de savoir s'il a cette même visée en faisant la même demande ; mais tout cela tend à cette conclusion générale que celui qui conspire en vue de la tyrannie demande une garde. Nous avons expliqué de quels éléments se forment les preuves démonstratives.

XX. Maintenant, il existe une très grande différence entre les enthymèmes ; différence qui a totalement échappé à presque tous les rhéteurs et qui se rencontre pareillement dans la méthode dialectique entre les syllogismes. Les uns concernent la rhétorique, comme aussi la méthode dialectique des syllogismes ; les autres concernent d'autres arts et d'autres facultés ; les uns existant actuellement, les autres encore inconnus et non décrits. Aussi, sans que les auditeurs puissent s'en apercevoir, il y a des orateurs qui s'attachent plus particulièrement et outre mesure à des enthymèmes étrangers à la rhétorique[18]. On entendra mieux ce que nous voulons dire quand nous l'aurons développé.

XXI. J'appelle syllogismes oratoires et dialectiques ceux sur lesquels nous faisons des lieux. Ceux-ci sont, d'une manière générale, relatifs aux questions de droit, de physique, de politique et à diverses autres questions spéciales. Tel est le lieu sur le plus ou le moins, car on ne pourra pas moins en tirer un syllogisme qu'énoncer un enthymème sur les questions soit juridiques, soit physiques, ou sur n'importe quel sujet ; et, cependant, toutes ces questions diffèrent par l'espèce. Mais les enthymèmes particuliers sont tous ceux que l'on tire de propositions propres à chaque genre et à chaque espèce. Par exemple, il existe, sur la physique, des propositions qui ne fournissent ni enthymèmes, ni syllogisme pour la morale, et, sur la morale, d'autres propositions qui n'en fourniront pas sur la physique. Il en est de même pour toutes les questions. Parmi ces enthymèmes, les uns ne rendront habile en aucun genre, vu qu'ils ne concernent aucun sujet particulier ; quant aux autres (les enthymèmes ni oratoires, ni dialectiques), meilleures seront les propositions que l'on aura choisies et plus, sans que les autres s'en aperçoivent, on traitera d'une science autre que la dialectique et la rhétorique[19] ; car, si l'on rencontre des principes, ce ne sera plus de la

Poétique et Rhétorique

dialectique, ni de la rhétorique, mais bien la science dont on possède les principes.

XXII. La plupart des enthymèmes se rapportent à des espaces particulières et individuelles ; ceux qui proviennent des lieux communs sont en plus petit nombre. Aussi, à l'exemple de ce qui s'est fait dans les *Topiques*, il faut ici distinguer, parmi les enthymèmes, les espèces et les lieux qui les fournissent. Or j'appelle *espèces*[20] les propositions prises pour chaque genre particulier, et *lieux*[21] ce qui est commun à tous indistinctement. Parlons d'abord des espèces et abordons les genres de la rhétorique ; voyons comment les diviser et les dénombrer, puis considérons séparément, pour chacun d'eux, les éléments et les propositions qui s'y rattachent.

---

1. Chap. 1er, § 4.
2. C'est le sujet du livre II.
3. M. Thurot voit ici une allusion à Isocrate, *l. c.*, p. 173.
4. Traduction de M. Thurot, après correction conjecturale : La rhétorique est une portion (de la politique) et est semblable à la dialectique (ou plutôt à l'analytique), *l. c.*, p. 247-248. Cp. chap. IV, p. 1359 *b* 8. M. Thurot cite plusieurs endroits de la Rhétorique ou le mot ΔΙΑΛΕΚΤΙΚΗ doit, selon lui, être une altération de ΑΝΑΛΥΤΙΚΗ (appendice 11).
5. Ce mot a changé d'acception. C'est plutôt un syllogisme tronqué. (Cp. Thurot, *l. c.*, p. 161.)
6. *Analyt. pr.*, II, 23, 14.
7. *Topic.*, I, 10.
8. Dans la dialectique.
9. Ouvrage perdu. Voir les traductions de M. Norbert Bonafous, p. 398, et de M. Barthélemy Saint-Hilaire, p. 21.
10. Le syllogisme proprement dit, celui de la dialectique.
11. Athlète célèbre, fils du Diagoras de Rhodes que Pindare a célébré (ol. VII), a été mentionné lui-même par Thucydide (III, 8).
12. *Pr. Analyt.*, 1. I, p. 29 *b*, éd. Bekker.

ARISTOTE

13. Cp. *Pr. Analyt.*, 1. II, XXVIII, p 70 a, 10. Pour M. Ch. Thurot, le τεκμήριον est la conséquence nécessaire et le σημεῖον la conséquence plausible (*Études sur Aristote*, p. 159).
14. Πίστις est l'élément de conviction, la preuve morale.
15. C'est ainsi que nous disons d'une proposition péremptoire. « c'est le dernier mot de la question. »
16. Cp. *Pr. Analyt.*, fin du livre II.
17. Voir Aristote, *Polit.*, V, 5 où Théagène est présenté comme flattant la multitude et accablant de vexations les riches de Mégare.
18. Voir Ch. Thurot, *l. c.*, p. 168.
19. M. Thurot (*l. c.*, 238) propose une modification du texte qui donnerait au passage ce sens général : Mieux on choisira les propositions spéciales, moins les autres s'apercevront que les propositions employées sont fournies par une science qui n'est pas la rhétorique ni la dialectique.
20. Ou propositions spéciales. Cp. Thurot, *l. c.*, appendice 8.
21. Aristote n'associe jamais κοινός au mot τόπος, qui, pour lui, désigne proprement un procédé d'argumentation *commun* soit aux trois classes de questions dialectiques, soit aux trois genres de discours (Thurot, *l c.*, p. 268).

III. Des trois genres de la rhétorique : le délibératif, le judiciaire, le démonstratif.

I. Il y a trois espèces de rhétorique ; autant que de classes d'auditeurs, et il y a trois choses à considérer dans un discours : l'orateur, ce dont il parle, l'auditoire. Le but final se rapporte précisément à ce dernier élément, je veux dire l'auditoire.

II. Il arrive nécessairement que l'auditeur est ou un simple assistant (θεωρός), ou un juge ; que, s'il est juge, il l'est de faits accomplis ou futurs. Il doit se prononcer ou sur des faits futurs, comme, par exemple, l'ecclésiaste[1] ; ou sur des faits accomplis, comme le juge ; ou sur la valeur d'un fait ou d'une personne[2], comme le simple assistant.

III. Il y a donc, nécessairement aussi, trois genres de discours oratoires : le délibératif, le judiciaire et le démonstratif. La délibération comprend l'exhortation et la dissuasion. En effet, soit que l'on délibère en particulier, ou que l'on harangue en public, on emploie l'un ou l'autre de ces moyens. La cause judiciaire comprend l'accusation et la défense : ceux qui sont en contestation pratiquent, nécessairement, l'un ou l'autre. Quant au démonstratif, il comprend l'éloge ou le blâme.

IV. Les périodes de temps propre à chacun de ces genres sont, pour le délibératif, l'avenir, car c'est sur un fait futur que l'on délibère, soit que l'on soutienne une proposition, ou qu'on la combatte ; — pour une question judiciaire, c'est le passé, puisque c'est toujours sur des faits accomplis que portent l'accusation ou la défense ; — pour le démonstratif, la période principale est le présent, car c'est généralement sur des faits actuels que l'on prononce l'éloge ou le blâme ; mais on a souvent à rappeler le passé, ou à conjecturer l'avenir.

V. Chacun de ces genres a un but final différent ; il y en a trois, comme il y a trois genres. Pour celui qui délibère, c'est l'intérêt et le dommage ; car celui qui soutient une proposition la présente comme plus avantageuse, et celui qui la combat en montre les inconvénients. Mais on emploie aussi, accessoirement, des arguments propres aux autres genres pour discourir dans celui-ci, tel que le juste ou l'injuste, le beau ou le laid moral. Pour les questions judiciaires, c'est la juste ou l'injuste ; et ici encore, on emploie accessoirement des arguments propres aux autres genres. Pour l'éloge ou le blâme, c'est le beau et le laid moral, auxquels on ajoute, par surcroît, des considérations plus particulièrement propres aux autres genres.

Poétique et Rhétorique

VI. Voici ce qui montre que chaque genre a le but final que nous lui avons assigné ; dans quelque genre que ce soit, il arrive assez souvent que les considérations empruntées à d'autres genres ne sont pas contestées. L'orateur qui plaide en justice, par exemple, pourrait convenir que tel fait n'a pas eu lieu ou qu'il n'y a pas eu dommage ; mais il ne conviendrait jamais qu'il y ait eu injustice. Autrement, l'action en justice (δίκη) n'aurait pas de raison d'être. De même, dans une délibération, il se peut qu'on néglige divers autres points, mais on ne conviendra jamais de l'inutilité de la proposition que l'on soutient, ou de l'utilité de celle que l'on combat. La question de savoir s'il n'est pas injuste d'asservir des peuples voisins et contre lesquels on n'a aucun grief reste souvent étrangère au débat. De même encore l'orateur, dans le cas de l'éloge ou du blâme, ne considère pas si celui dont il parle a fait des choses utiles ou nuisibles, mais souvent, en prononçant son éloge, il établit qu'il a fait une belle action au détriment de son propre intérêt. Par exemple, on louera Achille d'avoir été au secours de Patrocle, son ami, sachant qu'il doit mourir lorsqu'il pourrait vivre. Il était plus beau pour lui de mourir ainsi ; mais son intérêt était de conserver la vie.

VII. Il est évident, d'après ce qui précède, que les propositions doivent porter d'abord sur ces points[3] ; car, en ce qui concerne les preuves (τεκμήρια), les vraisemblables et les signes, ce sont des propositions (purement) oratoires, puisque, généralement, le syllogisme se compose de propositions et que l'enthymème est un syllogisme formé de ces sortes de propositions.

VIII. Comme il est inadmissible que des faits impossibles se soient accomplis ou doivent s'accomplir, ce qui n'a lieu que pour les faits possibles, et que l'on ne peut admettre davantage que des faits non accomplis ou ne devant pas s'accomplir se soient accomplis, ou doivent s'accomplir, il est nécessaire que, dans le genre délibératif, le judiciaire et le démonstratif, les propositions portent sur le possible et sur l'impossible, de façon à établir si tel fait a eu lieu, ou non, et s'il devra, ou non, avoir lieu.

IX. De plus, comme tous les orateurs, qu'il s'agisse de l'éloge ou du blâme, de l'exhortation ou de la dissuasion, de l'accusation ou de la défense, s'efforcent de démontrer non seulement les points dont nous venons de parler, mais encore le plus ou le moins, le caractère supérieur ou inférieur, le bon et le vilain côté des faits énoncés, considérés soit en eux-mêmes, soit dans leurs rapports entre eux, il s'ensuit, évidemment, que l'on devra produire des propositions sur la grandeur et la petitesse et sur le plus ou moins d'importance au double point de vue de l'ensemble et des détails ; par exemple, examiner quel bien est plus grand ou moindre, quel fait constitue un préjudice ou un droit, et ainsi du reste. Nous venons d'expliquer sur quels points doivent nécessairement reposer les propositions. Il faut maintenant établir des divisions spéciales à l'égard de chacun d'eux et voir, par exemple, dans quel cas il y a délibération, ou discours démonstratif, ou enfin cause judiciaire.

Poétique et Rhétorique

1. Celui qui prend part à une assemblée délibérante. Comme M. Bonafous, nous risquons ce néologisme que le style biblique a déjà consacré et qui n'a pas d'équivalent en français.
2. Et non pas sur la valeur d'un discours ou d'un orateur, ainsi qu'on l'a toujours traduit. Il s'agit, selon nous, de la valeur attribuée à ce qui fait l'objet de l'éloge ou du blâme.
3. Le beau, le juste, l'utile (note de M. Barthélemy Saint-Hilaire).

IV. Principales propositions propres au genre délibératif.

I. Voyons, d'abord, en vue de quels biens et de quels maux délibèrent ceux qui délibèrent, puisque la délibération n'a pas trait à tout indistinctement, mais seulement aux faits dont l'existence ou la non-existence est admissible.

II. Les faits dont l'existence actuelle ou future est nécessaire, et ceux dont l'existence passée est impossible, sont en dehors de toute délibération.

III. On ne délibère même pas sur tous les faits admissibles indistinctement, car certaines choses sont naturellement bonnes et le deviennent par hasard, parmi celles qui peuvent être ou ne pas être, sur lesquelles il n'y a pas profit à délibérer. Il est évident que les sujets de nos délibérations sont ceux qui, par leur nature, se rapportent à nous, et les faits dont la première existence dépend de nous. Notre examen s'étendra, ni plus ni moins, jusqu'au point où nous aurons vu s'il nous est possible ou impossible d'agir.

IV. Énumérer en détail et minutieusement, avec les divisions spéciales, toutes les variétés d'affaires, puis donner, autant qu'il conviendrait, des définitions rigoureuses sur chacune d'elles, ce n'est pas le moment de chercher à le faire, vu que ce n'est plus du domaine de l'art oratoire, mais bien d'un art plus avisé[1] et plus positif, et que ce serait, dès à présent, appliquer à la rhétorique beaucoup plus de théorèmes que ceux qui lui sont propres.

V. Il est bien vrai, comme nous l'avons dit précédemment[2], que la rhétorique se compose d'une partie de la science analytique et de la partie morale de la politique. Elle ressemble, par certains côtés, à la dialectique, et par d'autres à l'art des sophistes.

VI. Mais, si l'on avait la prétention de voir dans la dialectique, ou dans l'art qui nous occupe, non pas des ressources, mais des sciences proprement dites, on perdrait de vue, sans s'en douter, leur nature propre en les faisant passer dans le domaine des sciences de faits établis, et non plus des seuls discours.

VII. Quoi qu'il en soit, tout ce qu'il est à propos de distinguer ici, en laissant à la science politique les spéculations qui lui sont propres, nous l'affirmerons encore une fois. Ainsi, presque tous les sujets de délibération, presque toutes les propositions que soutiennent les orateurs dans une assemblée délibérante, se réduisent à cinq chefs principaux ; ce sont les revenus, la guerre, la paix, la défense du pays, l'importation et l'exportation, enfin la législation.

VIII. Pour parler dans une délibération portant sur les revenus, on devra connaître les recettes de l'État, leur nature et leur quantité, de façon que, si quelqu'une est oubliée, on l'ajoute ; si quelque autre est insuffisante, on puisse l'augmenter. En outre, il faut connaître toutes les dépenses, pour pouvoir supprimer celle qui serait superflue et réduire celle qui serait excessive. Ce n'est pas seulement en ajoutant à son avoir que l'on s'enrichit, mais c'est encore en retranchant sur ses dépenses. Et ce n'est pas seulement d'après la pratique de son propre pays qu'il convient d'envisager cette question ; il faut aussi connaître l'expérience faite à l'étranger, pour en faire profiter la délibération ouverte sur ces questions.

IX. Sur la paix et la guerre, il faut connaître les forces de l'État, savoir quelles elles sont déjà et quelles elles peuvent être ; en quoi elles consistent ; en quoi elles peuvent s'accroître ; quelles guerres ont été soutenues et dans quelles conditions. Il faut connaître non seulement les ressources de son propre pays, mais encore celles des pays limitrophes ; savoir ceux avec lesquels une guerre est probable, afin d'être en paix avec ceux qui sont plus forts et de se réserver de faire la guerre avec ceux qui sont plus faibles. Il faut savoir, au sujet des forces, si elles sont semblables ou dissemblables[3], car il y a, selon le cas, probabilité de victoire ou de défaite. Il n'est pas moins nécessaire d'avoir considéré l'issue de la guerre, non seulement dans le pays, mais chez d'autres peuples, car les causes semblables amènent, naturellement, des résultats analogues.

X. Maintenant, sur la question de la défense du territoire, il ne faut pas ignorer en quoi elle consiste, mais connaître, au contraire, l'effectif des garnisons, leur mode de composition, les emplacements des postes de défense (chose impossible si l'on ne connaît pas le pays), de façon que l'on puisse, si une garnison est trop faible, la renforcer ; plus que suffisante, la réduire, et défendre, de préférence, les postes les plus avantageux.

XI. Au sujet de l'alimentation, il faut savoir quelle dépense elle imposera à l'État, quelle quantité de subsistances pourra être fournie par le sol, ou devra être demandée à l'importation ; quelles matières donneront lieu à l'exportation ou à l'importation, afin de conclure des conventions et des marchés dans cette vue[4]. En effet, il est nécessaire de maintenir les citoyens sans reproche à l'égard de deux sortes de peuples : ceux dont les forces sont supérieures, et ceux qui peuvent rendre des services en fait de transactions de ce genre.

XII. Il est nécessaire de pouvoir porter son attention sur tous ces points pour la sûreté de l'État ; mais il n'est pas d'une minime importance de bien s'entendre à la législation, car c'est dans les lois que réside le salut du pays. Aussi est-il nécessaire de savoir combien il y a d'espèces de gouvernements, quels sont les avantages de chacun d'eux, quelles causes de destruction ils possèdent soit en eux-mêmes, soit du fait de leurs adversaires. Or je dis « en eux-mêmes », parce que, le meilleur gouvernement mis à part, tous les autres périssent par suite ou du relâchement, ou de la tension portés à l'extrême. Ainsi la démocratie devient plus faible non seulement en se relâchant, au point qu'elle en arrive finalement au régime oligarchique, mais tout autant lorsqu'elle est fortement tendue ; de même que non seulement si l'exagération d'un nez crochu ou d'un nez camus va en s'affaiblissant, on arrive au nez moyen, mais encore, si le nez est excessivement crochu ou camus, il prend une forme telle qu'il semble qu'il n'y ait plus de narines.

XIII. Il est utile, pour travailler à la législation, non seulement que l'on comprenne quel mode de gouvernement est avantageux, par la considération des temps passés, mais encore que l'on sache quel gouvernement convient à tel ou tel État dans les pays étrangers. De sorte que, évidemment, les voyages sur divers points de la terre sont, à ce point de vue, d'une grande utilité, car c'est un moyen de connaître les lois des peuples. Pour les délibérations politiques, il est utile de connaître les écrits des historiens ; mais tout cela est le fait de la politique, plutôt que de la rhétorique. Voilà ce que nous avions à dire sur les principales connaissances que doit posséder celui qui veut pratiquer le genre délibératif. Quant aux moyens à employer pour exhorter ou dissuader sur cet ordre de questions et sur les autres, c'est le moment d'en parler.

Poétique et Rhétorique

1. Ἔμφρων semble signifier ici *apte à juger des affaires réelles*. La rhétorique s'occupe plutôt de la façon de présenter les choses dans le sens de la proposition qu'il s'agit de faire prévaloir.
2. Chap.II, § 7.
3. Nous dirions aujourd'hui « égales ou inégales ».
4. Πρὸς ταῦτα. Divers manuscrits et les éditions donnent Πρὸς τούτους « avec tels ou tels ». Buhle traduit en latin πρὸς τούτους, mais dans les notes il préféra la leçon πρὸς ταῦτα.

V. Quel but on doit se proposer quand on conseille et quand on dissuade. Variétés du bonheur.

I. Chacun de nous en particulier, à peu de chose près, et tout le monde en général, se propose un certain but dans la poursuite duquel on adopte, ou l'on repousse une détermination. Ce but, en résumé, c'est le bonheur et les parties qui le constituent.

II. Considérons, à titre d'exemple, ce que c'est, à proprement parler, que le bonheur et de quoi procèdent les parties qui le composent ; car c'est sur le bonheur, ainsi que sur les moyens qui nous y conduisent ou les obstacles qui nous en détournent, que portent tous nos efforts pour exhorter ou pour dissuader, attendu qu'il faut que l'on fasse les actions qui préparent le bonheur ou quelqu'une de ses parties, ou qui rendent celle-ci plus grande ; mais les choses qui détruisent le bonheur, ou l'entravent, ou produisent ce qui lui est contraire, il faut qu'on ne les fasse point.

III. Le bonheur sera donc une réussite obtenue avec le concours de la vertu, le fait de se suffire à soi-même, ou la vie menée très agréablement et avec sûreté, ou, encore, la jouissance à souhait des possessions et des corps, avec faculté de les conserver et de les mettre en œuvre. En effet, un ou plusieurs de ces biens, presque tout le monde convient que c'est là le bonheur.

IV. Maintenant, si c'est là le bonheur, il aura nécessairement pour parties constitutives la noblesse, un grand nombre d'amis, l'amitié des gens honnêtes, la richesse, une descendance prospère, une belle vieillesse ; de plus, les bonnes qualités du corps, telles que la santé, la beauté, la vigueur, la grande taille, la faculté de l'emporter dans les luttes agonistiques ; la renommée, l'honneur, la bonne fortune, la vertu, ou bien encore ses parties, la prudence, le courage, la justice et la tempérance. En effet, on se suffirait très amplement à soi-même si l'on pouvait disposer et des avantages que l'on possède en soi, et de ceux du dehors ; car il n'y en a pas d'autres après ceux-là. Ceux que l'on possède en soi, ce sont les biens qui se rattachent à l'âme et ceux qui résident dans le corps. Les biens extrinsèques sont la noblesse, les amis, les richesses et la considération. Nous jugeons qu'il est convenable d'y ajouter encore les aptitudes et la bonne chance ; car, de cette façon, rien ne manquerait à la sûreté de la vie. Reprenons donc chacun de ces biens de la même façon, pour voir en quoi il consiste.

V. La noblesse, pour une race, pour un État, c'est lorsque les indigènes sont anciens dans le pays, que leurs premiers chefs étaient illustres et qu'ils ont eu une nombreuse descendance, renommée dans les choses qui suscitent l'émulation. La noblesse, pour les particuliers, provient ou des hommes, ou des femmes : la naissance légitime des uns et des autres, et, comme pour un État, c'est lorsque les premiers aïeux se sont distingués soit par leur mérite, ou par leurs richesses, ou enfin par quelqu'un des avantages qui donnent de la considération et qu'une longue suite de personnages illustres, hommes, femmes, jeunes gens, vieillards, se sont succédé dans une famille.

VI. Quant à la descendance prospère et nombreuse, il n'y a rien d'obscur à expliquer. Au point de vue de l'intérêt public, la descendance est prospère lorsque les jeunes générations sont nombreuses et en bon état ; en bon état, d'abord, relativement à la valeur corporelle, comme la haute taille, la beauté, la force, l'aptitude aux exercices agonistiques ; puis relativement à la valeur morale, c'est-à-dire la tempérance et le courage, vertus propres au jeune homme. Au point de vue des particuliers, la descendance prospère et nombreuse consiste à avoir à soi un grand nombre d'enfants et constitués dans des conditions analogues ; les uns du sexe féminin, les autres du sexe masculin.

Pour ceux du sexe féminin, la valeur corporelle c'est la beauté et la grande taille ; la valeur morale, la tempérance et l'amour du travail, mais sans servilité. C'est en considérant indistinctement le cas du gouvernement et celui des particuliers, comme les deux sexes masculin et féminin, qu'il faut chercher à réaliser chacune de ces qualités. Les peuples chez lesquels il y a de mauvaises institutions relativement aux femmes, comme les Lacédémoniens, ne possèdent guère que la moitié du bonheur.

VII. Quant aux parties de la richesse, ce sont les monnaies, l'abondance de la terre (cultivée), la possession de territoires ; puis celle d'objets mobiliers, de troupeaux, d'esclaves remarquables par leur quantité, leur grandeur et leur beauté. Tous ces biens doivent être l'objet d'une possession assurée, d'une jouissance libérale, utile. Sont plus particulièrement utiles ceux qui produisent des fruits, libéraux ceux d'une jouissance directe. J'appelle « biens qui produisent des fruits » ceux dont on tire un revenu ; biens d'une jouissance directe ceux dont il ne résulte rien d'appréciable en outre de l'usage qu'on en fait. La définition de la sûreté, c'est la possession, dans un cas et dans des conditions telles, que l'usage des biens possédés dépend uniquement du possesseur. Celle du bien propre ou non propre, c'est la faculté, pour le possesseur, d'aliéner ce qu'il possède ; or j'entends par aliénation la cession, par don ou par vente. En somme, l'essence de la richesse consiste plutôt dans l'usage que dans la propriété, car l'exercice de la propriété consiste dans l'usage et l'usage même est une richesse.

VIII. La bonne renommée, c'est le fait d'être regardé comme un homme de valeur (σπουδαῖος), ou de posséder quelque bien de nature à être recherché par tout le monde, ou par le plus grand nombre, ou par les gens de bien ou les hommes de sens.

IX. Les honneurs sont les signes d'une réputation de libéralité. Sont honorés par-dessus tout, et avec raison, ceux qui ont fait du bien ; du reste, on honore aussi celui qui est en situation d'en faire. La libéralité s'exerce en vue du salut et de tout ce qui fait vivre, ou bien de la richesse, ou, encore, de quelqu'un des autres biens dont l'acquisition n'est pas facile, soit d'une manière absolue, soit dans telle circonstance, soit dans tel moment ; car beaucoup de gens obtiennent des honneurs pour des motifs qui paraissent de mince importance ; mais cela tient aux lieux et aux circonstances. Les variétés d'honneurs sont les sacrifices, les inscriptions métriques et non métriques, les récompenses, la préséance, les tombeaux, les images, la subsistance publique ; les usages des barbares, tels que les prosternations et le soin qu'on y prend de s'effacer. Les dons ont partout un caractère honorifique ; et en effet, le don est l'abandon d'un bien possédé et un signe d'honneur rendu. Voilà pourquoi les gens cupides et les ambitieux recherchent les dons. Le don a, pour les uns et les autres, de quoi répondre à leurs besoins. En effet, le don est une possession, ce que convoitant les gens cupides ; et il a en soi quelque chose d'honorifique, ce que convoitent les ambitieux.

X. La qualité principale du corps, c'est la santé ; or il s'agit de la santé dans ce sens où l'on dit que sont exempts de maladie des gens qui gardent l'usage de leur corps ; car beaucoup de gens se portent bien, comme on le dit d'Hérodicus[1], lesquels ne seraient taxés d'heureux par personne, sous le rapport de la santé, s'abstenant de tous ou de presque tous les aliments humains.

XI. La beauté varie suivant l'âge. La beauté du jeune homme consiste à avoir un corps apte à supporter les fatigues résultant de la course ou des exercices violents, et agréable à voir en vue du plaisir. Ce qui fait que les pentathles sont les plus beaux hommes, c'est qu'ils sont heureusement doués, tout ensemble sous le double rapport de la vigueur et de l'agilité. La beauté de l'homme, dans la force de l'âge, consiste à bien supporter les fatigues de la guerre et à porter dans sa physionomie un air agréable qui, en même temps, inspire la crainte. La beauté du vieillard consiste à suffire aux travaux nécessaires sans mauvaise humeur, parce qu'on n'éprouve alors aucun des maux qui affligent la vieillesse.

XII. La force, c'est la faculté de faire déplacer un individu à volonté ; or, pour que ce déplacement se produise, il faut, nécessairement, que l'individu soit attiré, ou repoussé, ou enlevé, ou terrassé, ou enfin qu'on l'étreigne. On est fort en tous ces effets, ou seulement en quelques-uns d'entre eux.

XIII. Le mérite d'une belle taille, c'est de surpasser la plupart des hommes en grandeur, en épaisseur et en largeur, dans des proportions telles que les mouvements ne se produisent pas trop lentement en raison d'un excès de ces avantages.

XIV. La valeur agonistique du corps consiste dans la réunion de la belle taille, de la force et de l'agilité ; et en effet, celui qui est agile est fort ; car peut-on lancer ses pieds en avant d'une certaine façon, les mouvoir rapidement et allonger le pas, ce sera l'affaire du coureur ; étreindre et retenir son adversaire, celle du lutteur ; le pousser au moyen d'un coup, c'est faire du pugilat ; la pratique de ces deux exercices, c'est le pancrace, et celle qui les comprend tous, le pentathle.

XV. Une belle vieillesse, c'est celle qui vient lentement et sans souffrance. Et en effet, lorsqu'on vieillit vite, il n'y a pas vieillesse heureuse ; et pas davantage si elle se fait à peine sentir, mais qu'elle soit chagrine ; or cela dépend et des qualités inhérentes au corps, et des caprices du hasard. Celui qui n'est pas exempt de maladie et qui n'a pas de force ne sera point a l'abri des émotions et ne pourra prolonger son existence qu'à la faveur du hasard. Il existe, en dehors de la force et de la santé, une autre cause de longévité ; beaucoup de gens, dépourvus des qualités du corps, sont des exemples de vie prolongée ; mais une discussion approfondie sur cette matière ne serait pas utile pour le moment.

XVI. L'amitié d'un grand nombre d'hommes et celle des gens honnêtes sont des avantages qui n'ont rien d'obscur, si l'on définit l'ami « celui qui est capable de faire pour un tel ce qui, dans son opinion, doit lui profiter. » Celui pour qui un grand nombre d'hommes sont dans cette disposition sera donc l'ami d'un grand nombre d'hommes, et celui qui l'inspire aux hommes de bien sera l'ami des gens honnêtes.

XVII. Le bonheur consiste dans la production ou l'existence des biens qui, soit en totalité, soit pour la plupart, soit au plus haut degré, ont une cause fortuite. Or la fortune est la cause de certaines choses qui dépendent des arts, mais aussi d'un grand nombre de choses indépendantes de l'art, comme, par exemple, de celles qui dépendent de la nature. Il arrive aussi que des avantages nous viennent indépendamment de la nature. Ainsi la santé a pour cause l'art, tandis que la beauté, la belle taille, dépendent de la nature. Mais, généralement, les avantages qui nous viennent de la fortune sont de nature à provoquer l'envie. La fortune est la cause des biens indépendants de la raison ; comme, par exemple, si, dans une famille, un frère est beau et que tous les autres soient laids, ou bien qu'un d'entre eux ait trouvé un trésor demeuré inconnu des autres, ou encore, si un trait a touché un individu placé à sa portée, et non pas tel autre, ou enfin, si un tel, se rendant perpétuellement en un lieu, est le seul à se trouver absent (au moment du danger), tandis que les autres, pour une seule fois qu'ils ont été présents, ont été mis en pièces.

XVIII. Quant à la vertu, comme c'est un lieu très propre aux louanges, nous aurons à développer ce sujet lorsque nous traiterons de la louange[2]. Voilà donc, évidemment, ce que l'on doit avoir en vue, soit que l'exhortation ou la dissuasion concerne des faits futurs, ou présents ; car, suivant le cas[3], les arguments sont pris pour tout cela en sens contraire.

ARISTOTE

1. Hérodicus de Sélymbrie, médecin mentionné par Platon (*Phèdre* et *République*) et par Plutarque (*De sera num. vind.*,§ 18).
2. Plus loin, chap. IX.
3. Suivant que l'on veut exhorter ou dissuader.

VI. De l'honnête et de l'utile.

I. Comme le but que se propose celui qui délibère est futile, et que le débat porte non pas sur la fin que l'on a en vue, mais sur les moyens qui conduisent à cette fin ; que ces moyens résident dans les actions, et que ce qui est utile est bon, il faut donc, d'une manière générale, prendre les éléments de ce débat dans leurs rapports avec le bien et l'utile.

II. Le bien, ce sera la chose qui doit être adoptée par elle-même, et celle pour laquelle nous devons en adapter une autre. C'est encore ce à quoi tendent tous les êtres, j'entends tous les êtres doués de sentiment ou d'intelligence, ou ceux qui pourraient posséder ces facultés. Tout ce que l'intelligence pourrait suggérer à chacun, c'est aussi pour chacun un bien : comme aussi ce dont la présence procure une disposition favorable et satisfaisante. C'est ce qui réalise et ce qui conserve ces divers avantages, ce qui en est la conséquence ce qui en détourne ou détruit les contraires.

III. Or les choses s'enchaînent de deux manières, selon qu'elles vont ensemble, ou l'une après l'autre : par exemple, la science à l'étude, en lui succédant ; la vie à la santé, en l'accompagnant. Les choses se produisent de trois manières ; ainsi la santé a pour cause soit le fait d'être sain, soit la nourriture, soit les exercices gymnastiques, ce qui contribue par-dessus tout à donner la santé.

IV. Cela posé, il en résulte, nécessairement, que l'adoption des choses bonnes est bonne elle-même, ainsi que le rejet des choses mauvaises. Ce rejet a pour effet simultané de ne pas causer le mal, et l'adoption du bien pour effet ultérieur de procurer le bien.

V. Une chose bonne, c'est d'adopter un bien plus grand au lieu d'un moindre bien et, entre deux maux, de choisir le moindre ; car leur différence, en plus ou en moins, donne lieu au choix de l'un et au rejet de l'autre.

VI. Les vertus sont nécessairement un bien. En effet, elles causent la bonne disposition de ceux qui les possèdent, et elles engendrent, elles pratiquent les choses bonnes[1]. Nous aurons à parler séparément de chacune d'elles, de sa nature et de sa qualité.

VII. Le plaisir est un bien, car les êtres animés le recherchent, chacun suivant sa nature. C'est pourquoi les choses agréables et les choses honorables sont bonnes, les premières causant du plaisir, et, parmi les choses honorables, les unes ayant cet effet et les autres devant être préférées pour elles-mêmes.

VIII. Pour entrer dans le détail, voici les choses nécessairement bonnes : le bonheur ; c'est un bien à rechercher pour lui-même, qui se suffit en soi, et dont la poursuite inspire un grand nombre de nos déterminations.

IX. La justice, le courage, la tempérance, la magnanimité, la magnificence et les autres dispositions morales de même nature ; car ce sont là autant de vertus de l'âme.

X. La santé, la beauté et les biens analogues ; ce sont là des vertus corporelles qui produisent un grand nombre de faits. La santé, par exemple, procure le plaisir et la vie ; c'est pour cela qu'on la regarde comme le plus grand bien, étant l'élément des deux biens le plus appréciés en général, le plaisir et la vie.

XI. La richesse, qui est la vertu de la propriété et un puissant moyen d'action.

XII. L'ami et l'amitié. L'ami est un bien à rechercher pour lui-même et un puissant moyen d'action.

XIII. Les honneurs, la renommée. On y trouve tout ensemble un agrément et un puissant moyen d'action. De plus, ces biens sont, le plus souvent, accompagnés d'autres avantages qui les accroissent.

XIV. La puissance de la parole et l'aptitude dans les affaires ; ce sont là autant de moyens d'action avantageux.

XV. Citons encore une nature bien douée : la mémoire, la facilité pour apprendre, la sagacité et toutes les qualités analogues ; car ce sont des ressources fécondes en avantages. Il en est de même de toutes les sciences et de tous les arts que l'on peut posséder.

XVI. Le fait même de vivre ; aucun bien ne dût-il en être la conséquence, celui-ci serait encore à rechercher pour lui-même.

XVII. La justice, qui est en quelque sorte d'un intérêt commun. Tels sont, à peu près, tous les biens reconnus comme tels.

XVIII. Pour les biens prêtant à contestation, les syllogismes se tirent des arguments suivants. Est bonne toute chose dont le contraire est mauvais.

XIX. Est bonne encore toute chose dont le contraire peut être utile aux ennemis. Par exemple, si la lâcheté doit surtout profiter aux ennemis d'un État, il est évident que la bravoure doit surtout être utile à ses citoyens.

XX. En thèse générale, étant donné ce que veulent les ennemis d'un tel, ou ce qui les réjouit, ce sera le contraire qui paraîtra lui être utile. Aussi le Poète a-t-il pu dire :

Oui, certes, Priam serait content !...[2]

Poétique et Rhétorique

Il n'en est pas ainsi toujours, mais le plus souvent, car rien n'empêche qu'une même chose, en certains cas, soit profitable aux deux parties adverses ; ce qui fait dire que le malheur réunit les hommes, lors qu'une même chose nuit aux uns et aux autres.

XXI. Ce qui n'est pas excessif est encore un bien, mais ce qui est plus grand qu'il ne faut est un mal.

XXII. De même, ce qui a exigé beaucoup de peine, ou une grande dépense ; car, dès lors, on y voit un bien ; une chose arrivée à ce point est regardée comme une fin et comme la fin de beaucoup de choses ; or la fin est un bien[3]. De là ce mot :

Quelle gloire resterait à Priam !...[4]

et encore :

Il est honteux de demeurer longtemps...[5]

De là aussi le proverbe : (casser) sa cruche à la porte.

XXIII. On préfère aussi ce que beaucoup de gens recherchent et ce qui parait digne d'être disputé, car nous avons vu[6] que ce à quoi tendent tous les hommes est un bien ; or beaucoup de gens font ce que tout le monde fait.

XXIV. Ce qui est louable, car personne ne loue ce qui n'est pas bon ; — ce qui est loué par des adversaires ou par les méchants. Autant vaut dire, en effet, que tout le monde est d'accord sur un fait si l'on a l'adhésion de ceux mêmes qui ont eu à en souffrir, et qu'ils se soient rendus à l'évidence. Tels, par exemple, les méchants que leurs amis accusent, et les hommes de bien que leurs ennemis n'accusent pas. Aussi les Corinthiens voyaient-ils une injure dans ce vers de Simonide :

Ilion ne se plaint pas des gens de Corinthe[7].

XXV. C'est ce qui a obtenu la préférence d'une personne sensée ou honorable, homme ou femme ; ainsi Athénée donnait sa préférence à Ulysse ; Thésée à Hélène ; les (trois) déesses à Alexandre (Pâris), et Homère à Achille.

XXVI. C'est, en général, tout ce qui mérite d'être l'objet d'une détermination ; or on se détermine à faire les choses énumérées plus haut : celles qui sont mauvaises pour les ennemis, et celles qui sont bonnes pour les amis.

XXVII. On préfère, en outre, les choses qui sont possibles, et celles-ci sont de deux sortes : celles qui auraient pu être faites, et celles qui peuvent se faire aisément ; or les choses faciles sont celles que l'on fait sans répugnance ou en peu de temps, car la difficulté d'une opération provient ou de la répugnance qu'elle cause, ou de la longue durée qu'elle exige. Enfin les choses qui se font comme on veut ; or l'on veut n'avoir aucun mal ou qu'un mal moindre que le bien qui en résulte ; et c'est ce qui arrive si la conséquence fâcheuse reste cachée, ou n'a pas d'importance.

XXVIII. On préfère encore ce qui nous est propre et ce que personne ne possède, et aussi le superflu, car on nous en fait d'autant plus d'honneur. De même ce qui est en rapport de convenance avec nous-mêmes ; or de tels avantages nous reviennent en raison de notre naissance et de notre pouvoir. De même encore les choses dont on croit avoir besoin, lors même qu'elles sont de mince valeur ; car, néanmoins, on est porté à les faire.

XXIX. On préfère aussi les choses d'une exécution aisée, car elles sont possibles, étant faciles ; or les choses d'une exécution aisée, ce sont celles où tout le monde, bon nombre de gens, nos pareils ou nos inférieurs, peuvent réussir. Les choses dont se réjouissent nos amis ou s'affligent nos ennemis. Les actions qui provoquent l'admiration, celles pour lesquelles on a un talent naturel et une grande expérience, car on pense les accomplir avec succès. Celles que ne saurait faire un méchant, car elles ont plus de chance d'être louées. Celles auxquelles nous nous sentons portés avec passion, car on y trouve non seulement du plaisir, mais encore une tendance au mieux.

XXX. Nous préférons aussi chacun les choses conformes à telle ou telle disposition de notre esprit. Par exemple, les amateurs de victoires, s'il y a une victoire au terme de l'entreprise ; les amateurs d'honneurs, s'il y a des honneurs à recueillir ; les amateurs de richesses, s'il y a des richesses à acquérir, et ainsi de suite. Voilà où l'on doit prendre les preuves relatives au bien et à l'utile.

ARISTOTE

1. Sur la différence de ποιητικαί et de πρακτικαί, voir la *Politique* d'Aristote, éd. Bekker, p. 1254 a.
2. Hom., *Il.*, I, 255.
3. Pour que la pensée fût complète il faudrait ajouter κακῶν après πολλῶν et après le troisième τέλος.
4. Hom., *Il.*, II, 160 et 176. La retraite des Grecs serait pour Priam un dénouement heureux, glorieux, du siège de Troie.
5. Hom., *Il.*, II, 298.
6. Chap. IV, § 2.
7. Allusion à ce fait que les Corinthiens étaient autant les alliée des Troyens que des Grecs. Voir, pour les détails et le rapprochement, l'édition de la *Rhétorique*, par L. Spengel (collection Teubner, in-8°), t. II, 1867, p. 109.

VII. Du bien préférable et du plus utile.

I. Maintenant, comme il arrive souvent que deux partis présentent une utilité reconnue, mais que l'on discute pour savoir celui qui en présente le plus, il faut parler du bien plus grand et de ce qui est plus utile.

II. Ce qui surpasse se compose d'une quantité égale et de quelque chose encore ; or ce qui est surpassé est contenu (dans ce qui surpasse). Une qualité ou une quantité plus grande l'est toujours par rapport à une autre plus petite. Grand et petit, beaucoup et peu sont des termes qui se rapportent à la grandeur de nombre d'objets. Ce qui surpasse est grand ; ce qui est en défaut est petit. Même rapport entre beaucoup et peu.

III. Donc, comme nous disons que le bien est la chose que nous devons adopter pour elle-même et non en vue d'une autre chose, et encore ce à quoi tendent tous les êtres[1], et ce que pourraient adopter tous les êtres doués d'intelligence et de sens, et la faculté d'accomplir et de conserver, ou encore la conséquence de cette faculté, et la chose qui détermine la fin de nos actes ; comme, d'autre part, la fin, c'est ce en vue de quoi s'accomplissent les autres actes ; que ce qui est bon pour tel individu est ce qui subit une action de cette nature par rapport à cet individu, il s'ensuit, nécessairement, que les quantités plus grandes que l'unité ou que les quantités moindres, comparaison faite de l'unité et de ces quantités moindres, ce sera un plus grand bien. En effet, ce bien surpasse ; or ce qui est contenu (dans le premier terme) est surpassé.

IV. Si le plus grand (individu d'une espèce) surpasse le plus grand individu (d'une autre espèce), tel individu (de la première espèce) surpassera tel autre (de la seconde) ; et (réciproquement), si tous les individus (d'une espèce surpassent) ceux (d'une autre), le plus grand (de l'une) surpassera le plus grand (de la seconde). Par exemple, si l'homme le plus grand est plus grand que la plus grande femme, les hommes, pris en masse, seront plus grands que les femmes ; et (réciproquement), si les hommes, pris en masse, sont plus grands que les femmes, l'homme le plus grand sera plus grand que la plus grande femme. En effet, les différences en plus des espèces sont dans le même rapport que les plus grands individus qu'elles comprennent.

V. (Il y a avantage), lorsque tel résultat est suivi d'un autre résultat, tandis que le parti contraire n'aurait pas cette conséquence. Or la conséquence se traduit par un résultat immédiat, ou ultérieur, ou possible ; car le profit à tirer de telle conséquence est contenu dans celui du premier résultat. La vie est le résultat immédiat de la santé, mais la santé n'est pas celui de la vie. La science est le résultat ultérieur de l'étude. Le vol est le résultat possible du sacrilège ; car l'auteur d'un sacrilège est capable de voler.

VI. Sont plus grandes les choses qui en surpassent une autre d'une quantité plus grande ; car, nécessairement, elles surpassent même la plus grande.

VII. Sont plus grandes aussi les choses qui produisent un plus grand bien ; car cela revient, nous l'avons vu, à dire qu'elles sont capables de produire un plus grand bien, et il en est de même de la chose dont la puissance productive est plus grande. Ainsi, du moment que la qualité d'être sain est un bien préférable et supérieur au plaisir, la santé est aussi un bien plus grand que le plaisir.

VIII. Ce qui est préférable en soi (est un bien plus grand) que ce qui ne l'est pas en soi. Par exemple, la force vaut mieux que ce qui donne la santé. Car ceci n'est pas préférable en soi, tandis que la force l'est, ce qui est, nous l'avons vu, le caractère du bien.

IX. (Il y a avantage), si telle chose est une fin, par rapport à telle autre qui n'en serait pas une. Car cette autre se fait en vue d'autre chose et la première pour elle-même ; par exemple, l'exercice gymnastique a pour fin le bon état du corps.

X. (Il y a avantage) dans ce qui a moins besoin de l'autre chose[2] ou de diverses autres choses ; car cela se suffit mieux à soi-même ; or on a moins besoin d'autre chose quand on n'a besoin que de choses moins importantes, ou plus faciles à obtenir.

XI. De même, lorsque telle chose ne peut exister sans telle autre, ou qu'il n'est pas possible qu'elle se produise sans cette autre, tandis que celle-ci peut avoir lieu sans la première. Or celle-ci se suffit mieux qui n'a pas besoin d'une autre, d'où l'on voit qu'elle est un plus grand bien.

XII. Lorsque telle chose est un principe et, que l'autre n'est pas un principe ; lorsque l'une est une cause et que l'autre n'est pas une cause, pour la même raison. Car, sans cause, il est impossible qu'une chose existe ou se produise ; et, deux principes étant donnés, c'est la chose dont le principe est supérieur qui est supérieure ; pareillement, deux causes étant données, c'est la chose qui provient de la cause supérieure qui est supérieure. Réciproquement, deux principes étant donnés, le principe de la plus grande chose est supérieur ; et deux causes étant données, c'est la cause de la chose supérieure qui est supérieure.

XIII. Il est donc évident, d'après ce qui précède, qu'une chose peut apparaître comme plus grande de l'une et de l'autre manière. En effet, si telle chose est un principe et que l'autre ne soit pas un principe, la première semblera supérieure ; et si telle chose n'est pas un principe, tandis que l'autre est un principe (elle semblera encore supérieure), car la fin est supérieure et le principe ne l'est pas. C'est ainsi que Léodamas[3], voulant porter une accusation contre Callistrate, dit que celui qui a conseillé une action fait plus de tort que celui qui l'exécute ; car l'action n'eût pas été accomplie si on ne l'avait pas conseillée. Et réciproquement, voulant porter une accusation contre Chabrias, il allègue que celui qui exécute fait plus de tort que celui qui conseille, car l'action n'aurait pas lieu s'il n'y avait pas eu quelqu'un pour agir, vu que l'action est la fin pour laquelle on délibère.

XIV. Ce qui est plus rare est préférable à ce qui est abondant : par exemple, l'or au fer, vu qu'il est d'un usage plus restreint ; car la possession en est préférable, l'acquisition en étant plus difficile. A un autre point de vue, ce qui abonde est préférable à ce qui est rare, parce que l'usage en est plus répandu. De là ce mot :

L'eau est ce qu'il y a de meilleur[4].

XV. Généralement parlant, ce qui est difficile a plus de valeur que ce qui est facile, car c'est plus rare ; et, à un autre point de vue, ce qui est facile vaut mieux que ce qui est difficile, car nous en disposons comme nous voulons.

XVI. Est plus grande aussi une chose dont le contraire est plus grand, ou dont la privation est plus sensible. Ce qui est vertu est plus grand que ce qui n'est pas vertu, et ce qui est vice plus grand que ce qui n'est pas vice. Car la vertu et le vice sont des fins, et ce qui n'est ni vice ni vertu n'est pas une fin.

XVII. Les choses dont les effets sont plus beaux ou plus laids sont aussi plus grandes. Les choses dont les bonnes ou mauvaises qualités ont une plus grande importance sont plus grandes elles-mêmes, puisque les effets sont comme les causes ou les principes, et que les causes et les principes sont comme leurs effets.

XVIII. De même les choses dont la différence en plus est préférable ou meilleure. Par exemple, la faculté de bien voir est préférable au sens de l'odorat ; en effet, celui de la vue a plus de prix que l'odorat. Il vaut mieux désirer d'avoir des amis que d'acquérir des richesses ; de sorte que la recherche des amis est préférable à la soif des richesses. Par contre, la surabondance des choses bonnes sera meilleure, et celle des choses honorables plus honorable.

XIX. Sont préférables les choses qui nous donnent des désirs plus honorables et meilleurs ; car les désirs ont la supériorité des choses qui en sont l'objet, et les désirs qu'excitent en nous des choses plus honorables ou meilleures sont aussi, pour la même raison, plus honorables et meilleurs.

XX. Sont préférables encore les choses dont la connaissance est plus honorable et plus importante, ainsi que les actions plus honorables et plus importantes. En effet, qui dit science dit vérité ; or chaque science prescrit ce qui lui appartient, et les sciences relatives aux choses plus importantes et plus honorables sont, pour la même raison, dans le même rapport avec ces choses.

XXI. Ce que jugeraient ou ce qu'auraient jugé être un plus grand bien les hommes de sens, ou le consentement unanime, ou le grand nombre, ou la majorité, ou les hommes les plus influents, ce doit être nécessairement cela, soit qu'ils en aient décidé ainsi d'une façon absolue, ou bien en raison de leur compétence personnelle. Ce critérium s'applique communément aussi aux autres questions[5]. Et en effet, la nature, la quantité, la qualité d'une chose donnée seront telles que le diront la science et le bon sens. Mais c'est des biens que nous avons entendu parler. Car nous avons défini le bien[6] ce que choisiraient tous les êtres qui seraient doués de sens. Il est donc évident que le mieux aussi sera ce que le bon sens déclarera préférable.

XXII. Le mieux est encore ce qui appartient aux meilleurs, soit d'une façon absolue, soit en tant que meilleurs ; par exemple, le courage inhérent à la force. C'est encore ce que choisirait un homme meilleur, soit absolument, soit en tant que meilleur ; par exemple, de subir une injustice plutôt que d'en faire une à autrui ; car c'est le parti que prendrait un homme plus juste.

XXIII. C'est aussi ce qui est plus agréable, à la différence de ce qui l'est moins ; car tous les êtres sont à la poursuite du plaisir et désirent la jouissance pour elle-même ; or, c'est dans ces termes qu'ont été définis le bien et la fin. Une chose est plus agréable, soit qu'elle coûte moins de peine, soit que le plaisir qu'elle cause dure plus longtemps.

XXIV. C'est ce qui est plus beau, à la différence de ce qui est moins beau ; car le beau est ou ce qui est agréable, ou ce qui est préférable en soi.

XXV. Les choses dont on veut plutôt être l'auteur ou pour soi-même ou pour ses amis, ce sont là aussi des biens plus grands, et celles auxquelles on est le moins porté, de plus grands maux.

XXVI. Les biens plus durables (valent mieux) que ceux d'une plus courte durée, et les biens plus assurés (valent mieux) que ceux qui le sont moins. En effet, l'avantage des premiers consiste dans l'usage prolongé qu'on en fait et celui des seconds dans la faculté d'en user à sa volonté, vu qu'il nous est plus loisible de disposer, au moment où nous le voulons, d'un bien qui nous est assuré.

XXVII. Il y a avantage lorsque les termes conjugués et les cas semblables[7] ont encore d'autres biens pour conséquence immédiate. Par exemple, s'il est mieux et plus noble d'agir avec bravoure qu'avec prudence, la bravoure est aussi préférable à la prudence, et il s'ensuit, pareillement, que le fait d'être brave vaut mieux que celui d'être prudent.

XXVIII. Ce que tout le monde choisit est préférable à ce que tout le monde s'abstient de choisir ; et ce que choisit la majorité à ce que choisit la minorité. En effet, nous l'avons vu[8], ce qui est recherché par tout le monde est un bien. Cela donc sera un plus grand bien dont la possession sera plus vivement désirée. Il en est de même de ce que désirent les gens qui produisent une contestation, ou les adversaires, ou les juges, ou ceux que ces derniers jugent.

Poétique et Rhétorique

En effet, le premier cas a lieu lorsque l'opinion exprimée est générale, et le second lorsque cette opinion est celle de personnes autorisées et connaissant la question.

XXIX. Il y a un avantage tantôt dans tel bien plus grand auquel tout le monde participe, car il y a déshonneur à ne pas en être participant ; tantôt dans le bien auquel personne ne participe, ou qui n'a qu'un petit nombre de participants, car il est plus rare.

XXX. Sont plus grands aussi les biens plus dignes de louange, car ils sont plus nobles. De même les biens qui nous procurent plus d'honneur (car l'honneur qu'on nous fait est une sorte d'estimation de notre valeur). — et les choses dont les contraires donnent lieu à une peine plus sévère.

XXXI. Ajoutons-y ce qui est plus grand que des choses reconnues pour grandes ou paraissant telles. Or les choses que l'on divise en plusieurs parties paraissent plus grandes, car la différence en plus parait alors répartie sur un plus grand nombre d'objets. C'est ainsi que le Poète fait énumérer à la femme de Méléagre, qui veut persuader au héros d'aller au combat, tous les maux qui accablent les citoyens d'une ville prise d'assaut :

> La population périt ; le feu réduit la cité en cendres ;
> L'ennemi emmène les enfants...[9]

ARISTOTE

On peut encore avantageusement rassembler et amplifier (les idées) comme le fait Épicharme, et cela dans le même but qui faisait diviser tout à l'heure, car de cette réunion résulte une amplification sensible, et par cet autre motif qu'on trouve là le principe et la source de grands effets.

XXXII. Comme ce qui est plus difficile et plus rare a plus de valeur, les circonstances, l'âge, les lieux, les temps, les ressources augmentent l'importance des choses. En effet, si tel fait se produit malgré des obstacles inhérents à nos moyens, à notre âge, à la rivalité de nos semblables, et cela de telle façon, ou dans tel cas ou dans tel temps, ce fait aura la portée des choses honorables, bonnes et justes, ou de leurs contraires. De là cette épigramme[10] sur un athlète vainqueur aux jeux olympiques :

> Autrefois, j'avais sur les épaules un grossier bâton de portefaix, et je portais du poisson d'Argos à Tégée.

Iphicrate faisait son propre éloge quand il disait :

> « Quels commencements a eus l'état actuel ![11] »

XXXIII. Ce qui vient de notre propre fonds a plus de valeur que ce qui est acquis, vu que c'est plus difficile à obtenir. Aussi le Poète a-t-il pu dire :

> J'ai été mon propre maître[12].

XXXIV. Pareillement, la plus grande partie d'une chose qui est grande elle-même. Ainsi Périclès s'exprime en ces termes dans l'*Oraison funèbre* : « La jeunesse enlevée à la cité, c'est comme le printemps retranché de l'année. »

XXXV. Les choses utiles sont préférables dans un plus grand besoin, comme dans la vieillesse et les maladies ; entre deux choses, la meilleure est celle qui est le plus près de la fin proposée ; la chose utile pour telle personne en cause, plutôt que celle qui l'est absolument ; le possible vaut mieux que l'impossible, car le possible peut profiter à tel ou tel, et l'impossible, non sont préférables aussi les choses comprises dans la fin de la vie[13], car ce qui est une fin vaut mieux que ce qui n'est qu'un acheminement vers cette fin.

XXXVI. Ce qui tient à la réalité vaut mieux que ce qui tient à l'opinion. Définition de ce qui tient à l'opinion ; c'est ce que l'on ne serait pas disposé à faire si l'action devait rester ignorée. C'est pourquoi, aussi, on trouvera préférable de recevoir un avantage plutôt que de le procurer, car on sera disposé à recevoir cet avantage, dût-il être reçu en secret, tandis qu'on ne semblerait guère disposé à procurer un avantage dans ces conditions.

XXXVII. Les choses dont on veut l'existence réelle valent mieux que celles auxquelles on ne demande que l'apparence. De là le proverbe : « C'est peu de chose que la justice, » vu que l'on tient plus à paraître juste qu'à l'être ; mais il n'en est pas ainsi de la santé.

XXXVIII. De même une chose plus utile à plusieurs fins, comme ce qui l'est à la fois pour vivre et pour vivre heureux, pour le plaisir et pour les belles actions. C'est ce qui donne à la richesse et à la santé l'apparence d'être les plus grands biens, car ces deux avantages comprennent tous les autres.

XXXIX. De même encore ce qui se fait en même temps, avec moins de peine et avec plaisir ; car il y a là deux choses plutôt qu'une seule, en ce sens que le plaisir est un bien, et l'absence de peine en est un autre.

XL. Deux choses étant données et s'ajoutant à une même quantité, ce qui est préférable, c'est celle qui rend la somme plus grande. Ce sont encore les choses dont l'existence n'est pas cachée, plutôt que celles dont l'existence est cachée, car les premières sont dans le sens de la vérité. Aussi la richesse réelle est-elle, évidemment, un bien supérieur à la richesse apparente.

XLI. C'est ce qui nous est cher, tantôt isolément, tantôt avec autre chose. Aussi la peine infligée n'est-elle pas de même degré lorsque celui à qui l'on a crevé un œil était borgne, et lorsqu'il avait ses deux yeux. Car on a enlevé au premier ce qui lui était particulièrement cher. Tels sont, à peu près, tous les éléments auxquels on doit emprunter les preuves, pour exhorter comme pour dissuader.

---

1. Cp. chap. VI, § 2.

2. Il s'agit toujours de deux choses, de deux parties, de deux faits, bons l'un et l'autre, mis en parallèle afin que l'on puisse opter (προαρεῖσθαι).
3. Orateur athénien, disciple d'Isocrate et maître d'Eschine. — Xénophon parle de Callistrate (*Hellen.*, liv. VI).
4. Pindare, *Pyth.*, I, 1.
5. Aux questions autres que celles du bien, ou plutôt du mieux.
6. Chap. VI, § 2.
7. Cp. *Topiques*, III, 3, p. 118 *a*, 34.
8. Début du chap. V.
9. Homère, *Il.*, IX, 592. La citation faite par Aristote contient plusieurs variantes qui auraient mérité d'être prises en considération par les éditeurs de l'*Iliade*.
10. Cette épigramme est rapportée par Eustathe, p. 1761 de son *Commentaire sur Homère*.
11. Cette parole d'Iphicrate reparaît plus loin (chap. IX, 31), sous une forme plus complète : ἐξ οἵων εἰς οἷα!
12. Hom., *Od.*, XXII, 347. C'est Phémius qui parle.
13. Le bonheur.

VIII. Du nombre et de la nature des divers gouvernements. De la fin de chacun d'eux.

I. La condition la plus importante, la principale pour pouvoir persuader et délibérer convenablement, c'est de connaître toutes les espèces de gouvernement et de distinguer les mœurs, les lois et les intérêts de chacun d'eux.

II. En effet, tout le monde obéit à la considération de l'utile ; or il y a de l'utilité dans ce qui sert à sauver l'État. De plus, l'autorité se manifeste de par celui qui la détient ; or les conditions de l'autorité varient suivant la forme de gouvernement. Autant d'espèces de gouvernement, autant d'espèces d'autorité.

III. Il y a quatre espèces de gouvernement : la démocratie, l'oligarchie, l'aristocratie, la monarchie ; de sorte que l'autorité qui gouverne et celle qui prononce des jugements se composent toujours d'une partie ou de la totalité des citoyens[1].

IV. La démocratie est le gouvernement dans lequel les fonctions sont distribuées par la voie du sort ; l'oligarchie, celui où l'autorité dépend de la fortune ; l'aristocratie, celui où elle dépend de l'éducation ; je parle ici de l'éducation réglée par la loi, car ce sont ceux qui ont constamment observé les lois à qui revient le pouvoir dans le gouvernement aristocratique ; or, c'est en eux que l'on doit voir les meilleurs citoyens, et c'est de là que cette forme de gouvernement[2] a pris son nom. La monarchie, comme son nom l'indique aussi, est le gouvernement où un seul chef commande à tous. Il y a deux monarchies : la monarchie réglée, ou la royauté, et celle dont le pouvoir est illimité, ou la tyrannie.

V. On ne doit pas laisser ignorer la fin de chacune de ces formes gouvernementales ; car on se détermine toujours en vue de la fin proposée. La fin de la démocratie, c'est la liberté ; celle de l'oligarchie, la richesse ; celle de l'aristocratie, la bonne éducation et les lois ; celle de la tyrannie, la conservation du pouvoir. Il est donc évident qu'il faut distinguer les mœurs, les lois et les intérêts qui se rapportent à la fin de chacun de ces gouvernements, puisque la détermination à prendre sera prise en vue de cette fin.

VI. Comme les preuves résultent non seulement de la démonstration, mais aussi des mœurs (et en effet, nous accordons notre confiance à l'orateur en raison des qualités qu'il fait paraître, c'est-à-dire si nous voyons en lui du mérite, ou de la bienveillance, ou encore l'un et l'autre), nous devrions nous-mêmes[3] posséder la connaissance du caractère moral propre à chaque gouvernement ; car le meilleur moyen de persuader est d'observer les mœurs de chaque espèce de gouvernement, suivant le pays où l'on parle. Les arguments seront produits sous une forme en rapport avec les mêmes (mœurs). En effet, les mœurs se révèlent par le principe d'action ; or le principe d'action se rapporte à la fin (de chaque gouvernement).

VII. Du reste, à quoi nous devons tendre dans nos exhortations, qu'il s'agisse de l'avenir, ou du présent ; à quels éléments nous devons emprunter les preuves, soit à propos d'une question d'intérêt, soit au sujet des mœurs et des institutions propres aux diverses espèces de gouvernement ; pour quels motifs et par quels moyens nous pourrons avoir un succès en rapport avec la circonstance donnée, voilà autant de points sur lesquels on a dit ce qu'il y avait à dire, car c'est le sujet d'une explication approfondie dans les *Politiques*[4].

---

1. Τούτων, littéralement de tels ou tels membres (d'un État).
2. Ὁ ἄριστος, le meilleur.
3. Nous, les orateurs. (Note de M. Barthélemy Saint-Hilaire.)
4. *Politique*, liv. III et suiv.

IX. De la vertu et du vice. Du beau et du laid (moral). Des éléments de l'éloge et du blâme.

I. Nous parlerons ensuite de la vertu et du vice, ainsi que du beau et du laid ; car ce sont autant de buts proposés[1] à celui qui loue et à celui qui blâme : et il arrivera que, tout en traitant ces questions, nous ferons voir, en même temps, par quels moyens nous donnerons telle ou telle idée de notre caractère moral ; ce qui est, on l'a vu[2], la seconde espèce de preuves. En effet, nous aurons les mêmes moyens à employer pour nous rendre et pour rendre tel autre digne de confiance par rapport à la vertu.

II. Mais, comme il nous arrive souvent de louer, avec ou sans intention sérieuse, non seulement un homme ou un dieu, mais même des êtres inanimés et le premier animal venu, il faut, ici encore, faire usage des propositions. Insistons là-dessus, à titre d'exemple.

III. Le beau, c'est ou ce que l'on doit vouloir louer pour soi-même, ou ce qui, étant bon, est agréable en tant que bon. Or, si c'est là le beau, il s'ensuit nécessairement que la vertu est une chose belle ; car c'est une chose louable parce qu'elle est bonne.

IV. La vertu est, ce nous semble, une puissance capable de procurer et de conserver des biens, et aussi capable de faire accomplir de bonnes actions nombreuses, importantes et de toute sorte et à tous les points de vue.

V. Les parties (variétés) de la vertu sont : la justice, le courage, la tempérance, la magnificence, la magnanimité, la libéralité[3], la mansuétude, le bon sens, la sagesse.

VI. Les plus grandes vertus sont nécessairement celles qui ont le plus d'utilité pour les autres, puisque la vertu est une puissance capable d'accomplir de bonnes actions. C'est pour cela que l'on honore par-dessus tout les justes et les braves ; car la première de ces vertus rend des services durant la paix, et la seconde durant la guerre. Vient ensuite la libéralité, car ceux qui possèdent cette vertu dorment sans réserve et ne font pas d'opposition dans les questions relatives aux richesses, que d'autres convoitent avec le plus d'ardeur.

VII. La justice est une vertu par laquelle chacun a ce qui lui appartient, et cela conformément à la loi ; tandis que l'injustice (est un vice) par lequel on a le bien d'autrui contrairement à la loi.

VIII. Le courage est une vertu par laquelle on est capable d'accomplir de belles actions dans les dangers et, autant que la loi le commande, capable de se soumettre à la loi. La lâcheté est le vice contraire.

IX. La tempérance est une vertu par laquelle on se comporte vis-à-vis des plaisirs du corps de la manière que la loi le prescrit. L'intempérance est son contraire.

X. La libéralité est la vertu capable de faire accomplir une bonne action au moyen de l'argent ; la parcimonie est son contraire.

XI. La magnanimité est la vertu capable de faire faire de grandes largesses ; la petitesse d'esprit est son contraire.

XII. La magnificence est la vertu capable de faire mettre de la grandeur dans les dépenses ; la petitesse d'esprit et la mesquinerie sont ses contraires.

XIII. Le bon sens est une vertu de la pensée, suivant laquelle on peut délibérer convenablement sur les biens et les maux énumérés précédemment en vue du bonheur.

XIV. Sur la question de la vertu et du vice, considérée en général, et sur leurs variétés, nous nous sommes, pour le moment, suffisamment expliqués ; et il n'est pas difficile de voir ce qui concerne les autres (vices et vertus non définis), car il est évident que les choses servant à faire pratiquer la vertu sont de belles choses, ainsi que celles qui sont produites par la vertu. Ce caractère est propre aux manifestations de la vertu et de ses actes.

XV. Mais, comme les manifestations (de la vertu) et toutes les choses qui ont le caractère d'action accomplie ou de traitement subi pour le bien sont des choses belles, il s'ensuit, nécessairement, que tous les actes de courage, toutes les manifestations du courage, toutes les opérations exécutées d'une manière courageuse sont autant de choses belles ; — que les choses justes, ce sont aussi des actions accomplies avec justice, mais non pas tous les traitements subis (justement). En effet, par une exception propre à cette seule vertu (la justice), ce qui est subi justement n'est pas toujours beau, et, en fait de punition, il est plutôt honteux d'encourir celle qui est justement infligée que celle qui le serait injustement. Il en est des autres vertus comme de celles dont nous avons parlé précédemment.

XVI. Les choses dont l'honneur est le prix sont aussi des choses belles ; de même celles qui rapportent plutôt de l'honneur que de l'argent, et toutes celles que l'on fait en raison d'une détermination désintéressée.

XVII. Sont encore des choses belles, absolument, celles que l'on accomplit pour la patrie, sans avoir souci de sa propre personne ; celles qui sont naturellement bonnes, sans l'être pour celui qui les fait, car, autrement, il les ferait par intérêt personnel.

XVIII. De même celles qui peuvent profiter à un mort plutôt qu'à un vivant. Car ce que l'on fait dans son propre intérêt s'adresse plutôt à une personne vivante.

XIX. De même encore tous actes accomplis dans l'intérêt des autres : car on met alors le sien au second rang. Toutes les actions profitables, soit à d'autres personnes, mais non pas à soi-même, soit à ceux qui nous ont rendu service, car c'est un acte de justice ; ou bien les bienfaits, car ils ne tournent pas au profit de leur propre auteur.

XX. De même aussi les actions contraires à elles dont on peut rougir ; or on rougit des choses honteuses que l'on dit, que l'on fait ou que l'on se dispose à faire ou à dire. De là les vers de Sapho, en réponse aux vers suivants d'Alcée :

> Je voudrais te dire quelque chose, mais je
>   suis retenu par la honte.
> Sapho : Si ton désir portait sur des choses
>   bonnes et honnêtes ; si ta langue n'avait
>   pas prémédité quelque mauvaise parole,
>   la honte ne serait pas dans tes yeux, mais
>   tu pourrais exprimer un vœu légitime.

XXI. Ce sont encore les choses pour lesquelles on lutte sans rien craindre ; car c'est la disposition où nous sommes en faveur d'une bonne cause qui nous conduit à la gloire.

XXII. Les vertus et les actions sont plus belles lorsqu'elles émanent d'un auteur qui, par nature, a plus de valeur ; par exemple, celles d'un homme plutôt que celles d'une femme.

XXIII. Sont plus belles aussi les vertus capables de donner des jouissances aux autres plutôt qu'à nous-mêmes. C'est pour cela que l'action juste, la justice, est une chose belle.

XXIV. Il est plus beau de châtier ses ennemis et de ne pas transiger avec eux ; car il est juste d'user de représailles ; or, ce qui est juste est beau, et il appartient aux braves de ne pas se laisser vaincre.

XXV. La victoire et les honneurs font partie des choses belles ; car on les recherche lors même qu'ils ne doivent pas nous profiter, et ils font paraître une vertu supérieure. Quant aux témoignages commémoratifs, ceux qui ont un caractère spécial sont préférables ; de même ceux qu'on décerne à un personnage qui n'existe plus, ceux dont l'attribution est accompagnée d'un hommage solennel[4], ceux qui se distinguent par leur importance. Sont plus beaux aussi ceux qui s'adressent à un seul, car leur caractère commémoratif est plus marqué. Ajoutons-y les possessions qui ne rapportent rien, car elles dénotent plus de désintéressement.

XXVI. Les choses sont belles qui appartiennent en propre à tous les individus de chaque classe, et toutes celles qui sont les signes de ce qu'on loue dans chaque classe d'individus ; par exemple, la chevelure est une marque noble à Lacédémone, car c'est un signe de liberté ; en effet, il n'est pas facile, avec toute sa chevelure, de remplir un emploi de mercenaire.

XXVII. Il est beau aussi de ne se livrer à aucune profession grossière ; car c'est le propre d'un homme libre de ne pas vivre à la solde d'un autre.

XXVIII. Il faut prendre aussi (pour arguments) les qualités qui touchent à celles qui existent réellement pour les identifier en vue de l'éloge ou du blâme ; par exemple, d'un homme prudent faire un peureux et de celui qui a du cœur un homme agressif ; par contre, d'une âme simple faire un honnête homme et d'un apathique un homme facile à vivre.

XXIX. Il faut toujours prendre, dans chaque caractère, le trait qui l'accompagne, interprété dans le sens le plus favorable ; par exemple, l'homme colère et porté à la fureur deviendra un homme tout d'une pièce l'homme hautain, un personnage de grand air et imposant. Ceux qui portent tout à l'extrême passeront pour se tenir dans les limites de la vertu[5]. Ainsi le téméraire sera un brave ; le prodigue, un homme généreux ; et, en effet, le grand nombre le prendra pour tel. D'ailleurs, la force de ce paralogisme prendra sa source dans la cause en question. Car, si un tel brave le danger sans nécessité, à plus forte raison le fera-t-il lorsqu'il sera beau de le faire, et s'il est capable de faire des largesses au premier venu, à plus forte raison en fera-t-il à ses amis, car c'est le plus haut degré de la vertu que de rendre service à tout le monde.

XXX. Il faut considérer aussi devant qui on fait un éloge. En effet, comme le disait Socrate, « il n'est pas difficile de louer les Athéniens dans Athènes. » Il faut aussi avoir égard à ce qui est en honneur devant chaque auditoire ; par exemple, ce qui l'est chez les Scythes, chez les Lacédémoniens, ou devant des philosophes ; et, d'une manière générale, présenter ce qui est en honneur en le ramenant à ce qui est beau, car l'un, ce semble, est bien près de l'autre.

XXXI. Il faut considérer, en outre, tout ce qui se rattache au devoir, et voir, par exemple, si les choses sont dignes des ancêtres et des actions antérieurement accomplies, car c'est un gage de bonheur, et il est beau d'acquérir un surcroît d'honneur. Et encore si, indépendamment de ce que réclame le devoir, le fait (loué) s'élève à un degré supérieur dans le sens du bien et du beau ; par exemple, si un tel montre de la modération après un succès, ou de la grandeur d'âme après un échec ; ou bien si, devenu plus grand, il est meilleur et plus disposé à la réconciliation. De là ce mot d'Iphicrate :

> « Quelle a été mon origine, et quelle mon élévation ![6] »

Et ce vers placé dans la bouche du vainqueur aux jeux olympiques :

> Jadis, j'ai porté sur mes épaules le grossier bâton du portefaix.

Et encore ce vers de Simonide :

> Celle qui eut pour père, pour mari et pour frères autant de tyrans.

XXXII. Mais, comme l'éloge se tire des actions accomplies et que le propre de l'homme sérieux est d'agir conformément à sa détermination, il faut s'efforcer de montrer son héros faisant des actes en rapport avec son dessein. Or il est utile qu'on le voie souvent en action. C'est pourquoi il faut présenter les incidents et les cas fortuits en les rattachant à ses intentions ; car, si l'on rapporte de lui une suite nombreuse d'actes accomplis tous dans le même esprit, il y aura là comme une marque apparente de sa vertu et de sa résolution.

XXXIII. La louange (ἔπαινος) est un discours qui met en relief la grandeur d'une vertu. Il faut donc que les actions soient présentées comme ayant ce même caractère. L'éloge (ἐγκώμιον) porte sur les actes. On y fait entrer ce qui contribue à donner confiance, comme, par exemple, la naissance et l'éducation, car il est vraisemblable que, issu de gens de bien, on est un homme de bien et que, tant vaut l'éducation, tant vaut l'homme qui l'a reçue. C'est pourquoi nous faisons l'éloge d'après les actes, mais les actes sont des indices de l'habitude morale, puisque nous célébrons les louanges d'un tel, indépendamment des choses qu'il a faites, si nous sommes fondés à le croire capable de les faire.

XXXIV. La béatification et la félicitation ne font qu'un seul genre d'éloge par rapport à celui qui en est l'objet, mais ces genres diffèrent des précédents ; de même que le bonheur comprend la vertu, la félicitation comprend aussi ces genres[7].

XXXV. La louange et les délibérations possèdent une forme commune, car ce que tu établiras en principe dans la délibération, transporté dans le discours, devient un éloge.

XXXVI. Ainsi donc, puisque nous savons ce qui constitue le devoir et l'homme du devoir, il faut que ce soit là le texte de notre discours, retourné et transformé dans les termes ; tel, par exemple, ce précepte qu'il ne faut pas s'enorgueillir de ce qui nous est donné par la fortune, mais plutôt de ce qui nous vient de nous-mêmes. Une pensée présentée de cette façon a la valeur d'un précepte. De cette autre manière, ce sera un éloge : « S'enorgueillissant non pas de ce qui lui était donné par la fortune, mais de ce qui lui venait de lui-même. » En conséquence, lorsque tu veux louer, vois d'abord ce que tu poserais comme précepte, et lorsque tu veux énoncer un précepte, vois sur quoi porterait ton éloge.

XXXVII. Le discours sera nécessairement tourné en sens contraire lorsqu'il s'agira de convertir soit ce que l'on défend (en chose permise), soit ce que l'on ne défend pas (en chose défendue).

XXXVIII. Il faut aussi faire un grand usage des considérations qui augmentent l'importance du fait loué ; dire, par exemple, si le personnage, pour agir, était seul, ou le premier, ou avait peu d'auxiliaires, ou enfin s'il a eu la principale part d'action. Ce sont autant de circonstances qui font voir sa belle conduite. Il y a aussi les considérations relatives au temps, à l'occasion, et cela indépendamment du devoir strict. On considérera encore s'il a souvent mené à bien la même opération, car c'est un grand point, qui ferait voir que son succès n'est pas dû à la fortune, mais à lui-même. Si les encouragements et les honneurs ont été trouvés tout exprès pour lui ; si c'est en sa faveur qu'a été composé pour la première fois un éloge ; tel, par exemple, qu'Hippoloclius[8] ou Harmodius et Aristogiton, qui ont eu (les premiers) une statue érigée dans l'Agora[9]. De même pour les considérations contraires. Dans le cas où la matière serait insuffisante en ce qui le concerne, faire des rapprochements avec d'autres personnages. C'est ce que faisait Isocrate, vu le peu d'habitude qu'il avait de plaider[10]. Il faut le mettre en parallèle avec des hommes illustres, car l'amplification produit un bel effet si la personne louée a l'avantage sur des gens de valeur.

XXXIX. L'amplification a sa raison d'être dans les louanges ; car elle s'occupe essentiellement de la supériorité ; or la supériorité fait partie des choses belles. Aussi doit-on faire des rapprochements, sinon avec des personnages illustres, du moins avec le commun des hommes, puisque la supériorité semble être la marque d'une vertu.

XL. Généralement parlant, parmi les formes communes à tous les genres de discours, l'amplification est ce qui convient le mieux aux discours démonstratifs ; car ceux-ci mettent en œuvre des actions sur lesquelles on est d'accord, si bien qu'il ne reste plus qu'à nous en développer la grandeur et la beauté ; — les exemples, ce qui convient le mieux aux discours délibératifs ; car nous prononçons nos jugements en nous renseignant sur l'avenir d'après le passé ; — les enthymèmes, ce qui convient le mieux aux discours judiciaires, car le fait accompli, en raison de son caractère obscur[11] admet surtout la mise en cause et la démonstration.

XLI. Voilà donc les éléments d'où se tirent presque tous les genres de louange ou de blâme, les considérations que l'on doit avoir en vue lorsqu'on veut louer ou blâmer, et les motifs qui peuvent donner lieu aux louanges et aux reproches. Une fois en possession de tout cela, on voit clairement où prendre les contraires. En effet, le blâme consiste dans les arguments inverses.

---

1. En d'autres termes, autant de matières à démonstration.
2. Chap. II, § 3.
3. Ἐλευθεριότης c'est aussi le désintéressement.
4. Tel, par exemple, qu'un sacrifice, une fête, etc.
5. On sait que, pour Aristote, « in medio stat virtus. »
6. Cp., plus haut, chap. VII, § 32.
7. Rapportons ici, avec L. Spengel, ce passage des *Morales à Nicomaque* : « Nous béatifions les dieux et nous les félicitons, et nous béatifions aussi les hommes les plus divins. Il en est de même des gens de bien ; car on ne loue pas le bonheur comme on loue ce qui est juste, mais on félicite, comme s'il s'agissait d'un être plus divin et meilleur. »
8. Hippoloclius est inconnu. On a proposé tour à tour de substituer Antilochus (fils de Nestor) et Hippolytus (fils de Thésée).
9. Cp. Thucyd., VI, p. 379, d'H. Estienne ; Pline, H. N. XXXIV, 19, 10.
10. On adopte la leçon du manuscrit le plus ancien (Cod. *paris.*, 1741) : ἀσυνήθειαν, confirmée par le témoignage du scoliaste Stephanos (Cramer, *Anecd. oxon.*, 269, 26).
11. Διὰ τὸ ἀσαφές. Le vieux traducteur latin a διὰ τὸ σαφές, et Buhle, d'après lui ; les deux leçons peuvent se soutenir, suivant le point de vue. Nous adoptons la vulgate.

X. De l'accusation et de la défense. Du nombre et de la nature des sources du syllogisme.

I. Il s'agit maintenant d'exposer, au sujet de l'accusation et de la défense, la nature et le nombre des propositions qui devront composer les syllogismes.

II. Il faut considérer trois points : premièrement, les causes du préjudice et leur nombre ; en second lieu, les dispositions de ses auteurs ; troisièmement, la qualité et la condition des gens préjudiciés.

III. Avant d'entrer dans ces détails, nous définirons le préjudice. Le préjudice, c'est le mal causé volontairement à quelqu'un contrairement à la loi ; or la loi est tantôt particulière, tantôt commune. J'appelle « loi particulière » celle dont la rédaction écrite constitue un fait de gouvernement, et « loi commune » celle qui, sans avoir été jamais écrite, semble reconnue de tous. On fait volontairement tout ce que l'on fait sciemment, sans y être contraint. Ce que l'on fait volontairement, on ne le fait pas toujours avec préméditation ; mais ce que l'on fait avec préméditation, on le fait toujours en connaissance de cause, car on n'ignore jamais le fait qu'on a prémédité.

IV. Le mobile par lequel on prémédite de nuire et de faire du mal, contrairement à la loi, cela s'appelle vice et dérèglement ; car, suivant que l'on a une ou plusieurs manières de nuire, d'après le point de vue auquel on se trouve être malfaisant, on est en même temps injuste. Par exemple, celui qui est parcimonieux l'est au point de vue de l'argent ; l'intempérant est intempérant au point de vue des plaisirs du corps ; l'homme efféminé l'est au point de vue des actions faites avec mollesse ; le lâche est lâche vis-à-vis des dangers : car on abandonne ses compagnons de péril à cause de la crainte que l'on éprouve ; l'ambitieux agit pour l'honneur ; le caractère vif, par colère ; l'amateur de triomphe, en vue d'une victoire ; l'esprit rancunier, en vue d'une vengeance ; l'homme sans discernement, parce qu'il s'abuse sur ce qui est juste ou injuste ; l'homme éhonté, par mépris de sa réputation, et ainsi des autres sortes de caractères par rapport à chacun des mobiles qui s'y rapportent.

V. Du reste, toute cette question est facile à comprendre, soit d'après ce que nous avons dit en ce qui touche les vertus[1], soit d'après ce que nous avons à dire relativement aux passions[2]. Il nous reste à expliquer pourquoi l'on cause un préjudice, dans quelles dispositions on le cause, et à qui.

VI. Premièrement, distinguons le mobile qui nous pousse et les inconvénients que nous voulons éviter lorsque nous commettons une injustice ; car il est évident que, pour l'accusateur, c'est un devoir d'examiner la nature et le nombre des considérations qui dirigent la partie adverse d'entre celles auxquelles tout le monde obéit quand on fait tort à ses semblables ; et pour le défenseur, d'examiner la nature et le nombre des considérations qui n'ont pu déterminer son client.

VII. Les hommes agissent, tous et toujours, soit par une initiative qui ne leur est pas personnelle, soit par leur propre initiative. Dans le premier cas, leur action se produit tantôt par l'effet du hasard, tantôt par nécessité ; parmi les actions nécessaires, les unes sont dues à la contrainte, les autres à la nature. Ainsi donc, parmi les actions indépendantes de nous, les unes sont fortuites, les autres naturelles, d'autres encore nous sont imposées de force. De celles qui dépendent de nous et dont nous sommes directement les auteurs, les unes ont pour cause l'habitude, les autres sont suscitées par un désir, lequel est tantôt raisonné, tantôt non raisonné.

VIII. La volonté est le désir d'un bien, accompagné de raison. Car personne ne voudrait autre chose que ce qu'il jugerait être un bien. Quant aux désirs non raisonnés, ce sont la colère et la passion. Conséquemment, toutes nos actions se rattachent nécessairement à sept causes diverses : le hasard, la contrainte, la nature, l'habitude, le calcul, la colère et le désir passionné.

IX. Les distinctions qui se rapportent en outre à l'âge, à la condition ou à certains autres actes accomplis en même temps, seraient chose superflue ; car, s'il arrive à des jeunes gens d'agir avec colère ou avec passion, la qualité de leur action ne dépend pas de la jeunesse, mais de la colère et de la passion ; ni de l'opulence ou de la pauvreté, seulement il arrive aux pauvres de rechercher des richesses à cause de leur indigence, et aux riches de rechercher les plaisirs non nécessaires, à cause de la faculté qu'ils ont de se les donner. Mais le mobile de leurs actions ne sera pas leur opulence ou leur pauvreté ; ce sera leur passion. Semblablement aussi, les hommes justes et les hommes injustes, et les autres qui seront dits agir dans telle ou telle condition feront toutes choses sous l'influence de quelqu'une de ces causes, c'est-à-dire par calcul ou par passion ; seulement, les uns sous l'influence de qualités morales ou d'impressions honnêtes, et les autres sous l'influence contraire.

X. Il arrive toutefois que telle ou telle action est la conséquence de telle ou telle condition, et telle autre action celle de telle autre condition. Chez l'homme tempérant, à cause de sa tempérance même, il peut survenir des opinions et des désirs honnêtes à l'occasion de certains plaisirs, et chez l'homme intempérant, à l'occasion de ces mêmes plaisirs, des opinions et des désirs contraires.

XI. C'est pourquoi il faut laisser de côté de telles distinctions, et s'appliquer plutôt à examiner le rapport de telle nature à telle action. En effet, que l'auteur de l'acte accompli soit blanc ou noir, grand ou petit, cela ne tire pas à conséquence ; mais qu'il soit jeune ou vieux, juste ou injuste, voilà ce qui importe ; et, généralement parlant, toutes les circonstances où les qualités morales de l'homme influent sur ses actions. Par exemple, qu'un individu semble riche ou pauvre, ce point ne sera pas indifférent ; de même s'il semble être malheureux ou heureux. Mais nous traiterons cette question plus tard[3], et, pour le moment, nous aborderons celles dont il nous reste à parler.

XII. Sont des actions dues au hasard toutes celles dont la cause est indéterminée et qui ne sont pas accomplies dans un certain but ; celles qui ne le sont ni d'une façon constante, ni généralement, ni dans des conditions ordinaires. Ce point est évident, d'après la définition du hasard.

XIII. Sont des actions dues à la nature celles dont la cause est inhérente à leurs auteurs ; car elles se reproduisent en toute occasion ou, généralement, de la même manière. Et, en effet, les actions indépendantes de la nature ne peuvent donner lieu à la recherche approfondie d'une explication naturelle ou de quelque autre cause, et il semblerait plus exact d'en attribuer l'origine au hasard.

XIV. Sont l'effet de la contrainte toutes les actions que l'on accomplit indépendamment d'une passion ou d'un calcul.

XV. Sont dues à l'habitude toutes celles que l'on accomplit parce qu'on les a souvent faites.

XVI. Sont dues au calcul toutes celles qui semblent (à leur auteur) avoir une utilité dans l'ordre de ce que nous avons appelé des biens, soit comme but final, soit comme acheminement à ce but, lorsqu'elles sont accomplies en vue de l'utilité. En effet, les intempérants peuvent faire certaines choses utiles ; seulement ils ne les font pas en vue de leur utilité, mais en vue du plaisir.

XVII. Sont dues à la colère et à l'irascibilité celles qui aboutissent à une vengeance. Or il y a une différence entre la vengeance et le châtiment. Dans le châtiment, on considère celui qui le subit, tandis que, dans la vengeance, on a plutôt souci de celui qui l'exerce, le but de celui-ci étant de se donner une satisfaction. Quant aux questions relatives à l'irascibilité, elles seront clairement traitées lorsque nous parlerons des passions[4].

XVIII. On accomplit, sous l'influence d'un désir passionné, toutes les actions où l'on trouve quelque chose d'agréable ; or ce qui nous est familier et ce qui est entré dans nos habitudes compte parmi les choses agréables ; car un grand nombre des actions qui ne sont pas agréables naturellement, on les fait avec plaisir quand on en a contracté l'habitude. Aussi, pour parler sommairement, toutes les choses que l'on fait de sa propre initiative, ou sont bonnes ou nous paraissent bonnes, ou sont agréables ou nous paraissent telles ; or, comme on fait volontiers ce qui émane de son initiative, et malgré soi ce qui n'en émane point, tout ce que l'on fait volontiers est bon ou paraît bon, ou bien est agréable, ou encore paraît l'être. J'établis aussi que la cessation des maux ou de ce que l'on prend pour tel, ou encore la substitution d'un mal plus petit à un plus grand, compte parmi les biens ; car ce sont choses préférables, en quelque façon ; et la cessation des choses pénibles ou soi-disant telles, ou encore la substitution de choses moins pénibles à d'autres qui le sont davantage, comptent pareillement au nombre des choses agréables.

XIX. Il faut donc traiter des choses utiles et des choses agréables, en considérer la nature et le nombre. Nous avons parlé de l'utile précédemment, en traitant des arguments délibératifs[5] ; parlons maintenant de l'agréable. Nous devrons juger les définitions suffisantes chaque fois qu'elles ne seront, sur le point à définir, ni obscures, ni trop minutieuses[6].

---

1. Aristote a composé un traité des vertus et des vices (p. 1249, éd. Bekker).
2. Ce sera l'objet du livre II, chap. I à XVII.
3. Livre II, chap. I à XVII.
4. Livre II, chap. II.
5. Chap. IV, VI, VIII, etc.
6. Cp. *Top.*, VI, 1, p. 136 b 15.

XI. Des choses agréables.

I. Établissons que le plaisir est un mouvement de l'âme, et sa disposition soudaine et sensible dans un état naturel ; — que la peine est le contraire.

II. Si donc le plaisir est tel que nous le définissons, il est évident que l'agréable est ce qui causera cette disposition et que le pénible sera ce qui la détruit ou ce qui cause la disposition contraire.

III. Il s'ensuit nécessairement qu'il y aura sensation agréable, le plus souvent, dans le fait de passer à un état conforme à la nature et, surtout, dans le cas où reprendront leur propre nature les choses produites conformément à cette nature. De même les habitudes ; et en effet, ce qui nous est habituel devient comme naturel, et l'habitude a quelque ressemblance avec la nature. *Souvent* est bien près de *toujours*, et la perpétuité est un des caractères de la nature ; de même, la fréquence est un de ceux de l'habitude.

IV. (L'agréable), c'est encore ce qui est exempt de contrainte, car la contrainte est contraire à la nature. C'est pourquoi les nécessités ont quelque chose de pénible, et l'on a dit avec justesse :

> Toute action imposée par la nécessité est naturellement fâcheuse[1].

Les soins, les études, la contention d'esprit sont autant de choses pénibles, car on s'en acquitte par nécessité ou par contrainte lorsqu'on n'y est pas habitué ; mais l'habitude rend tout agréable. Leurs contraires sont autant de choses agréables. Aussi le délassement, la cessation d'un travail fatigant, le repos, le sommeil comptent parmi les choses agréables ; car aucune d'elles ne se rapporte à une nécessité.

V. Toute chose en outre est agréable, dont nous avons un désir passionné ; car le désir passionné est une aspiration vers l'agréable. Parmi ces désirs, les uns sont dépourvus de raison, les autres sont accompagnés de raison. J'appelle « désirs dépourvus de raison » tous ceux que l'on éprouve ; indépendamment d'un motif réfléchi. Sont de cette sorte tous ceux que l'on dit naturels, comme ceux qui dépendent du corps : par exemple, celui de la nourriture, la soif, la faim et les désirs relatifs à telle ou telle espèce de nourriture ; ceux que provoque le goût, les désirs aphrodisiaques ; tous ceux, en général, qui concernent le toucher, les parfums par rapport à l'odorat ; ceux qui concernent l'oreille, les yeux. Les désirs accompagnés de raison, ce sont tous ceux que l'on éprouve après avoir été persuadé. Il y a beaucoup de choses que l'on désire voir et posséder après que l'on en a entendu parler et que l'on a été amené à les désirer.

VI. Mais, comme le plaisir consiste dans la sensation d'une impression et que l'imagination est une sensation faible, lors même qu'un fait d'imagination est la conséquence d'un souvenir ou d'une espérance pour celui qui se souvient ou qui espère ; s'il en est ainsi, on voit que des plaisirs affectent ceux qui se souviennent ou qui espèrent avec une certaine vivacité, puisque, là aussi, il y a sensation.

VII. Il arrive donc nécessairement que toutes les choses agréables consistent soit dans la sensation des choses présentes, soit dans le souvenir de celles qui sont passées, soit enfin dans l'espérance des choses futures ; car on sent les choses présentes, on se souvient de celles qui sont passées et l'on espère celles qui sont à venir.

VIII. Parmi les faits dont on se souvient, ceux-là sont agréables non seulement qui étaient agréables dans leur actualité, mais encore quelques autres non agréables alors, pour peu qu'une conséquence belle ou bonne dût en résulter plus tard. De là cette pensée :

> Il est agréable, une fois sauvé, de se rappeler les épreuves passées[2] ;

et cette autre :

Poétique et Rhétorique

> Après la souffrance, il est doux de se souvenir
> pour l'homme qui a éprouvé beaucoup de
> fatigues et d'épreuves[3].

Cela tient à ce qu'il est agréable aussi de ne plus avoir de mal.

IX. Les choses qui sont en espérance sont agréables lorsque, dans le moment actuel, elles nous paraissent devoir nous procurer une grande joie ou un grand profit ou nous profiter sans peine ; ce sont, en général, toutes celles qui réjouissent le plus souvent, soit au moment où elles ont lieu, soit quand on les espère, soit encore lorsqu'on s'en souvient. C'est ainsi que l'indignation a quelque chose d'agréable. Aussi Homère a-t-il pu dire, en parlant de la colère :

> Plus agréable que le miel qui coule avec
> limpidité[4].

En effet, on n'agit jamais avec colère contre une personne sur qui l'on ne peut exercer sa vengeance, ni contre ceux qui peuvent nous être supérieurs ; dans ce cas, ou bien on n'agit pas avec colère, ou bien on le fait d'une manière moins énergique.

X. La plupart des désirs passionnés ont pour conséquence un plaisir ; car c'est tantôt le souvenir du bonheur obtenu, tantôt l'espoir du bonheur à obtenir qui nous procure le plaisir. Par exemple, ceux qui sont enfiévrés (et) ont soif éprouvent une jouissance au souvenir d'avoir bu et à l'espoir qu'ils boiront.

XI. De même, aussi, les amoureux se font un bonheur de rapporter tous leurs discours, tous leurs écrits, toutes leurs actions à l'être aimé, et le principe de l'amour est pour tous (les amoureux) d'aimer non seulement en jouissant de la présence de l'objet aimé, mais d'y songer quand il est absent. Aussi y a-t-il encore plaisir dans la peine que cause son absence.

XII. Dans le deuil et dans les lamentations, il y a encore un certain plaisir ; car ce chagrin vient de la séparation : or il y a un certain charme à se souvenir de l'ami perdu, à le voir en quelque façon, à se rappeler ses actions, son caractère. C'est pour cela que l'on a dit[5] :

> Il parla ainsi et jeta dans tous les cœurs le désir de gémir.

XIII. La vengeance, elle aussi, a quelque chose d'agréable ; car ce qu'il est pénible de ne pas obtenir, c'est avec plaisir qu'on l'obtient : or ceux qui sont irrités s'affligent au delà de tout de ne pas se venger, et l'espoir de la vengeance les réjouit.

XIV. Il est encore agréable de remporter une victoire, et c'est agréable non seulement pour ceux qui ont ce goût, mais pour tout le monde ; car la victoire donne l'idée d'une supériorité, ce qui est, plus ou moins, le désir de tout le monde.

XV. Comme il est agréable de remporter une victoire, il s'ensuit, nécessairement, que l'on trouve du plaisir dans les jeux qui consistent en combats, en concours de flûte, en joutes oratoires (παιδαιαί ἐριστικαί), car il en résulte souvent une occasion de vaincre : de même dans le jeu d'osselets, de paume, de dés, d'échecs. Il en est de même des succès remportés dans les jeux sérieux. Les uns deviennent agréables quand on y est exercé, d'autres le sont du premier coup ; telle, par exemple, la chasse, et généralement tout exercice ayant pour objet l'attaque des bêtes fauves. En effet, partout où il y a lutte, il y a aussi victoire ; et c'est pour cela que la plaidoirie et la discussion sont des choses agréables pour ceux qui en ont l'habitude et la faculté.

XVI. Les honneurs et la gloire sont au nombre des choses les plus agréables, parce que chacun y puise l'idée qu'il a telle valeur et qu'il est un personnage important ; et c'est ce qui arrive surtout lorsque ceux qui parlent de nous (dans ce sens) nous paraissent dire la vérité. Or sont dans ce cas ceux qui nous approchent, plutôt que ceux qui sont loin de nous ; nos familiers, nos connaissances, nos concitoyens, plutôt que les étrangers, et ceux qui existent actuellement plutôt que la postérité ; les hommes de sens, plutôt que les hommes irréfléchis ; le grand nombre, plutôt que la minorité ; car le témoignage de ces catégories est présumé plus vrai que celui des catégories contraires. En effet, ceux pour qui l'on professe un grand dédain, tels que les enfants ou les bêtes, on n'a aucun souci de leur estime ou de leur opinion, du moins pour cette opinion elle-même ; mais, si l'on en prend souci, c'est pour quelque autre raison.

XVII. Avoir un ami, voilà encore une des choses agréables : d'une part, donner son amitié est chose agréable, car il n'est personne qui aime le vin et ne trouve du plaisir à en boire ; d'autre part, être aimé est aussi chose agréable, car on a l'idée, dans ce cas, que l'on est un homme de bien, et c'est ce que désirent tous ceux qui se sentent aimés ; or, être aimé, c'est être recherché pour soi-même.

XVIII. Être admiré est aussi une chose agréable, à cause de l'honneur même attaché à cette admiration. La flatterie et le flatteur de même. Car le flatteur est, en apparence, un admirateur et un ami.

XIX. Faire souvent les mêmes choses est encore une chose agréable, car nous avons vu[6] que ce qui nous est habituel est agréable.

XX. Le changement est agréable aussi ; car le changement est inhérent à la nature, et ce qui est toujours la même chose donne à toute situation établie un caractère excessif. De là ce mot :

Le changement plaît en toute chose[7].

C'est pour cela aussi que ce qui a lieu par intervalles est agréable, qu'il s'agisse des hommes ou des choses. En effet, c'est un changement par rapport au moment actuel, et en même temps, une chose est rare lorsqu'elle a lieu par intervalles.

XXI. Apprendre, s'étonner[8], ce sont aussi, le plus souvent, des choses agréables ; car, dans le fait de s'étonner il y a le désir d'apprendre, de sorte que ce qui cause l'étonnement cause un désir, et, dans le

Poétique et Rhétorique

fait d'apprendre, il y a celui de nous constituer dans notre état naturel.

XXII. Procurer des avantages et en recevoir, ce sont encore des choses agréables ; en effet, recevoir des avantages c'est obtenir ce que l'on désire, et en procurer, c'est, tout ensemble, posséder, et posséder en surcroît deux choses que l'on recherche. Mais, par cela même qu'il est agréable de procurer des avantages, il l'est pareillement, pour l'homme, de corriger ses semblables et de compléter les travaux inachevés.

XXIII. Comme il est agréable d'apprendre et de s'étonner, ainsi que de faire d'autres choses analogues, il en résulte nécessairement que ce qui est imitation l'est aussi ; comme, par exemple, la peinture, la statuaire, la poétique et tout ce qui est une bonne imitation, lors même que ne serait pas agréable le sujet même de cette imitation ; car ce n'est pas ce sujet qui plaît, mais plutôt le raisonnement qui fait dire : « C'est bien cela, » et par suite duquel il arrive que l'on apprend quelque chose.

XXIV. On trouve aussi du charme dans les péripéties et dans le fait d'échapper tout juste à des dangers, car tout cela cause de l'étonnement.

XXV. Comme ce qui est conforme à la nature est agréable, et que les êtres qui ont une affinité naturelle le sont entre eux, tous ceux qui sont congénères et semblables se plaisent mutuellement, d'ordinaire ; comme, par exemple, l'homme à l'homme, le cheval au cheval, le jeune homme au jeune homme. De là ces proverbes : « On se plaît avec ceux de son âge[9] » ; et : « On recherche toujours son semblable[10] » ; et encore : « La bête connaît la bête » ; ou bien : « Toujours[11] le geai va auprès du geai, » et ainsi de tant d'autres analogues.

XXVI. Mais, comme les êtres congénères et semblables se plaisent entre eux et que chacun d'eux éprouve cette affection principalement vis-à-vis de soi-même, il s'ensuit nécessairement que tout le monde a plus ou moins l'amour de soi, car ces conditions (cette affinité et cette similitude) subsistent surtout par rapport à soi-même ; et, comme tout le monde a l'amour de soi, il s'ensuit nécessairement aussi que tout ce qui nous appartient en propre nous est toujours agréable, comme, par exemple, nos actes, nos paroles. C'est pourquoi nous aimons généralement nos flatteurs, nos favoris[12], les hommages qui nous sont rendus[13], nos enfants ; car nos enfants sont notre oeuvre. Il est encore agréable de compléter une opération inachevée, car cette opération, dès lors, devient nôtre.

XXVII. Comme le fait de commander est chose des plus agréables, il l'est aussi de paraître sensé, car le bon sens nous met en passe de commander, et la sagesse implique la connaissance de beaucoup de choses et de choses qui excitent l'admiration. De plus, comme on aime généralement les honneurs, il s'ensuit nécessairement aussi que l'on se plaît à reprendre ceux qui nous approchent et à leur commander.

Poétique et Rhétorique

XXVIII. Il est encore agréable de se livrer à des occupations où l'on croit se surpasser soi-même. De là ces vers du poète[14] :

Il donne toute son application,
il consacre la plus grande partie de
   chaque jour
à l'œuvre dans laquelle il se trouve être supérieur à lui-même.

XXIX. Semblablement, comme le jeu et toute espèce de relâchement comptent parmi les choses agréables, ainsi que le rire, par une conséquence nécessaire, tout ce qui est plaisant est agréable, qu'il s'agisse des hommes, des paroles ou des actions. Mais nous avons traité séparément la question des choses plaisantes dans la *Poétique*[15].

Voilà ce que nous avions à dire sur les choses agréables. Quant aux choses pénibles, elles sont, manifestement, prises dans les contraires.

---

1. Aristote, dans la *Métaphysique*, cite aussi le même vers en l'attribuant à Évenus. Cp. Théognis vers 472. Voir la note de L. Spengel, éd. de la *Rhétorique*, t. II, p. 159.
2. Euripide, fragment d'*Andromède*. Cp Virgile, *Énéide*, I, 203.
3. Hom., *Od.*, XV, 400. Voir, pour les variantes, l'édition Al. Pierron.
4. Hom., *Il.*, XVIII, 107. Cp. plus bas, l. II, chap. II.
5. Hom., *Il.*, XXIII, 108, et *Od.*, IV, 183. Cp. *Od.*, IV, 113.
6. Au paragraphe 3.
7. Euripide, *Oreste*, v. 234. Cp. *Morale à Nicomaque*, liv. VII, à la fin où cette citation est reproduite.
8. La plupart des traducteurs ont rendu θαυμάζειν par « admirer » ; mais ce mot est, ici, d'une application moins générale.

9. Ce proverbe est aussi dans le *Phèdre* de Platon, p. 240 c ; voir le vers entier, dans les scoliastes, sur ce passage du *Phèdre* (Platon, éd. Didot, t. III, p. 316 b).
10. Hom., *Od.*, XVIII, 218.
11. Cp. *Morale à Eudème*, VIII, 1. et Plutarque, *De placit. philos.*, IV, 19.
12. Le mot grec est plus énergique.
13. La suite du raisonnement demanderait φιλόφιλοι, à le place de φιλότιμοι, « nous aimons... nos amis. »
14. Leçon du plus ancien manuscrit connu (*Cod. paris.*, 1741). Les autres remplacent ὁ ποιητής par ὁ Εὐριπίδης. Ces vers sont, en effet, tirés de l'*Antiope* d'Euripide. Voir Spengel.
15. Le morceau de la *Poétique* visé ici est perdu.

XII. Quels sont les gens qui font du tort, quel genre de mal font-ils, et à qui ?

I. On a exposé les choses en vue desquelles on peut causer un préjudice[1]. Or nous allons parler maintenant de la disposition et de la condition des gens qui causent un préjudice. On agit ainsi lorsque l'on pense que l'action préméditée est possible en général et que l'on peut l'accomplir, soit qu'elle reste ignorée, soit, si elle ne reste pas ignorée, qu'on puisse l'accomplir sans en porter la peine, ou qu'on en porte la peine, mais que le châtiment soit moindre que le profit espéré pour nous-mêmes ou, pour ceux qui nous intéressent. Quant au caractère de possibilité et d'impossibilité, nous en parlerons dans la suite[2], car ces caractères sont communs à toutes les parties de la rhétorique[3].

II. Ceux-là sont dans la possibilité de nuire impunément qui ont la faculté d'élocution, la pratique des affaires et l'expérience de luttes nombreuses, quand ils possèdent beaucoup d'amis ou une grande fortune.

III. C'est principalement lorsqu'on est soi-même dans ces conditions que l'on croit avoir la puissance de nuire ; mais, si l'on n'y est pas, c'est lorsque l'on y voit ses amis, ou ses serviteurs, ou ses complices. En effet, grâce à cette ressource, on peut agir, éviter d'être découvert et se dérober au châtiment.

IV. C'est encore lorsqu'on est l'ami des personnes préjudiciées ou des juges. Les amis ne se tiennent pas en garde contre le préjudice et, d'ailleurs, tentent un arrangement avant d'attaquer en justice[4]. D'autre part, les juges favorisent ceux dont ils sont les amis et tantôt prononcent, pur et simple, le renvoi des fins de la plainte, tantôt infligent une peine légère.

V. On a chance de n'être pas découvert lorsque l'on est dans une condition qui écarte l'imputation, comme, par exemple, si des voies de fait sont imputées à un homme débile, ou le crime d'adultère à un homme pauvre ou à un homme laid ; ou encore lorsque les faits s'accomplissent en pleine évidence et aux yeux de tous, car on ne s'en garde pas, pensant que personne ne saurait en être l'auteur dans ces conditions.

VI. Il y a aussi les choses tellement graves et de telle nature que pas un seul ne s'en rendrait coupable, car on ne s'en garde pas non plus. Tout le monde se garde contre le préjudice ordinaire, comme on le fait contre les maladies ordinaires ; or, contre une maladie qui n'a jamais affecté personne, nul ne songe à se garantir.

VII. De même ceux qui n'ont pas un seul ennemi et ceux qui en ont un grand nombre. En effet, les premiers pensent qu'ils ne seront pas découverts parce qu'ils n'inspireront pas de défiance, et les seconds ne sont pas découverts parce qu'on ne peut supposer qu'ils auraient agi contre des gens prévenus et aussi parce qu'ils peuvent dire, pour leur défense, qu'ils n'auraient pas été faire du tort dans ces conditions.

VIII. De même ceux qui peuvent cacher un objet volé, le transformer, le déplacer et le vendre facilement ; ceux qui, n'ayant pu éviter d'être découverts, peuvent écarter une action judiciaire, obtenir un ajournement, corrompre les juges. Il y a encore ceux qui, si une peine leur a été infligée, peuvent en repousser l'exécution ou gagner du temps, ou qui, vu leur indigence, n'auront rien à perdre.

IX. De même ceux qui trouvent (dans le préjudice causé par eux) un profit manifeste ou d'une grande importance, ou très prochain, tandis que la peine portée contre eux est minime, ou non apparente, ou éloignée. De même celui qui n'encourt pas une punition en rapport avec l'utilité de l'action commise, ce qui paraît être le cas de la tyrannie.

X. De même ceux à qui le préjudice causé par eux procure quelque chose de positif, tandis que la peine infligée ne consiste qu'en affronts. et ceux qui trouvent, au contraire, dans le mal qu'ils ont fait, l'occasion de recevoir des louanges ; par exemple, s'il arrive que l'on venge tout ensemble et son père et sa mère, ce qui était le cas de Zénon[5], tandis que la peine est une amende, ou l'exil, ou quelque chose d'analogue. En effet, les uns et les autres causent un préjudice ; ils ont leurs situations respectives, seulement ils ne sont pas, les uns et les autres, dans le même cas, mais plutôt dans un cas opposé au point de vue de leur moralité.

XI. De même encore ceux qui ont agi souvent sans être découverts ou sans subir de peine ; ceux qui ont souvent échoué dans leurs tentatives. En effet, il arrive souvent, à certaines personnes qui seraient dans de telles conditions, ce qui arrive à celles qui prennent part à des opérations militaires, d'être disposées à revenir à la charge.

XII. De même ceux pour qui l'action immédiate est agréable, et fâcheux l'effet ultérieur ; ou encore ceux pour qui le profit est immédiat et la punition différée, car de tels gens sont intempérants : or l'intempérance porte sur tout ce que l'on désire passionnément.

XIII. De même ceux pour qui, au contraire, l'ennui ou la punition survient immédiatement, tandis que le plaisir ou le profit doivent leur venir plus tard et durer plus longtemps ; car ce sont les gens tempérés et de plus de sens qui poursuivent un tel but.

XIV. Ajoutons-y ceux auxquels il peut arriver de paraître agir comme par hasard ou par nécessité, ou par un mobile naturel, ou enfin par habitude, et, au résumé, commettre une erreur plutôt qu'une injustice ; et ceux qui ont lieu de rencontrer de l'indulgence.

XV. De même ceux auxquels il manque quelque chose ; or ils sont de deux sortes : il y a ceux à qui manque une chose nécessaire, comme les pauvres, et ceux à qui manque une chose superflue, comme les riches.

XVI. De même ceux qui jouissent d'une excellente réputation et ceux dont la réputation est détestable ; les uns, parce qu'ils ne seront pas crus coupables, les autres, parce qu'ils ne peuvent plus rien perdre, en fait d'estime.

Telles sont les catégories de personnes qui entreprennent de causer un préjudice.

XVII. Voici, maintenant, les catégories de personnes à qui l'on cause un préjudice, et en quoi consiste le préjudice causé : il y a d'abord les gens qui possèdent ce dont on manque soi-même, soit pour le nécessaire, soit pour le superflu, soit enfin pour la jouissance.

XVIII. Ceux qui sont loin de nous, et ceux qui sont tout proche : ceux-ci, parce que l'action coupable est promptement accomplie, ceux-là, parce que la vengeance sera tardive ; comme, par exemple, ceux qui dépouillent les Carthaginois.

XIX. Ceux qui ne se méfient pas et qui ne sont pas d'un caractère à se tenir en garde, mais plutôt à donner leur confiance ; car il n'en est que plus facile d'échapper à leur surveillance. Les personnes nonchalantes ; car il n'appartient qu'à l'homme vigilant d'attaquer celui qui lui fait tort. Les gens discrets ; car ils n'aiment pas à guerroyer pour une question d'intérêt.

XX. De même ceux qui ont supporté un préjudice de la part de plusieurs personnes sans les attaquer; en effet, ce sont eux qui sont, comme dit le proverbe : « la proie des Mysiens[6] ».

XXI. De même ceux à qui l'on n'a jamais fait tort, et ceux à qui l'on a fait tort fréquemment ; car les uns et les autres ne songent pas à se tenir en garde : les premiers, parce qu'ils n'ont jamais été victimes, les seconds, parce qu'ils croient ne plus pouvoir l'être.

XXII. Ceux qui ont été poursuivis par la médisance et ceux qui peuvent y être exposés. Car, lorsqu'on est dans ce cas, on ne tente pas de convaincre des juges que l'on redoute, et l'on ne peut songer à se justifier devant des gens qui vous haïssent, ou vous portent envie.

XXIII. De même ceux contre lesquels nous avons à prétexter que leurs ancêtres, ou eux-mêmes, ou leurs amis, ont fait du mal ou se disposent à en faire soit à nous-mêmes, soit à nos ancêtres, soit encore à ceux qui nous intéressent. En effet, comme dit le proverbe : « La méchanceté ne demande qu'un prétexte. »

XXIV. On cause un préjudice à ses ennemis et aussi à ses amis : à ceux-ci, parce que c'est chose facile ; à ceux-là, parce que c'est un plaisir. De même à ceux qui n'ont pas d'amis, à ceux qui manquent d'habileté pour parler ou pour agir ; car tantôt ils ne s'engagent pas dans une attaque en justice, tantôt ils acceptent une transaction, ou enfin ne vont pas jusqu'au bout dans leur attaque.

XXV. De même encore ceux qui ont plus à perdre qu'à gagner en consumant leur temps à attendre un jugement ou l'acquittement d'une indemnité, comme, par exemple, les étrangers, ou ceux qui travaillent de leurs mains ; car ils se désistent à bon compte et retirent volontiers leur plainte.

XXVI. De même ceux qui ont commis de nombreuses injustices, ou des injustices du genre de celles qui leur sont faites. En effet, c'est presque ne pas être injuste que de causer à quelqu'un le préjudice qu'il cause d'ordinaire à autrui. Je parle du cas où, par exemple, on outragerait un individu qui aurait l'habitude de dire des injures.

XXVIII. Ceux qui nous ont fait du mal, ou qui ont voulu, ou veulent nous en faire, ou enfin qui nous en feront. En effet, agir ainsi est agréable et beau, et même c'est presque ne pas faire acte d'injustice.

XXVIII. On fait du mal pour ceux à qui l'on veut plaire : pour des amis, pour des gens qu'on admire, pour un bien-aimé, pour nos maîtres, en un mot pour ceux à qui l'on consacre sa vie, et aussi pour ceux de qui l'on attend des égards.

XXIX. Les personnes à qui l'on cause un préjudice sont encore celles contre lesquelles on lance une accusation et avec qui l'on a rompu, préalablement ; et en effet, un tel procédé est bien près de ne pas être un acte d'injustice. C'est ainsi que Callippe agit envers Dion[7].

XXX. Les gens qui se disposent à nous faire du mal, si nous ne les prévenons nous-mêmes attendu que, dans ce cas, il n'est plus possible de délibérer. C'est ainsi que l'on dit qu'Énésidème envoya le prix du cottabe à Gélon, qui venait de soumettre une cité, parce qu'il l'avait devancé dans l'exécution de son propre projet[8].

XXXI. De même ceux que l'on aura préjudiciés pour pouvoir prendre à leur égard un grand nombre de mesures de justice, ce qui est un moyen commode de remédier au mal. C'est ainsi que Jason, le roi thessalien, dit qu'il faut commettre quelques actes injustes, afin de pouvoir accomplir un grand nombre d'actes de juste réparation[9].

XXXII. On fait aussi le mal que tout le monde ou le grand nombre fait habituellement ; car on croit en obtenir le pardon.

XXXIII. On prend les choses faciles à cacher et celles qui sont promptement consommées, comme les objets d'alimentation, ou celles dont on modifie aisément les formes, ou les couleurs, ou la composition.

XXXIV. De même les choses qu'il est facile de dissimuler en beaucoup de circonstances. Telles sont celles que l'on peut transporter sans difficulté et qui se dissimulent, tenant peu de place.

XXXV. De même celles qui ressemblent, sans distinction possible, à ce que l'auteur du préjudice possédait déjà en grande quantité ; celles au sujet desquelles l'on a honte de se dire préjudicié, comme, par exemple, les outrages subis par son épouse, ou par soi-même, ou par son fils ; celles qui donneraient au poursuivant l'apparence d'aimer les procès. Sont de cette sorte les griefs de peu d'importance, ou sur lesquels on passe condamnation.

Voilà, ou peu s'en faut, la disposition où se trouvent ceux qui causent un préjudice, la nature du préjudice lui-même, les personnes qu'il atteint et les motifs qui le déterminent.

---

1. C'est le premier des trois points que l'auteur a indiqués au début du chapitre X.
2. Livre II, chap. XIX.
3. C'est-à-dire aux trois genres : délibératif, judiciaire et démonstratif.
4. On voit que nous lisons προκαταλλάτονται, au lieu de προσκατ.
5. Allusion à un fait inconnu.
6. Les Mysiens avaient la réputation d'être faibles et méprisables. Nous disons de même : « Un enfant lui ferait peur. »
7. Voir Plutarque, *Dion*, 18 et suiv. Cornélius Népos donne à ce personnage le nom de Callistrate. Plutarque ne ménage pas le blâme à Callippe, chef du complot dans lequel périt Dion.
8. Pindare parle de cet Énésidème, tyran de Léontium (*Ol.* ii). Le scoliaste d'Aristote nomme la cité en question ; d'après lui, ce serait Géla.
9. Cp. Plutarque, *Reip. ger. praecepta*, § 24.

XIII. La loi naturelle et la loi écrite. — Des gens équitables.

I. Établissons, maintenant, des divisions parmi les actes injustes et les actes justes, en partant de ce point que la définition du juste et de l'injuste se rapporte à deux sortes de lois, et que leur application à ceux qu'elles concernent a lieu de deux manières.

II. Je veux parler de la loi particulière et de la loi commune. La loi particulière est celle que chaque collection d'hommes détermine par rapport à ses membres, et ces sortes de lois se divisent en loi non écrite et en loi écrite. La loi commune est celle qui existe conformément à la nature. En effet, il y a un juste et un injuste, communs de par la nature, que tout le monde reconnaît par une espèce de divination, lors même qu'il n'y a aucune communication, ni convention mutuelle. C'est ainsi que l'on voit l'Antigone de Sophocle déclarer qu'il est juste d'ensevelir Polynice, dont l'inhumation a été interdite, alléguant que cette inhumation est juste, comme étant conforme à la nature.

> Ce devoir ne date pas d'aujourd'hui ni d'hier, mais il est en vigueur de toute éternité, et personne ne sait d'où il vient[1].

Pareillement Empédocle, dans les vers suivants, s'explique sur ce point qu'il ne faut pas tuer l'être animé ; car ce meurtre n'est pas juste pour certains et injuste pour certains autres.

> Mais cette loi générale s'étend par tout le vaste éther et aussi par la terre immense.

De même Alcidamas, dans son discours *Messénien*[2].

III. Par rapport aux personnes, la détermination de la loi se fait de deux manières ; car c'est tantôt par rapport à la communauté, tantôt par rapport à un de ses membres que se produisent les choses qu'il faut faire ou ne pas faire. C'est pourquoi il y a deux manières de commettre des injustices et d'accomplir des actes de justice, soit par rapport à un certain individu, soit par rapport à la communauté. En effet, celui qui commet un adultère, et celui qui se livre à des voies de fait, cause un préjudice à certain individu, tandis que celui qui se soustrait au service militaire nuit à la communauté.

IV. Cette distinction établie entre tous les actes d'injustice, les uns visant la communauté, les autres tel ou tel individu, ou groupe d'individus, nous ajournerons l'explication de l'acte d'injustice et donnerons toutes les autres.

V. Le fait d'être préjudicié consiste à subir l'injustice de la part de gens qui la font éprouver de propos délibéré ; car on a établi, plus haut[3], que le fait injuste est un acte volontaire.

VI. Mais comme il arrive nécessairement, que celui qui est préjudicié subit un dommage et qu'il le subit involontairement, on voit clairement, d'après ce qui précède, en quoi consistent les dommages, car on a distingué précédemment les biens et les maux pris en eux-mêmes et montré, quant aux actes spontanés, que ce sont tous ceux que l'on accomplit en connaissance de cause.

VII. Il suit de là, nécessairement, que tous les faits imputés sont accomplis soit par rapport à la communauté, soit par rapport à l'individu, ou bien encore à l'insu de la personne accusée, ou malgré elle, ou avec son consentement et à sa connaissance, et, parmi ces faits imputés, les uns sont prémédités, et les autres inspirés par la passion.

VIII. On parlera du ressentiment (θυμός) dans le morceau relatif aux passions[4]. Quant à la nature des déterminations et à la disposition morale de ceux qui les prennent, on s'en est expliqué précédemment[5].

IX. Mais, comme il arrive souvent que, tout en reconnaissant que l'on est l'auteur du fait incriminé, on n'admet pas la qualification dont il est l'objet, ni l'application de cette qualification au cas présent (par exemple, on conviendra d'avoir pris, mais non d'avoir volé ; d'avoir été le premier à frapper, mais non à outrager ; d'avoir des relations intimes, mais non de commettre l'adultère ; ou encore d'avoir volé, mais non commis un sacrilège, l'objet dérobé n'appartenant pas à un dieu ; d'avoir travaillé un champ, mais non un champ public ; d'avoir conversé avec les ennemis, mais non d'avoir trahi), par ces motifs, il faudrait aussi, à ce sujet, donner la définition du vol, de l'outrage, de l'adultère, afin que, si nous voulons montrer, suivant le cas, ou que le fait existe, ou qu'il n'existe pas, nous puissions en dégager clairement le caractère de justice.

X. Toutes ces questions reviennent à celle de savoir s'il a été accompli un acte injuste et mauvais, ou un acte non injuste. C'est là-dessus que porte le débat, car c'est dans la préméditation que réside le caractère malfaisant et injuste de l'acte ; or l'idée de préméditation est accessoirement contenue dans les dénominations telles que celles d'outrage et de vol. En effet, il n'est pas dit du tout, parce que l'on a donné des coups, que l'on a voulu outrager ; mais ce sera seulement si on les a donnés avec une intention : par exemple, celle de déshonorer la personne, ou de se procurer une satisfaction à soi-même. Il n'est pas dit du tout, parce que l'on a pris quelque chose, qu'il y a eu vol ; mais il y aura eu vol seulement au cas où l'on aura pris afin de faire tort et de s'approprier personnellement ce qu'on a pris. Il en est des autres cas de même que de ceux qu'on vient de voir.

XI. Mais comme les choses justes, ainsi que les choses injustes, sont, on l'a vu[6], de deux espèces, c'est-à-dire ce qui est écrit et ce qui ne s'écrit pas, quant aux affaires au sujet desquelles les lois statuent, nous nous en sommes expliqués. Pour les choses non écrites, elles sont de deux espèces.

XII. Les unes sont celles qui se produisent par excès de vertu ou de vice et qui provoquent les invectives et les éloges, les honneurs et les affronts, puis enfin, les présents ; comme, par exemple, d'avoir de la reconnaissance pour celui qui nous a fait du bien et de répondre par une obligeance à celle que l'on a eue ; d'être secourable à ses amis et toutes les choses analogues. Les autres choses non écrites correspondent à ce qui manque dans la loi particulière et dans la loi écrite ; car ce qui est équitable semble être juste.

XIII. L'équitable, c'est le juste, pris indépendamment de la loi écrite. Or ce caractère se manifeste tantôt avec, tantôt sans le consentement des législateurs : sans leur consentement, lorsque le cas leur a échappé ; avec, lorsqu'ils ne peuvent déterminer l'espèce, étant forcés de généraliser ou ; du moins, de beaucoup étendre les applications possibles ; ou encore quand il s'agit de choses que, faute de précédents, il est difficile de déterminer avec précision, comme, par exemple, étant donné le cas de blessures faites avec un instrument en fer, de déterminer les dimensions et la nature de cet instrument ; car la vie ne suffirait pas à cette énumération.

XIV. Si donc le cas est resté indéterminé et qu'il soit nécessaire d'établir une loi, il faut s'exprimer en termes généraux. Ainsi, qu'il s'agisse d'un individu qui, portant un anneau, lève la main sur quelqu'un ou se met à le frapper ; cet individu est justiciable de la loi écrite et commet une injustice, et pourtant, en réalité, il n'en commet pas, et cet acte est conforme à l'équité.

XV. Or, si l'équité est ce que nous avons dit, on voit de quelle nature seront les choses équitables et celles qui ne le sont pas, et quel sera le caractère de l'homme non équitable. En effet seront équitables les actes qui portent en eux-mêmes leur excuse.

XVI. Il ne faut pas juger avec la même sévérité une faute et une injustice, non plus qu'une faute et un accident. Or les accidents sont les actes que l'on accomplit sans réflexion et sans intention mauvaise ; la faute, c'est tout ce qui, sans être un acte irréfléchi, n'est pas, non plus, le résultat d'une méchanceté ; l'injustice, c'est ce qui, tout ensemble, n'est pas irréfléchi et part d'une pensée méchante. En effet, les injustices inspirées par un désir passionné ont pour origine une mauvaise intention.

XVII. Une chose équitable, c'est encore d'excuser les actions humaines ; c'est de considérer non pas la loi, mais le législateur ; non pas la lettre de cette loi, mais la pensée du législateur ; non pas l'action, mais l'intention.

XVIII. C'est de ne pas s'arrêter au cas particulier, mais à l'application générale ; de ne pas envisager le caractère de la personne jugée au moment présent, mais ce qu'elle a été toujours, ou le plus souvent. C'est de se rappeler le bien, plutôt que le mal qui aura été fait, et le bien qui nous a été fait, plutôt que celui dont nous sommes les auteurs. C'est de savoir supporter une injustice ; de préférer le règlement d'une affaire par des explications, plutôt que par des voies de fait.

XIX. C'est de vouloir aller en arbitrage plutôt qu'en justice, car l'arbitre considère le côté équitable des choses, tandis que le juge ne considère que la loi, et l'arbitre a été institué précisément dans le but de faire valoir le point de vue de l'équité.

Voilà de quelle manière devront être déterminés les points relatifs à la question des choses équitables.

---

1. Soph., *Antig.*, v. 450., plus loin, chap. XV, § 6.
2. La phrase d'Alcidamas, que nous a conservée le scoliaste mérite d'être rapportée ici : Ἐλευθέρους ἀφῆκε πάντας ὁ Θεός. δοῦλον δ' οὐδένα ἡ φύσις πεποίηκε. La Divinité a laissé libres tous les hommes, et la nature n'a rendu personne esclave. Voir, sur ce fragment, Vahlen *Der Rhetor Alkidamas*, dans les *Sitzungsberichte der K. Akademie der Wissenschafte*, t. XLIII, Wien, 1863, p. 504.
3. Chap. X, § 3.
4. Livre II, chap. II.
5. Chap. X, § 12.
6. § 2.

XIV. Sur les causes d'un préjudice plus grave et moins grave.

I. L'acte injuste est d'autant plus grave qu'il a pour cause une plus grande injustice. C'est pourquoi même le plus insignifiant peut être très grave, comme, par exemple, ce que Callistrate impute à Mélanopus[1] d'avoir fait tort de trois demi-oboles sacrées aux ouvriers constructeurs des temples. Dans le sens de la justice, c'est l'inverse[2]. Or ces actes injustes résultent du tort considéré en puissance[3]. Ainsi celui qui a dérobé trois demi-oboles sera capable de commettre une injustice quelconque. Tantôt l'acte injuste est estimé plus grave à ce point de vue[4], tantôt en raison du dommage qui en est la conséquence.

II. L'acte injuste est aussi d'autant plus grave qu'il n'entraîne pas une punition d'égale importance, mais que la réparation en sera toujours, quelle qu'elle soit, d'un degré inférieur, ou qu'il ne pourra donner lieu à aucune réparation, car, dans ce cas, il est difficile, et même impossible, de punir le coupable comme il le mérite ; de même encore lorsque la personne préjudiciée ne peut obtenir justice, car la chose, alors, est irrémédiable ; or le jugement et la peine infligée sont comme des remèdes.

III. De même si la personne qui a subi un dommage ou une injustice s'est fait à elle-même un mal grave, l'auteur mérite alors un châtiment plus grave encore. Par exemple, Sophocle[5], plaidant pour Euctémon qui, à la suite d'un outrage reçu, s'était poignardé, prétendit que l'auteur de l'outrage ne méritait pas une peine inférieure au supplice que l'outragé s'était infligé à lui-même.

IV. De même, si l'on a commis l'injustice seul, ou le premier, ou avec un petit nombre de complices. C'est encore une chose grave que de tomber souvent dans la même faute ; de commettre une action telle, que l'on ait à chercher et à trouver contre son auteur de nouvelles mesures préventives et répressives. Ainsi, par exemple, dans Argos, on inflige une peine particulière à celui qui a occasionné l'institution d'une nouvelle loi ou à ceux qui ont donné lieu à la construction d'une prison.

V. L'acte injuste est d'autant plus grave qu'il se produit d'une façon plus brutale, ou avec plus de préméditation ; de même celui dont le récit inspire plus de terreur que de pitié. Il y a des moyens oratoires dans ces affirmations que l'accusé a enfreint ou transgressé presque toutes les règles de la justice, telles que serments, démonstrations d'amitié[6], foi jurée, lois de mariage, car c'est là une accumulation d'actions injustes.

VI. L'injustice est plus grave, commise dans le lieu même où les auteurs d'actions injustes sont punis. C'est celle que commettent les faux témoins. Car en quel lieu n'en commettraient-ils point s'ils s'en rendent coupables jusque dans l'enceinte du tribunal ? De même lorsqu'il y a surtout déshonneur à la commettre ; et encore si l'on fait tort à celui de qui l'on a reçu un avantage. Car, dans ce cas, on est injuste à plusieurs titres ; d'abord en faisant du mal, puis en ne rendant pas le bien pour le bien.

VII. De même lorsqu'on agit contrairement à des règles de justice, non inscrites dans la loi. Car on est d'autant plus honnête que l'on pratique la justice sans obéir à une nécessité ; or les obligations écrites supposent une nécessité, mais celles qui ne sont pas écrites, non. A un autre point de vue, il y a injustice grave si l'on agit contrairement à des obligations écrites. En effet, celui qui commet des injustices dont les conséquences sont redoutables, et dont il est justiciable, serait capable d'en commettre dans des circonstances où manque la sanction pénale. Voilà ce qu'il y avait à dire sur ce qui rend l'acte injuste plus ou moins grave.

---

1. Sur l'antagonisme politique de Callistrate et de Mélanopus, voir Plutarque, *Démosthène*, p. 851 F, qui parle aussi (un peu plus haut) de la renommée oratoire de Callistrate.
2. Un acte important où la justice n'est pas en cause perdra, par suite, beaucoup de sa gravité, au point de vue délictueux.

ARISTOTE

3. Dans sa portée.
4. Eu égard à la portée de cet acte.
5. Orateur athénien, un des dix magistrats élus avant les Quatre Cents, puis un des Trente. Cp., plus loin, III, 18, 6.
6. Données en touchant la main.

XV. Des preuves indépendantes de l'art.

I. Après ce qui vient d'être dit, il nous reste à parler de ce que nous appelons les preuves indépendantes de l'art[1]. Elles conviennent proprement aux affaires judiciaires.

II. Elles sont de cinq espèces : les lois, les témoins, les conventions, la torture, le serment.

III. Parlons d'abord des lois, de l'usage qu'il faut en faire dans le cas de l'exhortation, de la dissuasion, de l'accusation et de la défense.

IV. Il est évident que, si la loi écrite est contraire à notre cause, il faut invoquer la loi commune et les considérations d'équité comme étant plus justes.

V. (Il faut alléguer) que la formule γνώμῃ τῇ ἀρίστῃ *(juger) selon la conscience*[2] implique qu'il ne faut pas invoquer en toute occasion les lois écrites.

VI. Que l'équité est éternelle, qu'elle n'est pas sujette au changement, et la loi commune non plus ; car elle est conforme à la nature ; les lois écrites, au contraire, changent souvent. De là ces paroles dans l'*Antigone* de Sophocle[3], lorsque celle-ci déclare, pour sa défense, que son action, si elle est contraire à l'édit de Créon, du moins n'est pas contraire à la loi non écrite :

> En effet, cette loi n'est pas d'aujourd'hui, ni d'hier, mais de toute éternité...
> Je ne voulais pas[4], par crainte de qui que ce soit, la violer devant les dieux.

VII. On alléguera encore que la justice est chose réelle et réellement utile, et non pas une simple apparence. Ainsi, telle loi écrite n'est pas une loi, car elle ne remplit pas la fonction de la loi ; le juge est comme le vérificateur des monnaies, et a pour mission de discerner le faux droit du vrai.

VIII. Enfin, qu'il est plus honnête d'invoquer et d'exécuter les lois non écrites que les lois écrites.

IX. Il faut voir si la loi n'est pas en contradiction avec telle autre loi généralement approuvée, ou encore avec elle-même ; ainsi, une loi porte que les conventions tiennent lieu de loi à ceux qui les ont faites, et une autre interdit ses conventions contraires à la loi.

X. De même, si la loi est équivoque, il faut la retourner et voir dans quel sens on dirigera l'action, et auquel des deux sens on pliera son droit ou son intérêt ; puis, cela posé, s'en faire l'application.

XI. Il faut encore voir si les circonstances pour lesquelles la loi a été faite ne subsistent plus, tandis que la loi subsiste. On doit faire ressortir cette situation, et c'est par là qu'il faut combattre l'application de la loi.

XII. Mais, si la loi écrite est dans le sens de l'affaire en cause, il faut dire que la formule « juger selon la conscience[5] » n'est pas employée en vue d'un jugement contraire à la loi, mais afin que, si l'on ignore le texte de la loi, il n'y ait pas violation du serment prêté ; que l'on ne recherche pas le bien, pris absolument, mais ce qui est un bien pour soi-même ; qu'il n'y a pas de différence entre la non-existence d'une loi et sa non-application ; que, dans les autres arts, il n'est pas profitable de faire l'habile en dépit de leurs règles, comme, par exemple, si l'on est médecin ; car l'erreur du médecin ne fait pas autant de mal qu'une désobéissance habituelle aux ordres de celui qui a l'autorité ; que prétendre être plus sage que les lois est précisément ce qui est défendu dans une législation recommandable.

Voilà ce qu'il y avait à déterminer, en ce qui concerne les lois.

XIII. Passons aux témoins[6]. Ils sont de deux sortes : les anciens et les actuels. Parmi ces derniers, les uns sont impliqués dans le péril du prévenu, les autres sont hors de cause. J'appelle « témoins anciens » les poètes et les autres personnages connus de toutes sortes dont les opinions sont d'une application manifeste. C'est ainsi que les Athéniens, revendiquant Salamine[7], invoquaient le témoignage d'Homère[8] ; et naguère les Ténédiens, celui de Périandre, le Corinthien[9], contre les habitants de Sigée. Cléophon se servit contre Critias des vers élégiaques de Solon, lorsqu'il déclara que sa maison était impure, car, autrement, Solon n'eut jamais écrit ce vers :

> Va dire, de ma part, au blond Critias d'obéir à son père[10].

C'est pour les faits accomplis antérieurement que l'on invoque des témoins de cette sorte.

XIV. Pour les faits à venir, ce sont aussi les auteurs d'oracles. Ainsi Thémistocle dit que les murailles de bois signifient qu'il faut combattre sur mer[11]. Les proverbes sont encore comme une espèce de témoignage[12]. Par exemple, si l'on veut conseiller de ne pas se faire un ami de tel vieillard, on prend à témoin le proverbe : « Ne fais pas de bien à un vieillard. » Pour conseiller de supprimer les fils, après avoir supprimé les pères, ou citera cette autre maxime :

> Insensé celui qui, meurtrier du père, laissera vivre les enfants[13].

XV. Les témoins actuels, ce sont tous les personnages connus qui ont prononcé une sentence, car leurs jugements sont utiles à ceux qui discutent sur un point analogue. C'est ainsi qu'Eubule[14], au tribunal, invoqua, contre Charès, le mot de Platon[15] à Archibios, savoir : qu'il avait introduit dans la cité l'habitude de se poser en homme pervers. Ce sont encore ceux qui partagent le péril du prévenu, s'ils viennent à être convaincus de faux témoignage.

XVI. Ces sortes de témoins attestent seulement les points qui suivent : le fait a eu, ou n'a pas eu lieu ; il existe, ou n'existe pas. Quant à la qualification du fait, ce n'est pas l'affaire des témoins ; comme, par exemple, pour savoir si le fait est juste ou injuste, utile ou nuisible.

XVII. Mais les témoins hors de cause (οἱ ἄπωθεν, éloignés) sont les plus accrédités en ces questions. Du reste, les plus accrédités sont les témoins anciens, car ils sont incorruptibles. Voici, maintenant, les moyens de conviction tirés des témoignages. A celui qui n'a pas de témoin il appartient d'alléguer qu'il faut juger d'après les vraisemblances, et c'est le cas d'appliquer la formule « juger selon la conscience »[16] ; — qu'il n'est pas possible de fausser les vraisemblances à prix d'argent ; que les vraisemblances ne peuvent être surprises dans le cas de faux témoignage. Lorsqu'on a (des témoins) contre un adversaire qui n'en a pas, alléguer que les vraisemblances ne sont pas admissibles en justice, et qu'il n'y aurait plus besoin de témoins s'il suffisait d'asseoir son appréciation sur de simples arguments.

XVIII. On distingue, parmi les témoignages, ceux qui concernent la personne même du plaideur, ou celle de son contradicteur, ou l'affaire en question, ou le caractère moral des intéressés. Aussi comprend-on, de reste, qu'il ne faut pas manquer de s'assurer tout témoignage utile ; car, si ce n'est pas au point de vue du fait en litige qu'il nous est favorable à nous et contraire à la partie adverse, il peut, du moins, au point de vue moral, mettre en relief l'équité de notre cause, ou la faiblesse de celle du contradicteur.

XIX. Les autres arguments qui reposent sur le témoignage d'un ami, d'un ennemi, d'une personne qui serait entre les deux, ou qui jouirait soit d'une bonne, ou d'une mauvaise réputation, ou d'une réputation ni bonne ni mauvaise, enfin toutes les autres variétés d'arguments de cet ordre, on les tirera des mêmes lieux qui nous fournissent les enthymèmes[17].

XX. En ce qui touche les conventions, la puissance de la parole est telle, qu'elle peut à son gré en accroître, ou bien en détruire la valeur ; y faire ajouter foi, comme leur ôter toute créance. Tournent-elles à notre avantage, on démontre qu'elles sont sûres et valables ; à l'avantage du contradicteur, on montre le contraire.

XXI. Pour en établir la créance on la non-créance, on ne les traite pas autrement que les témoignages. En effet, quels que soient les gens qui signent une convention ou qui veillent à son maintien, du moment qu'elle est consentis, si elle est pour nous, elle doit être fortifiée ; car toute convention est une loi individuelle et spéciale. Les conventions ne donnent pas de l'autorité à la loi, mais les lois en donnent à une convention légale, et, en général, la loi elle-même est une convention ; si bien que celui qui désavouerait, ou annulerait une convention, annulerait les lois.

XXII. De plus, il y a beaucoup d'arrangements et d'obligations, consentis volontairement, qui reposent sur des conventions ; de sorte que, si on leur fait perdre leur force, du même coup on rend impossible la pratique des affaires humaines ; et il sera facile de voir, en général, les autres points qui sont en accord avec la cause que l'on soutient.

XXIII. Si les contrats consentis tournent contre nous et à l'avantage du contradicteur, d'abord, tout ce qui pourra être allégué au nom d'une loi opposée sera de mise. En effet, il serait absurde, supposé que nous ne jugions pas obligatoire l'obéissance à des lois mal faites et dénotant l'erreur du législateur, de juger nécessaire le respect d'une convention (reposant sur ces lois).

XXIV. Nous dirons aussi que le juge est comme le dispensateur du juste ; et que, par conséquent, il ne doit pas considérer le fait même de la convention, mais ce qui est le plus juste ; — que le juste ne peut être perverti ni par la fraude, ni par la contrainte, car il est fondé sur la nature.

XXV. Or certaines conventions supposent une fraude, ou une contrainte. En outre, il faut considérer si elles sont contraires soit à une loi écrite, soit à une loi commune, soit à ce qui est juste, soit à ce qui est honnête, soit encore à d'autres conventions antérieures, ou survenues ultérieurement. Et en effet, ou bien les conventions ultérieures sont valables et, alors, celles qui les précèdent ne le sont pas, ou les antérieures sont régulières et, alors, les ultérieures sont entachées de fraude, ce dont on jugera conformément à l'intérêt de la cause. Il faudra encore avoir égard à l'utilité du contrat, voir s'il peut en quelque façon être contraire à la pensée des juges, et peser toutes les autres circonstances de cette sorte ; car tous ces points de vue sont également à considérer.

XXVI. La torture est une espèce de témoignage. Elle semble porter en elle la conviction, attendu qu'il s'y ajoute une contrainte. Il n'est donc pas difficile de comprendre ce qui s'y rapporte et ce qu'il convient d'en dire. Lorsque les tortures nous sont favorables, il y a lieu d'insister sur ce point que ce sont les seuls témoignages véritables. Si elles sont contre nous, ou en faveur de l'adversaire, on en pourra détruire le caractère véridique en plaidant contre le principe même de la torture. Les gens contraints par la torture, dira-t-on, ne disent pas moins des mensonges que des choses vraies, les uns persistant à ne pas dire toute la vérité, les autres mentant sans difficulté pour abréger leurs souffrances. Il faut, à l'appui de ces arguments, être en état de citer des exemples positifs, bien connus des juges[18].

XXVII. En ce qui concerne les serments, il faut distinguer quatre cas. On le défère et on l'accepte ; on ne fait ni l'un ni l'autre ; on fait l'un et non pas l'autre ; autrement dit, on le défère sans l'accepter, ou bien on l'accepte sans le déférer. Il y a, en outre, le cas où le serment a été prêté par telle des deux parties ou par l'autre.

XXVIII. Pour ne pas le déférer (on allègue) que les hommes se parjurent facilement, et cette autre raison que celui qui a prêté serment n'a pas à s'acquitter, au lieu que ceux qui n'ont pas juré, on pense les faire condamner, et que préférable est ce risque, qui dépend des juges, car l'on a confiance en eux, mais non pas dans l'adversaire.

XXIX. Pour ne pas accepter le serment, on allègue que ce serait un serment prêté dans un intérêt pécuniaire et que, si l'on était improbe, on pourrait combattre l'adversaire par un serment ; que, en effet, il vaut mieux être improbe en vue d'un profit que pour rien ; que, par le serment prêté, nous aurons (gain de cause) et qu'en ne jurant pas ce serait le contraire ; et qu'ainsi le refus de recourir au serment pourrait s'expliquer par un motif honnête, mais non pas par la possibilité d'un parjure. Et ici se place à propos cette parole de Xénophane, que la provocation d'un impie, adressée à un homme pieux, rend la partie inégale, mais que c'est un cas semblable à celui où un homme robuste provoquerait un homme faible à une lutte entraînant des coups et des blessures.

XXX. Si l'on accepte le serment, on allègue que l'on croit à sa propre bonne foi, mais non à celle de l'adversaire ; et, retournant le mot de Xénophane, c'est le cas de dire que la partie est égale, si l'impie défère le serment et que l'homme pieux le prête ; qu'il serait inouï que soi-même on ne voulût pas jurer dans une affaire pour laquelle on prétend qu'il soit prêté serment par ceux qui sont appelés à la juger.

XXXI. Si on défère le serment, c'est faire acte de piété. dira-t-on, que de se commettre aux dieux ; l'adversaire ne doit pas demander d'autres juges, puisque c'est à lui-même que l'on défère le jugement ; il serait absurde qu'il ne voulût pas jurer au sujet d'une affaire pour laquelle il prétend que d'autres doivent jurer.

XXXII. Comme on voit clairement de quelle façon il faut présenter les arguments dans chaque question de serment prise isolément, on voit aussi comment il faut les présenter lorsque deux questions sont accouplées ; par exemple, si l'on veut bien accepter le serment et que l'on refuse de le déférer ; si on le défère, mais qu'on ne veuille pas l'accepter ; si l'on veut bien et l'accepter et le déférer, et si l'on refuse l'un et l'autre. En effet, les deux questions, ainsi réunies, se composent nécessairement des parties expliquées plus haut, de sorte que les raisons alléguées se composeront, nécessairement aussi, des mêmes arguments.

Si nous avons déjà prêté un serment en contradiction avec le serment actuel, nous alléguerons qu'il n'y a point parjure pour cela ; que, en effet, commettre une injustice est un acte volontaire et que se parjurer c'est commettre une injustice, mais que des actes résultant d'une tromperie ou d'une violence sont indépendants de la volonté.

XXXIII. Il faut donc dire comme conclusion[19], dans cette circonstance, que le parjure réside dans la pensée, mais non sur les lèvres. Si, au contraire, le serment antérieur a été prêté par l'adversaire, on al-

Poétique et Rhétorique

léguera que celui-là détruit tout ce qui ne s'en tient pas à ce qu'il a juré ; qu'en effet, c'est pour cette raison que l'on n'est chargé d'exécuter les lois qu'après avoir juré de le faire : « Nous prétendons que vous gardiez le serment que vous avez prêté pour juger, et nous, nous ne garderions pas le nôtre ! » On aura recours à cet argument et à toutes sortes d'autres amplifications du même genre.

Voilà tout ce que nous avions à dire sur les preuves indépendantes de l'art.

---

1. Cp., ci-dessus, I, 2, 2.
2. Cp. *Pollux*, VIII, 10. Les juges prêtaient le serment de voter conformément aux lois quand il y avait loi, et, dans le cas contraire, conformément à l'opinion la plus juste. Voir les notes de Spengel. Cp, aussi, dans Sallengre (*Novus Thesaurus antiq. rom.*, t, III, p. 1103), la diss. de P. Faber, *De magistrat. rom.* Voir aussi, plus loin, II, 25, 10, et l'édition déjà citée de Meredith Cope.
3. Soph., *Antig.*, vers 454. Cp., ci-dessus,
4. Μέλλειν marque souvent l'intention, la disposition où l'on est de faire une chose.
5. Cp. § 5.
6. Cp. § 1.
7. Contre les Mégariens.
8. Hom., *Il.*, II, 557. Diogène Laërce (I, 48) et Plutarque (Solon p. 83) disent que ce vers d'Homère fut ajouté par Solon. Quintilien (*Inst. orat.*, V, 11, 40), en le rappelant, ajoute qu'il ne se rencontrait pas dans toutes les éditions de l'*Iliade*.
9. Un des sept sages auteur d'un poème intitulé : Ὑποθῆκαι (préceptes). On ne connaît pas le passage auquel Aristote fait allusion.
10. Critias, un des trente tyrans, fils de Dropidas, frère de Solon. Proclus (*in Timæum*, l. I, p. 25) rapporte le distique entier avec une variante préférable au texte d Aristote (Lallier, *Revue historique*, sept.-oct. 1877).
11. Cp. Hérodote, VII, 141.
12. Nous supprimons εἴρηται, qui ne fait pas de sens. Cp. Spengel, *Notes*.

ARISTOTE

13. Vers de Stasinus. Cp. Clem. Alex., *Strom.*, vi, p. 451, Sylb. Eurip. *Androm.*, v. 518. Cette citation reparaît, l. II, chap. XXI, § 11.
14. Orateur qui plaida souvent contre Démosthène (Bonafous).
15. Probablement, Platon le comique.
16. Voir plus haut, § 5.
17. Voir le chapitre II.
18. Voir, sur ce passage, une observation de M. E. Havet (*Et. sur la rhétor. d'Arist.*, p. 71) et la rectification de M. N. Bonafous (*Rhétor. d'Arist.*, p. 415).
19. Nous avons déjà vu, l. I, chap. XI, cet emploi du mot συνάγειν avec ὅτι, qui n'est pas indiqué dans les lexiques.

LIVRE II

I. Comment on agit sur l'esprit des juges.

I. Tels sont les arguments au moyen desquels on doit exhorter et dissuader, blâmer et louer, accuser et défendre ; telles les opinions et les propositions efficaces pour les appuyer de preuves ; car c'est sur ces arguments que portent les enthymèmes et de là qu'ils sont tirés, pour parler, en particulier, de ce qui concerne chaque genre oratoire.

II. Mais, comme la rhétorique a pour objet un jugement (et en effet on prononce sur des délibérations et toute affaire est un jugement), il est nécessaire non seulement d'avoir égard au discours et de voir comment il sera démonstratif et fera la conviction, mais encore de mettre le juge lui-même dans une certaine disposition.

III. En effet, il importe beaucoup, pour amener la conviction, principalement dans le genre délibératif, mais aussi dans le genre judiciaire, de savoir sous quel jour apparaît l'orateur et dans quelles dispositions les auditeurs supposent qu'il est à leur égard, et, en outre, dans quelles dispositions ils sont eux-mêmes.

IV. L'idée que l'on se fait de l'orateur est surtout utile dans les délibérations, et la disposition de l'auditoire dans les affaires judiciaires. En effet, on ne voit pas les choses du même œil quand on aime et quand on est animé de haine, ni quand on est en colère et quand on est calme ; mais elles sont ou tout autres, ou d'une importance très différente. Pour celui qui aime, la personne en cause semble n'avoir pas commis une injustice, ou n'en avoir commis qu'une légère. Pour celui qui hait, c'est le contraire. Pour celui qui conçoit un désir ou une espérance, si la chose à venir doit être agréable, elle lui paraît devoir s'accomplir, et dans de bonnes conditions. Pour celui qui n'a pas de passion et dont l'esprit est chagrin, c'est le contraire.

V. Il y a trois choses qui donnent de la confiance dans l'orateur ; car il y en a trois qui nous en inspirent, indépendamment des démonstrations produites. Ce sont le bon sens, la vertu et la bienveillance ; car on peut s'écarter de la vérité dans le sujet que l'on traite, ou par ces trois points, ou par quelqu'un d'entre eux.

VI. Par suite du manque de bon sens, on n'exprime pas une opinion saine ; et, si l'on exprime une opinion saine, par suite de la perversité, on ne dit pas ce qui semble vrai à l'auditeur ; ou bien encore l'orateur peut avoir du bon sens et de l'équité, mais pécher par le défaut de bienveillance. C'est pourquoi il peut arriver qu'il ne donne pas les meilleurs conseils, tout en connaissant la question. Au delà de ces divisions, il n'y a plus rien. Donc, nécessairement, celui qui semble réunir toutes ces conditions aura la confiance de ses auditeurs.

VII. En conséquence, ce qui mettra en relief le bon sens et la vertu d'un orateur, on devra le chercher dans les distinctions que nous avons établies parmi les vertus ; car les mêmes arguments qui permettront de donner telle disposition à soi-même serviront à un autre[1].

VIII. Il faut maintenant parler de la bienveillance et de l'amitié dans leurs rapports avec les passions. Or la passion, c'est ce qui, en nous modifiant, produit des différences dans nos jugements et qui est suivi de peine et de plaisir. Telles sont, par exemple, la colère, la pitié, la crainte et toutes les autres impressions analogues, ainsi que leurs contraires[2].

IX. On doit, dans ce qui concerne chaque passion, distinguer trois points de vue. Ainsi, par exemple, au sujet de la colère, voir dans quel état d'esprit sont les gens en colère, contre quelles personnes ils le sont d'habitude, et pour quel motif. Car, si l'un de ces trois points de vue était négligé, il serait impossible d'employer la colère (comme moyen oratoire). Il en est de même des autres passions. Donc, de la même façon que nous avons décrit en détail les propositions relatives aux matières traitées précédemment, nous allons en faire autant pour celles-ci et faire des distinctions aux divers points de vue que nous venons de dire.

ARISTOTE

1. Ce qu'on a dit pour que l'homme devienne vertueux s'applique aussi bien au fait de rendre vertueux l'auditoire. Cp. liv. I, chap. IX, § 1.
2. Cp. *Morale à Nicomaque*, II, 5 (énumération des passions) : « Le désir, la colère, la crainte, l'audace, la jalousie, la faveur, l'amitié, la haine, l'envie, l'émulation, la pitié, en un mot tout ce qui est accompagné d'une peine ou d'un plaisir. »

II. De ceux qui excitent la colère ; des gens en colère ; des motifs de colère.

I. La colère sera un désir, accompagné de peine, de se venger ostensiblement d'une marque de mépris manifesté à notre égard, ou à l'égard de ce qui dépend de nous, contrairement à la convenance.

II. Si la colère est bien ce que nous disons, il s'ensuit, nécessairement, que la personne en colère le sera toujours contre quelqu'un en particulier, par exemple, contre Cléon, et non contre un homme quelconque, et parce qu'on lui aura fait quelque chose à elle-même, ou à l'un de ceux qui dépendent d'elle, ou qu'on aura été sur le point d'agir ainsi. Nécessairement aussi, toute colère est accompagnée d'un certain plaisir, celui que donne l'espoir de la vengeance. En effet, on se plaît à la pensée d'obtenir ce qu'on désire ; or personne ne désire les choses dont l'obtention lui apparaît comme impossible ; mais la personne en colère désire des choses qu'elle croit possibles. Aussi rien de plus juste que ces vers sur la colère :

> Qui, plus douce encore que le miel, qui coule avec limpidité, se gonfle dans la poitrine des hommes[1].

Elle est accompagnée de plaisir, et, pour cette raison, et encore parce que l'on vit dans la vengeance par la pensée, il en résulte que l'idée qui nous remplit l'esprit, nous procure une sorte de plaisir analogue à celui qui nous vient des songes.

III. Comme le mépris est l'effet d'une opinion tendant à faire juger sans aucune valeur ce qui en est l'objet (car les choses mauvaises, les choses bonnes, nous leur accordons une certaine importance, ainsi qu'à celles qui s'y rattachent ; mais celles qui ne sont rien, ou sont tout à fait insignifiantes, nous ne leur supposons aucune valeur), il y a trois espèces de mépris : le dédain, la vexation et l'outrage.

IV. En effet, celui qui dédaigne méprise, car, ce que l'on juge être sans aucune valeur, on le dédaigne ; or on méprise ce qui est sans aucune valeur. Celui qui vexe fait voir qu'il dédaigne, car la vexation est un empêchement que l'on apporte à l'accomplissement des volontés d'autrui, non pas afin qu'une chose profite à soi-même, mais afin qu'elle ne profite pas à un autre. Ainsi donc, comme on n'agit pas pour que la chose profite à soi-même, on marque du mépris ; car, évidemment, on ne pense ni que la personne vous fera du mal (dans ce dernier cas, on aurait peur et l'on ne mépriserait pas), ni qu'on pourra lui devoir aucun service important ; autrement, on aviserait à être son ami.

V. Celui qui outrage méprise. En effet, l'outrage c'est le fait de maltraiter et d'affliger à propos de circonstances qui causent de la honte à celui qui en est l'objet, et cela dans le but non pas de se procurer autre chose que ce résultat, mais d'y trouver une jouissance. Ceux qui usent de représailles ne font pas acte d'outrage, mais acte de vengeance.

VI. La cause du plaisir qu'éprouvent ceux qui outragent, c'est qu'ils croient se donner un avantage de plus sur ceux auxquels ils font du tort. Voilà pourquoi les jeunes gens et les gens riches sont portés à l'insolence. Ils pensent que leurs insultes leur procurent une supériorité. À l'outrage se rattache le fait de déshonorer, car celui qui déshonore méprise, et ce qui est sans aucune valeur ne se prête d'aucune estimation, ni bonne, ni mauvaise. De là cette parole d'Achille en courroux :

> Il m'a déshonoré, car, pour l'avoir prise
> (Briséis), il a l'honneur qu'il m'a ravi[2] ;

Et cette autre :

> Comme un vil proscrit[3]...

Ces expressions excitent sa colère.

VII. On pense devoir être honoré : de ceux qui sont inférieurs en naissance, en pouvoir, en mérite, et généralement par les côtés où on leur est de beaucoup supérieur. Par exemple : l'argent donne au riche l'avantage sur le pauvre ; l'élocution à l'orateur sur l'homme incapable de discourir ; celui qui commande est supérieur à celui qui est commandé, et celui que l'on juge digne du commandement à celui qui est bon pour le recevoir. De là cette pensée :

> Il est grand le ressentiment des rois, fils de Jupiter[4] ;

Et cette autre :

> Mais aussi il refoule sa haine jusqu'à ce qu'il ait accompli (sa vengeance)[5].

Et en effet, l'indignation est causée par le sentiment de la supériorité.

VIII. De ceux dont on croit devoir attendre un bon office. Sont dans ce cas ceux que l'on a obligés, ou que l'on oblige actuellement, soit en personne, soit par quelqu'un des siens, soit encore par son entremise, ou qu'on a, ou enfin qu'on a eu l'intention d'obliger.

IX. On voit déjà, d'après ce qui précède, quelles sont les personnes qui s'abandonnent à la colère, contre qui elles se courroucent, et pour quelles raisons. Tel (est en colère) lorsqu'il a du chagrin ; car, lorsqu'on a du chagrin, c'est qu'on éprouve un désir. Tel autre, si l'on se met directement à la traverse quand il marche vers un but ; par exemple, si l'on fait de l'opposition à une personne qui a soif, lorsqu'elle va boire. Lors même que l'opposition n'est pas directe, l'effet produit peut être identique. Soit que l'on contrarie l'action projetée, soit qu'on ne la seconde pas, soit que l'on traverse en quelque autre façon celui qui est dans une telle disposition, celui-ci se fâche contre les auteurs de tous ces empêchements.

X. Voilà pourquoi les malades, les malheureux, les amoureux, les gens qui ont soif, et généralement tous ceux qui éprouvent un désir passionné sans pouvoir le satisfaire, sont enclins à la colère et à l'emportement. Ils s'en prennent surtout à ceux qui tiennent peu de compte de leur mal actuel. Ainsi le malade s'irritera contre ceux qui n'auront pas d'égard à sa maladie ; le malheureux, contre ceux qui insulteront à sa pauvreté ; le guerrier, contre les détracteurs de la guerre ; l'amoureux, contre ceux de l'amour, et ainsi du reste ; car chacun est porté à un genre particulier de colère, d'après la nature de sa passion.

XI. De même encore, si la fortune envoie le contraire de ce qu'on attend ; car ce qui s'éloigne grandement de l'attente cause d'autant plus de peine, tout comme on trouve un charme d'autant plus vif dans ce qui surpasse l'attente, si l'événement est conforme à la volonté. C'est pourquoi on peut voir clairement, d'après ces explications, les moments, les circonstances, les dispositions et les âges qui portent à la colère, et quand et dans quelles conditions de lieu cette passion se manifeste ; on voit aussi que, plus on est livré à ces influences, plus on se laisse emporter.

XII. On se fâche contre ceux qui raillent, qui plaisantent, qui ridiculisent, car ils outragent. Contre ceux dont la façon de nuire comporte des indices outrageants. Tels sont les procédés dont le mobile n'est pas une rémunération, ni un profit pour leur auteur ; car, dès lors, ce mobile ne peut être que l'intention d'outrager.

XIII. De même contre ceux qui nuisent en paroles et manifestent du dédain sur les questions auxquelles on attache la plus sérieuse importance. Tels, par exemple, ceux qui ont des prétentions en philosophie, si l'on attaque la philosophie ; ceux qui en ont à la beauté (ἰδέα), si l'on conteste leur beauté, et ainsi du reste.

XIV. Leur irritation n'en est que plus vive s'ils soupçonnent eux-mêmes que ces prétentions ne sont aucunement fondées, ou ne le sont guère, ou, du moins, qu'elles semblent ne pas l'être, tandis que, s'ils se croient amplement pourvus de ce qu'on leur conteste d'une façon railleuse, ils n'en prennent pas souci.

XV. On se fâche plutôt contre des amis que contre des indifférents ; car on pense qu'il y a plutôt lieu d'en recevoir du bien que de n'en pas recevoir.

XVI. De même contre ceux qui, d'ordinaire, nous honorent et nous recherchent, si un revirement fait qu'ils ne nous recherchent plus autant ; et en effet, on pense alors qu'ils nous dédaignent, car leur procédé revient à cela. De même contre ceux qui ne rendent pas le bien pour le bien et qui n'ont pas une reconnaissance égale au service rendu.

XVII. Contre ceux qui nous font de l'opposition, s'ils nous sont inférieurs. Les uns et les autres donnent une marque de leur mépris ; les uns, comme s'ils avaient affaire à des gens qui leur seraient inférieurs ; les autres, comme si les services rendus leur venaient de gens au-dessous d'eux.

XVIII. De même, et encore davantage, contre ceux qui ne jouissent d'aucune considération lorsqu'ils donnent quelque marque de mépris : et en effet, la colère est excitée, dans ce cas, par un manque d'égards qui est, en même temps, une inconvenance ; or il y a inconvenance lorsque les inférieurs témoignent du mépris.

XIX. Contre les amis, si leurs discours ou leurs procédés ne nous sont pas favorables, et encore davantage si les uns et les autres nous sont contraires ; s'ils n'ont pas le sentiment de ce que nous attendons d'eux, ce qui cause l'irritation du Plexippe[6] d'Antiphon contre Méléagre ; car ne pas avoir ce sentiment, c'est la marque d'un manque d'égards. Nous ne perdons pas de vue ce qui nous inspire de l'intérêt.

XX. Contre ceux qui se réjouissent de notre malheur, ou, généralement, contre ceux qui gardent leur tranquillité d'âme en présence de nos infortunes ; car c'est l'indice d'une disposition hostile ou méprisante. Contre ceux qui ne prennent pas souci de notre peine ; voilà pourquoi on est irrité contre ceux qui nous apprennent de mauvaises nouvelles.

XXI. Contre ceux qui entendent relever sur notre compte ou constatent, par eux-mêmes, des faits qui nous sont désavantageux ; car ils ressemblent, en cela, à des gens qui nous méprisent ou à des ennemis, tandis que les amis prennent leur part de nos douleurs et souffrent eux-mêmes de voir nos imperfections.

XXII. De même contre ceux qui nous rabaissent vis-à-vis de cinq sortes de personnes, savoir : celles avec qui nous rivalisons, celles que nous admirons, celles dont nous voulons être admirés, celles que nous révérons, ou, enfin, vis-à-vis de nous-mêmes dans les questions qui nous font honte. Lorsqu'on nous rabaisse dans de telles circonstances, nous n'en sommes que plus irrités.

XXIII. Contre ceux qui nous déprécient à tel point de vue sous lequel il serait honteux à nous de ne pas donner nos soins, comme, par exemple, les parents, les enfants, l'épouse, les subordonnés. Contre ceux qui ne nous payent pas de reconnaissance ; car c'est là une espèce de mépris, qui est, en même temps, l'oubli d'un devoir.

XXIV. Contre ceux qui répondent avec ironie lorsqu'on leur parle sérieusement ; car l'ironie est un procédé méprisant.

XXV. Contre ceux qui font du bien à tous les autres, s'ils ne nous en font pas à nous aussi ; et en effet, c'est une marque de mépris que de ne pas nous juger dignes des libéralités que l'on fait à tout le monde.

XXVI. Une chose qui contribue encore à nous irriter, c'est l'oubli ; comme, par exemple, l'oubli de notre nom, bien que ce soit sans importance. En effet, l'oubli semble être une marque de dédain, car c'est par indifférence que l'on oublie ; or l'indifférence est une espèce de dédain.

XXVII. Contre qui se met-on en colère ; quels sont ceux qui s'y mettent, et pour quels motifs, nous avons expliqué tout cela en même temps.

Il est évident que l'on devra, par son discours, disposer les auditeurs de telle façon qu'ils éprouvent des sentiments de colère et présenter ses adversaires comme incriminés pour des faits qui susciteraient ces sentiments et comme étant de ces gens contre lesquels on ne peut manquer d'être irrité.

---

1. Hom., *Il.*, XVIII, 109.
2. Hom., *Il.*, I, 356 et 507.
3. Hom., *Il.*, IX, 644, et XVI, 59.
4. Hom., *Il.*, II, 196.
5. Hom., *Il.*, I., 820.
6. Plexippe, un des deux oncles de Méléagre, qui les fit périr parce qu'ils lui disputaient la hure du sanglier qu'il venait de tuer, outré sans doute de ce qu'ils ne la lui avaient pas laissée.

III. Ce que c'est que d'être calme ; à l'égard de qui l'on est calme, et pour quels motifs.

I. Comme le fait d'être en colère est le contraire du fait d'être calme, et que la colère est le contraire du calme d'esprit, il faut traiter les points suivants : quels sont les gens calmes ; à l'égard de qui le sont-ils, et pour quels motifs.

II. Le calme sera donc un retour de l'âme à l'état normal et un apaisement de la colère.

III. Ainsi donc, si l'on s'irrite contre ceux qui méprisent et que ce mépris soit une chose volontaire, il est évident que, à l'égard de ceux qui ne font rien de cette sorte, ou qui agiraient dans ce sens involontairement, ou qui se donneraient cette apparence, on sera dans une disposition calme.

IV. De même à l'égard de ceux dont les intentions seraient le contraire de leurs actes, et pour ceux qui se comporteraient de la même façon envers eux-mêmes qu'envers nous ; car personne ne semble disposé à se déprécier.

V. À l'égard de ceux qui reconnaissent leurs torts et qui s'en repentent ; car, subissant comme une punition le chagrin que leur cause l'action commise, ils font tomber la colère. Cela se remarque dans le cas des châtiments infligés aux serviteurs : nous punissons d'autant plus ceux qui refusent d'avouer leurs torts et opposent des dénégations ; mais, contre ceux qui conviennent que l'on a raison de les punir, nous ne gardons pas de ressentiment. Cela tient à ce que c'est de l'impudence que de refuser de reconnaître un tort manifeste ; or l'impudence est une sorte de mépris et de défi, car[1] nous ne respectons pas ce qui nous inspire un profond mépris.

VI. De, même à l'égard de ceux qui s'humilient devant nous et qui ne nous contredisent point, car ils font voir qu'ils se reconnaissent nos inférieurs ; or les inférieurs craignent leurs supérieurs, et quiconque éprouve de la crainte ne songe pas à mépriser. La preuve qu'une attitude humble fait tomber la colère, c'est que les chiens ne mordent pas ceux qui sont assis.

VII. À l'égard de ceux qui agissent sérieusement avec nous lorsque nous-mêmes sommes sérieux, car ils semblent, dans ce cas, nous prendre au sérieux, et non pas nous mépriser.

VIII. À l'égard de ceux qui nous ont rendu de plus grands services[2] ; de ceux qui ont besoin de nous et qui ont recours à notre aide, car ils sont dans une condition inférieure à la nôtre.

IX. À l'égard de ceux qui ne sont pas insolents, ni railleurs, ni sans déférence, soit envers qui que ce soit, ou envers les gens de bien ou envers les personnes de la même condition que nous-mêmes.

X. D'une manière générale, il faut examiner, d'après les circonstances contraires (à celles qui accompagnent la colère), les motifs que l'on a d'être calme ; observer quelles personnes on craint et l'on révère. En effet, tant qu'elles sont dans ce cas, on ne se fâche pas contre elles, vu qu'il est impossible d'avoir tout ensemble (vis-à-vis d'un même individu) et de la crainte et de la colère.

XI. Contre ceux qui ont agi par colère, ou bien l'on n'a pas de colère soi-même, ou bien l'on en a moins[3] ; car on voit bien qu'ils n'ont pas agi par mépris, la colère excluant ce sentiment. Et en effet, le mépris n'est pas douloureux, tandis que la colère est accompagnée de douleur[4].

XII. De même vis-à-vis de ceux que l'on révère. Quant à ceux qui se trouvent dans des conditions qui excluent la colère, il est évident qu'ils seront calmes ; comme, par exemple, si l'on est au jeu, en train de rire, en fête, dans un jour de bonheur, dans un moment de succès ou en pleine convalescence[5], et, généralement, quand on est exempt de chagrin, lorsqu'on goûte un plaisir inoffensif, que l'on conçoit un espoir honnête. Tels sont encore ceux qui ont laissé passer du temps[6] et ne s'emportent pas tout de suite, car le temps fait tomber la colère.

XIII. Une chose qui fait cesser la colère, même plus grande[7], dont nous sommes animés contre telle personne, c'est la vengeance que nous avons pu exercer antérieurement sur une autre. De là cette réponse avisée de Philocrate[8] à quelqu'un qui lui demandait pourquoi, devant le peuple transporté de colère contre lui, il n'essayait pas de se justifier. « Pas encore, dit-il. Mais quand le feras-tu ? — Lorsque j'aurai vu porter une accusation contre quelque autre. » En effet, on devient calme (à l'égard d'un tel), quand on a épuisé sa colère contre un autre ; témoin ce qui arriva à Ergophile. Bien que l'on fût plus indigné de sa conduite que de celle de Callisthène, on l'acquitta parce que, la veille, on avait condamné Callisthène à la peine de mort[9].

XIV. De même encore, si les gens (qui nous ont fait tort) ont subi une condamnation et qu'ils aient éprouvé plus de mal que ne leur en auraient causé les effets de notre colère ; car l'on croit, dans ce cas, avoir obtenu justice.

XV. De même, si l'on pense être coupable soi-même et mériter le traitement infligé ; car la colère ne s'attaque pas à ce qui est juste. On ne croit plus, dès lors, subir un traitement contraire à ce qui convient ; or c'est cette opinion qui, nous l'avons vu[10], excite la colère. Voilà pourquoi il faut réprimer, au préalable, par des paroles. On a moins d'indignation quand on a été réprimé (ainsi), même dans la condition servile.

XVI. De même, si nous présumons que la personne maltraitée par nous ne se doutera pas de notre action, ni de nos motifs ; car la colère s'attaque toujours à tel individu pris en particulier : c'est une conséquence évidente de la définition donnée [11]. C'est ce qui fait la justesse de ce vers du Poète :

> Il faut dire que c'est Ulysse le preneur de villes [12].

En effet (Polyphème) ne serait pas considéré comme puni s'il ne pouvait se douter ni de l'auteur, ni du motif de la vengeance exercée contre lui. L'on a donc pas de colère contre ceux qui ne peuvent reconnaître notre action. On n'en a plus contre les morts, puisqu'ils ont subi la dernière peine et ne peuvent plus éprouver de souffrance, ni reconnaître notre vengeance ; or c'est là le but que poursuivent les gens en colère. Aussi c'est avec à-propos que, au sujet d'Hector qui n'est plus, le Poète, voulant mettre un terme à la colère d'Achille, place ces mots dans la bouche d'Apollon :

> Dans sa fureur, il outrage une terre insensible[13].

XVII. Il est donc évident que ceux qui veulent inspirer des sentiments modérés doivent discourir au moyen de ces lieux. On met l'auditoire dans ces différentes dispositions (suivant les cas). On lui présente les gens contre lesquels il est irrité ou comme redoutables, ou dignes d'être révérés, ou encore comme ayant mérité de lui ou comme ayant des torts involontaires, ou enfin comme ayant été grandement affligés de ce qu'ils ont fait.

Poétique et Rhétorique

1. On voit que nous lisons γὰρ au lieu de γοῦν.
2. Qu'ils n'en ont reçu de nous (note de l'édition de Meredith Cope).
3. Que s'ils avaient agi de sang-froid.
4. Cp.
5. Ἐν πληρώσει. On a traduit quelquefois : « dans l'accomplissement (de ses désirs). »
6. Sur un fait pouvant exciter la colère.
7. Plus grande que celle dont le tiers serait l'objet.
8. Philocrate est mentionné plusieurs fois dans le discours du Démosthène sur la fausse ambassade.
9. Ergophile et Callisthène, généraux athéniens qui furent accusés de trahison.
10. Chap II, §1.
11. Chap II, §2.
12. Homère, *Od.*, IX, 504.
13. Homère, *Il.*, XXIV, 54.

IV. Quelles sortes de personnes on aime et l'on hait. Pour quels motifs.

I. Quels sont les gens qu'on aime et que l'on hait ; quels sont nos motifs pour avoir ces sentiments ; nous avons à l'expliquer, après avoir défini l'amitié et ce que c'est qu'aimer.

II. « Aimer », ce sera vouloir pour quelqu'un ce qu'on croit lui être un bien, eu égard à son intérêt et non au nôtre, et le fait de se rendre capable en puissance de réaliser ce bien. Un ami, c'est celui qui a de l'affection et qui reçoit de l'affection en retour. On pense être des amis quand on suppose avoir ces dispositions les uns pour les autres.

III. Cela posé, il en résulte nécessairement qu'un ami est celui qui prend sa part de joie dans ce qui nous est bon et sa part de chagrin dans ce qui nous afflige, non pas en vue de quelque autre intérêt[1], mais eu égard à la personne aimée. En effet, toujours on se réjouit de l'accomplissement de son désir, et l'on s'afflige d'un résultat contraire. Si bien que les peines et les plaisirs sont des signes de notre volonté.

IV. Il y a encore amitié entre ceux pour qui les biens et les maux sont communs, et qui ont les mêmes amis et les mêmes ennemis : car il s'ensuit, nécessairement, qu'ils sont dans les mêmes intentions à leur égard ; de sorte que celui qui souhaite à un autre ce qu'il se souhaite à lui-même se montre l'ami de cet autre.

V. On aime encore : Ceux qui nous ont fait du bien à nous-mêmes, ou à ceux auxquels nous portons intérêt, soit que le service rendu soit important, ou ait été rendu avec empressement, ou dans certaines circonstances de telle ou telle nature, et directement à cause de nous ; de même ceux à qui nous prêtons l'intention de nous rendre service.

VI. Les amis de nos amis et ceux qui affectionnent ceux que nous affectionnons nous-mêmes, et ceux qu'affectionnent les personnes que nous aimons.

VII. Ceux qui ont les mêmes ennemis que nous et ceux qui haïssent ceux que nous haïssons nous-mêmes, et ceux que haïssent ceux que nous haïssons. En effet, pour toutes ces sortes de personnes, les biens paraissent être les mêmes que pour nous ; par conséquent, l'on veut notre bien, ce qui était tout à l'heure[2] le propre de l'ami.

VIII. Ajoutons-y ceux qui sont disposés à rendre service, soit dans une question d'argent, soit pour sauver quelqu'un. Voilà pourquoi l'on honore les cœurs généreux et les braves.

IX. De même les hommes justes : or nous supposons doués de cette qualité ceux qui ne vivent pas aux dépens des autres ; tels sont ceux qui vivent de leur travail et, parmi eux, ceux qui vivent de l'agriculture, et parmi les autres, principalement ceux qui travaillent de leurs mains.

X. De même les gens tempérants, vu qu'ils ne sont pas injustes, et, pour la même raison, ceux qui évitent les litiges.

XI. Ceux avec qui nous voulons lier amitié, si nous voyons qu'ils ont la même intention (à notre égard). Sont de ce nombre et les gens dont le mérite consiste dans leur vertu, et les personnes qui jouissent d'une bonne réputation, soit dans le monde en général, soit dans l'élite de la société, soit encore parmi ceux que nous admirons, ou qui nous admirent.

XII. De même ceux dont le commerce et la fréquentation journalière sont agréables. Tels sont les gens faciles à vivre et qui ne cherchent pas à nous trouver en faute, qui n'aiment pas les discussions, ni les affaires, car ces derniers sont d'un caractère batailleur ; or ceux qui bataillent avec nous manifestent des volontés contraires aux nôtres.

XIII. Tels sont encore les gens d'assez d'esprit pour savoir manier la plaisanterie et pour la bien prendre ; car les uns et les autres tendent au mène but que leur interlocuteur, étant en état d'entendre une plaisanterie et de lancer eux-mêmes des plaisanteries de bon goût.

XIV. On aime encore : Ceux qui font l'éloge de nos bonnes qualités et, principalement, de celles que nous craignons de ne pas avoir.

XV. Ceux qui sont soigneux dans leur personne, dans leur toilette et dans tous les détails de la vie.

XVI. Ceux qui ne nous reprochent pas nos fautes, ni leurs bienfaits ; car ces reproches sont autant d'accusations.

XVII. Ceux qui n'ont pas de rancune et ne gardent pas le ressentiment des griefs, mais qui sont portés à la conciliation. Car cette disposition dans laquelle nous les voyons à l'égard des autres, nous croyons qu'ils l'auront à notre égard.

XVIII. Ceux qui ne sont pas médisants et qui ne savent rien de ce qu'il y a de mauvais dans les affaires du voisin ou dans les nôtres, mais plutôt ce qu'il y a de bon ; car c'est ainsi que se comporte un homme de bien.

XIX. De même ceux qui ne font pas d'opposition aux gens en colère ou très affairés, car cette opposition est un trait de caractère propre aux batailleurs. Nous aimons aussi ceux qui, d'une façon ou d'une autre, s'occupent de nous ; comme, par exemple, ceux qui nous admirent, ceux qui sont empressés auprès de nous, ceux qui se plaisent dans notre société.

XX. Citons encore ceux sur lesquels nous avons fait le plus d'impression par les côtés où nous tenons particulièrement à être admirés nous-mêmes, on paraître avoir de l'importance, ou nous rendre agréables.

XXI. Nous aimons nos pareils et ceux qui poursuivent les mêmes études que nous, pourvu qu'ils ne nous entravent pas et que notre subsistance ne dépende pas de la même occupation ; car, s'il en est ainsi, c'est le cas de dire : *Potier contre potier*[3].

XXII. Ceux qui ont les mêmes désirs que nous, lorsqu'il nous est loisible d'avoir part à leur satisfaction. Autrement, ce serait encore le même cas.

XXIII. Ceux à l'égard desquels nous sommes dans une disposition telle, que nous ne rougissons pas devant eux de ce qui est contre nous, en apparence, sans avoir néanmoins du mépris pour eux ; et ceux devant qui nous rougissons de ce qui est réellement contre nous.

XXIV. Quant à ceux qui stimulent notre ambition, ou chez qui nous voulons exciter l'émulation, sans devenir pour eux un objet d'envie, nous les aimons, ou bien nous tenons à nous en faire des amis.

XXV. De même ceux avec lesquels nous coopérons à une bonne action, pourvu qu'il ne doive pas en résulter pour nous des maux plus graves.

XXVI. Ceux qui donnent une égale affection, que l'on soit absent ou présent. Voilà pourquoi tout le monde aime ceux qui ont cette constance envers ceux de leurs amis qu'ils ont perdus. On aime, en général, ceux qui aiment vivement leurs amis et qui ne les abandonnent pas ; car, entre tous les gens de mérite, ce sont ceux qui ont le mérite de savoir aimer que l'on aime le plus.

XXVII. Ceux qui sont sans feinte avec nous[4]. À cette classe appartiennent ceux qui nous découvrent leurs côtés faibles. En effet, nous avons dit que, devant nos amis, nous ne rougissons pas de ce qui est contre nous en apparence. Si donc celui qui en rougit n'aime point ; celui qui n'en rougit point ressemble à quelqu'un qui aimerait. De même ceux qui ne donnent aucun sujet de crainte et sur qui nous pouvons nous reposer ; car nul être n'aime celui qui inspire de la crainte.

XXVIII. Quant aux diverses formes de l'amitié, ce sont la camaraderie, la familiarité, la parenté et toutes choses analogues à celles-là.

XXIX. Ce qui nous porte à l'affection, ce sont la reconnaissance, un service rendu sans qu'on l'ait demandé et, une fois rendu, non divulgué ; autrement, on donne à croire qu'il a été rendu dans un intérêt personnel, et non dans l'intérêt d'un autre.

XXX. Au sujet de l'inimitié et de la haine, il est évident qu'il faut tourner dans le sens opposé les considérations qui précèdent. Ce qui nous porte à la haine ce sont la colère, la vexation et la médisance.

XXXI. La colère a son origine dans ce qui nous touche personnellement, tandis que la haine est indépendante de ce qui se rattache à notre personne ; et en effet, il suffit que nous lancions telle imputation contre un individu pour que nous le prenions en aversion. De plus, la colère s'attaque toujours à telle personne en particulier[5], par exemple, à Callias ou à Socrate, tandis que la haine peut atteindre toute une classe de gens ; ainsi, chacun de nous a de l'aversion pour le voleur et le sycophante. L'une de ces passions peut guérir avec le temps, mais l'autre est incurable ; l'une cherche plutôt à causer du chagrin, et l'autre à faire du tort. L'homme en colère veut qu'on sente son action, tandis que, pour celui qui a de la haine, ce point est sans importance : or tout ce qui est pénible affecte notre sensibilité, tandis que les plus grands de tous les maux sont, en même temps, ceux dont on a le moins conscience ; je veux dire l'injustice et la démence. En effet, la présence d'un vice ne cause aucune douleur. De plus, l'une (la colère) est accompagnée de peine[6], et l'autre (la haine) ne l'est pas ; car celui qui se met en colère éprouve de la peine, mais celui qui hait, non. Le premier, à la vue de maux nombreux soufferts par son adversaire, pourrait être saisi de pitié, mais le second, dans aucun cas.

XXXII. On voit donc, d'après ce qui précède, qu'il est possible de démontrer le caractère amical ou hostile d'une personne lorsqu'il existe réellement ; et, lorsqu'il n'existe pas, de le faire concevoir ; et, lorsque quelqu'un en proclame l'existence, de le détruire ; et, s'il y a doute pour savoir laquelle, de la colère ou de la haine, a été le, mobile d'une action, de diriger (l'auditoire) vers la solution que l'on préfère.

---

1. Avec quelque arrière-pensée.

Poétique et Rhétorique

2. § 2.
3. Hésiode, *Œuvres et jours*, vers 95. Ce vers est encore cité, chap. X, § 6.
4. Nous lisons αὐτοὺς, avec Spengel. – 2. § 23.
5. Cp. chap. II, § 2.
6. Cp. chap. II, § 1.

V. Qu'est-ce que la crainte et ce qui l'inspire ? Dans quelle disposition est-on lorsqu'on a de la crainte ?

I. Maintenant[1], sur quoi porte la crainte ; quels sont ceux qui l'inspirent ; dans quel état d'esprit sont ceux qui l'éprouvent, c'est ce que rendront évident les explications qui vont suivre. La crainte sera donc une peine, ou un trouble causé par l'idée d'un mal à venir, ou désastreux, ou affligeant : car tous les maux indifféremment ne donnent pas un sentiment de crainte ; telle, par exemple, la question de savoir si l'on ne sera pas injuste ou inintelligent ; mais c'est plutôt ce qui implique l'éventualité d'une peine ou d'une perte grave, et cela non pas dans un lointain avenir, mais dans un temps assez rapproché pour que ces maux soient imminents. Et en effet, on ne redoute pas ce qui est encore bien loin de nous : ainsi tout le monde sait qu'il faudra mourir ; mais, comme ce n'est pas immédiat, on n'y songe pas.

II. Si donc la crainte est bien ce que nous avons dit, il en résulte nécessairement que ce sentiment aura pour motif tout ce qui parait avoir une grande puissance pour détruire, ou pour causer un dommage qui doive amener une peine très vive. C'est pourquoi les indices qui annoncent de tels actes inspirent de l'effroi, car ce qui effraye nous apparaît comme tout proche ; c'est là ce qui constitue le péril (autrement dit) l'arrivée prochaine d'une chose effrayante.

III. À cet ordre de faits appartiennent l'inimitié et la colère des gens qui ont une action sur nous, car il est évident qu'ils en ont à la fois et le pouvoir et la volonté.

IV. De même l'injustice qui possède la puissance ; car c'est par l'intention que l'homme injuste est injuste.

V. De même la vertu outragée qui possède la puissance ; car il est évident que, à la suite d'un outrage, elle veut toujours (se venger), mais que, dans le cas présent, elle le peut.

VI. Ajoutons la crainte que nous inspirent ceux qui peuvent nous faire quelque mal, car il arrive nécessairement qu'une personne animée d'une telle crainte prend ses mesures en conséquence.

VII. Comme il y a beaucoup de gens pervers, dominés par l'appât du gain et remplis de peur en face du danger, c'est une cause de crainte, le plus souvent, que d'être à la merci d'un autre. Par suite, ceux qui se rendent complices d'une action dangereuse donnent à craindre qu'ils ne trahissent, ou fassent défection.

VIII. Ceux qui sont en état de commettre un préjudice donnent toujours des craintes à ceux qui sont dans le cas d'être préjudiciés ; et en effet, les hommes commettent des injustices presque aussi souvent qu'ils en ont le pouvoir. Il en est de même de ceux qui ont subi un préjudice, ou qui peuvent en avoir subi ; car ils guettent toujours l'occasion de se venger. De même encore ceux qui en ont fait subir donnent à craindre qu'ils ne recommencent dès qu'ils en auront la faculté, dans la crainte de représailles. Car cette éventualité a été posée[2] comme étant à craindre.

IX. De même les compétiteurs poursuivant un même but qu'ils ne peuvent atteindre tous deux ensemble, car on est toujours en lutte avec les gens placés dans ces conditions.

X. Ceux qui se rendent redoutables à plus puissant que nous le sont aussi pour nous-mêmes, car on pourrait plutôt nous nuire que nuire à des gens plus puissants que nous. Ceux qui redoutent des gens plus puissants que nous sont à craindre, pour la même raison.

XI. Sont encore à craindre ceux qui ont perdu des gens plus puissants que nous, et même ceux qui s'attaquent à des gens moins puissants que nous. En effet, ils sont à craindre dès maintenant, ou le seront quand leur puissance sera devenue plus grande. Parmi les gens qui ont éprouvé un préjudice (par notre fait), qui sont nos ennemis et nos rivaux, ce ne sont pas ceux qui s'emportent et qui éclatent en injures, mais ceux qui sont d'un naturel calme, dissimulé et fourbe ; car ces sortes de gens ne laissent pas voir les coups qu'ils sont près de nous porter et, par suite, on n'est jamais sûr d'en être éloigné.

XII. Tout ce qui est redoutable l'est encore davantage lorsque, une faute étant commise, il n'est aucun moyen de la réparer et que, loin de là, cette réparation ou bien est chose absolument impossible, ou bien n'est pas en notre pouvoir, mais plutôt au pouvoir de nos adversaires.

On a encore des craintes à propos des maux auxquels il n'y a pas de remède, ou bien auxquels il n'y en a pas d'une application facile. Pour parler en thèse générale, sont des sujets de crainte tous les événements qui, frappant ou menaçant les autres, nous inspirent un sentiment de pitié. Ainsi donc, ce qui motive la crainte et ce qui la fait naître, nous en avons cité pour ainsi dire les exemples les plus importants. Quant à la disposition d'esprit où se trouvent ceux qui ont des craintes, c'est ce qu'il s'agit d'expliquer maintenant.

XIII. Si la crainte est un sentiment inhérent à la perspective d'une épreuve funeste, il est évident que personne ne craint rien : ni parmi ceux qui croient ne devoir rien éprouver, ni en fait d'épreuves dont on se croit exempt, ni de la part de gens de qui l'on n'en attend pas, ni dans les situations où l'on se croit à l'abri.

Il s'ensuit donc, nécessairement, que la crainte s'empare de ceux qui se croient exposés à une épreuve, qu'ils craignent ceux de qui ils l'attendent, ainsi que l'épreuve elle-même et la situation qui doit l'amener.

XIV. On ne se croit exposé aux épreuves ni lorsqu'on est, ni lorsqu'on se juge en pleine prospérité ; c'est ce qui rend arrogant, dédaigneux et téméraire. Ce qui nous met dans cette disposition, c'est la fortune, la force, l'étendue de nos relations d'amitié, la puissance. — Ni lorsqu'on croit avoir traversé des passes terribles, au point d'être trempé pour toute éventualité ; tels, par exemple, ceux qui ont déjà reçu la bastonnade. Seulement il faut qu'il y ait en nous un vague espoir de salut dans l'affaire où nous nous débattons. Une marque de cette vérité, c'est que la crainte nous rend capables de prendre un parti, tandis que personne ne délibère plus dans une situation désespérée

XV. Ainsi donc il faut mettre les gens dans une telle disposition d'esprit, lorsque l'intérêt de notre cause est de leur faire craindre qu'ils ne soient exposés à telle épreuve, et alléguer que, en effet, d'autres personnes plus fortes l'ont subie, et montrer ceux qui, dans des conditions semblables, la traversent ou l'ont déjà traversée, par le fait de gens desquels ils ne croyaient pas devoir l'attendre et quand cette épreuve, ainsi que la circonstance qui l'a produite, étaient loin de leur pensée.

XVI. Maintenant que l'on voit clairement en quoi consiste la crainte, ce qui la fait naître, quel est l'état d'esprit de ceux qui l'éprouvent, on verra non moins clairement, par suite, ce que c'est que l'assurance, sur quels objets elle porte, et comment se conduisent les gens qui en ont ; car l'assurance est le contraire de la crainte, et l'homme doué d'assurance le contraire de l'homme timoré. L'assurance est donc l'espoir du salut, accompagné de l'idée que ce salut est à notre portée, et que les choses à craindre ou n'existent pas, ou sont loin de nous.

XVII. Ce qui donne de l'assurance, c'est l'éloignement du danger et la proximité des choses qui rassurent ; c'est l'existence d'un moyen de réparer le mal et d'un secours ou multiple, ou d'une grande importance, ou l'un et l'autre. On a de l'assurance lorsqu'on n'a pas éprouvé un préjudice ; qu'on n'en a pas causé ; lorsqu'on n'a pas du tout de compétiteurs, ou que nos compétiteurs n'ont aucune puissance, ou que ceux qui ont de la puissance sont nos amis. De même, lorsqu'on a rendu des services ou qu'on en a reçu ; ou encore lorsque les gens intéressés à notre action sont plus nombreux, ou plus puissants, ou l'un et l'autre.

XVIII. Étant donnée cette disposition, on a de l'assurance si l'on croit avoir réussi en beaucoup d'affaires et n'avoir pas été éprouvé ; ou bien si l'on a souvent affronté le danger et qu'on y ait échappé ; car il y a deux manières, pour l'homme, d'être inaccessible à la passion[3] : tantôt c'est qu'il n'a pas traversé d'épreuves, tantôt qu'il a eu le moyen de s'en tirer. C'est ainsi que, dans les dangers de la vie maritime, une même confiance dans l'avenir anime ceux qui n'ont pas l'expérience de la tempête et ceux qui puisent les moyens de salut dans cette expérience.

XIX. De même lorsque le fait en question ne donne de crainte ni à nos pareils, ni à nos inférieurs, ni aux personnes sur lesquelles nous croyons avoir un avantage ; or on croit avoir un avantage sur quelqu'un lorsqu'on l'a emporté sur lui, ou sur des gens plus forts que lui, ou sur ceux de sa force.

XX. De même encore si l'on croit posséder en plus grand nombre, ou dans une plus grande proportion, les biens dont la jouissance plus complète nous rend redoutables. Telle, par exemple, la supériorité de nos finances, de nos corps de troupes, de nos amis, de notre pays et de notre organisation militaire, à tous les points de vue et même aux points de vue principaux. De même, si l'on n'a causé de préjudice à personne, ou que ce soit seulement à un petit nombre de gens, ou à des gens qui ne sont pas en position de nous faire peur.

XXI. Enfin, d'une manière générale, si les desseins des dieux tournent à notre avantage, ou ceux de toutes sortes, ou ceux dont la manifestation nous arrive par les présages et les oracles. En effet, il y a de l'assurance dans le sentiment de la colère ; ce n'est pas le fait de commettre une injustice, mais celui d'en subir une qui excite ce sentiment en nous ; or nous supposons que c'est aux victimes d'une injustice que la volonté divine sera secourable.

XXII. De même lorsque, se livrant à un premier effort, on se croit à l'abri d'épreuves présentes, ou futures, et que l'on compte sur le succès.

Nous nous sommes expliqué sur les choses qui inspirent de la crainte et sur celles qui donnent de l'assurance.

---

1. L'édition de Buhle place cette phrase à la fin du chapitre précédent, mais elle appartient évidemment à celui-ci.
2. § 5.
3. À la crainte, dans le cas présent.

VI. De quoi avons-nous honte et n'avons-nous pas honte ? — Devant qui avons-nous honte ? — Dans quelle disposition avons-nous honte ?

I. Quelles sont les choses dont nous avons honte et celles dont nous n'avons pas honte ; devant qui et dans quelle disposition éprouvons-nous ce sentiment, c'est ce que l'on va rendre évident.

II. La honte sera une peine occasionnée par celles des choses fâcheuses, ou présentes, ou passées, ou futures, qui paraissent donner de nous une mauvaise opinion. L'impudence sera une sorte de mépris et d'indifférence à cet égard.

III. Si la honte est telle que nous l'avons définie, il s'ensuit nécessairement que l'on a honte à propos de celles des choses fâcheuses qui paraissent laides, soit à nous-mêmes, soit à ceux dont l'opinion nous touche. À cette classe appartiennent toutes les actions dérivant d'un vice par exemple, jeter son bouclier ou prendre la fuite ; car c'est là un effet de la lâcheté ; soit encore, garder frauduleusement un dépôt confié, car c'est là un effet de l'improbité.

IV. Avoir eu des rapports d'une nature illicite au point de vue de la personne, du lieu, ou du temps ; car c'est là en effet de l'incontinence.

V. Tirer profit d'objets sans valeur, ou d'un commerce déshonorant, ou spéculer dans des conditions impossibles, comme, par exemple, sur des pauvres et des morts. De là le proverbe : «Il dépouillerait un mort[1] ; » car c'est là un effet de l'amour sordide du gain, de l'avarice.

VI. Ne pas secourir quand on en a les moyens pécuniaires, ou prêter un secours insuffisant et accepter des secours de gens qui n'ont pas autant de ressources que nous.

VII. Emprunter à la personne qui fera mine de demander, et demander à qui fera mine de réclamer son dû ; faire une réclamation au moment où l'on vient nous demander, et faire des compliments pour avoir l'air de demander, et insister après avoir été refusé ; car ce sont autant de marques d'avarice.

VIII. Louer une personne en sa présence est un acte de flatterie. Faire un éloge outré de ses qualités et passer l'éponge sur ses défauts ; témoigner une peine exagérée sur la douleur d'un autre, et mille autres démonstrations analogues ; car ce sont là aussi des signes de flatterie.

IX. Ne pas savoir supporter les fatigues que supportent bien des personnes plus âgées que nous, plus délicates, plus fortunées, ou, en général, qui paraissent moins en état de les supporter ; car ce sont là des signes de mollesse.

X. Accepter des libéralités d'un autre, et cela à plusieurs reprises ; reprocher celles dont on est l'auteur; car ce sont là des marques de petitesse d'esprit et de bassesse.

XI. Parler à tout instant de soi et se vanter ; présenter comme de soi ce qui est d'un autre ; car c'est là de la jactance. Il en est de même de tous les effets et de toutes les marques, de chacun des vices et de leurs analogues, car ce sont autant de choses laides et ignominieuses.

XII. Ajoutons-y le fait de ne pas avoir sa part des choses honorables auxquelles participent tous les hommes, ou tous nos pareils, ou le plus grand nombre. Or j'appelle « nos pareils » ceux de notre race, de notre pays, de notre âge, de notre famille et, généralement, ceux qui vont de pair avec nous ; car, dès lors, il est honteux de ne pas recevoir sa part, d'instruction par exemple, dans une mesure donnée, et des autres biens semblablement. Il l'est encore davantage si cette non participation paraît être de notre faute ; car, dès lors, elle est plutôt causée par un vice de notre nature si nous sommes nous-mêmes les auteurs de nos imperfections passées, présentes ou futures.

XIII. Ceux-là sont encore honteux qui ont subi, subissent ou subiront telles épreuves dont les suites sont la déconsidération et la réprobation. Tel est, par exemple, le cas où nous nous prêtons, en personne, à des actes déshonorants, entre autres à l'outrage aux mœurs. Tel est encore celui qui nous expose à l'incontinence, soit spontanément, soit malgré nous, ou à la violence, malgré nous. car le support de ces épreuves a pour origine le manque de cœur ou la lâcheté, et l'impuissance à s'en défendre. Telles sont les choses dont on a honte, ainsi que d'autres analogues.

XIV. Mais, comme la honte est une idée que l'on se fait de la déconsidération encourue, et suggérée par cette déconsidération même, plutôt que par les conséquences de l'acte accompli (personne ne songe à sa réputation, si ce n'est à cause de ceux qui l'établissent), il s'ensuit nécessairement que l'on a honte, par rapport à l'opinion de ceux que l'on considère.

XV. On considère ceux qui nous admirent, ceux que nous admirons, et ceux dont on veut être admiré, et ceux avec lesquels on rivalise et ceux dont on ne dédaigne pas l'opinion.

XVI. Quant à ceux dont on veut être admiré et que l'on admire, ce sont les gens qui possèdent quelqu'un des biens honorables, ou ceux auxquels il nous arrive de demander quelques-unes des choses qu'ils ont à leur disposition ; ainsi les amoureux.

XVII. Nous rivalisons avec nos pareils. On se préoccupe de l'opinion des gens sensés comme ayant un sentiment juste des choses ; tels sont, par exemple, les vieillards et les personnes éclairées.

XVIII. Les choses qui frappent les yeux et qui se font au grand jour, provoquent la honte. De là, le proverbe : « La pudeur est dans les yeux. » Aussi avons-nous plus de retenue devant ceux qui devront être toujours en notre présence et ceux qui font attention à nos actes, parce que les uns et les autres ont les yeux sur nous.

XIX. De même devant ceux qui ne sont pas en faute pour le même objet que nous, car il est évident que leur opinion nous sera défavorable ; et devant ceux qui ne sont pas portés à l'indulgence pour ceux qu'ils prennent en faute. En effet, les actions dont on est soi-même capable, on ne s'indigne pas, dit-on, de les voir faire au prochain ; et, par contre, ce qu'on ne fait pas soi-même, il est évident qu'on s'en indigne.

XX. Devant ceux qui sont enclins à répandre des bruits dans le monde ; car il n'y a point de différence entre n'avoir pas d'opinion sur un fait, et ne pas le divulguer. Or ceux qui sont portés à divulguer nos actes, ce sont les gens que nous avons lésés, attendu qu'ils sont toujours à l'affût ; les médisants, car ils sont prêts à dénoncer ceux qui ne sont pas en faute et, à plus forte raison, ceux qui y sont ; les gens dont la vie se passe à voir les fautes du prochain, ce qui est le cas des moqueurs et des auteurs comiques ; car ce sont autant de gens médisants et enclins au commérage. De même encore devant ceux auprès desquels nos démarches n'ont jamais manqué de réussir ; car on est dans la disposition de gens qui se sentent admirés. Voilà pourquoi on a honte devant les personnes qui viennent demander un premier service, n'ayant jamais eu, jusqu'alors, à risquer sa considération en leur présence.

C'est dans ce cas que se trouvent ceux qui depuis peu, veulent être nos amis, car ils ont arrêté leur vue sur nos plus beaux côtés. C'est ce que fait ressortir la belle réponse d'Euripide aux Syracusains[2]. Tel est aussi le cas de nos relations anciennes quand elles n'ont donné lieu à aucune mauvaise action de notre part.

XXI. On est pris de honte non seulement au sujet des choses que nous avons qualifiées de honteuses, mais encore à la vue de ce qui en est le signe ; par exemple, non seulement en nous livrant aux plaisirs aphrodisiaques, mais encore à la vue d'un indice de ces plaisirs ; et non seulement en faisant des choses honteuses, mais rien qu'à en parler.

XXII. Semblablement aussi, nous avons honte non seulement devant ceux que nous avons dit, mais encore devant les personnes dont la vue nous les rappellera ; par exemple, leurs serviteurs, leurs amis.

XXIII. Maintenant, d'une manière générale, nous n'avons honte ni devant ceux pour l'opinion de qui nous n'avons qu'un profond dédain, — en effet, personne ne s'observe devant de jeunes esclaves ou des animaux ; — ni, dans les mêmes circonstances, devant nos familiers ou des inconnus ; mais bien devant nos familiers, dans telles circonstances où la vérité semble intéressée, et devant des étrangers dans celles où la loi est en jeu.

XXIV. Voici encore des situations où l'on pourrait avoir honte : d'abord s'il se trouvait en notre présence quelqu'une des personnes que nous avons dit nous inspirer de la retenue. Tels étaient[3] ceux que nous admirons ou qui nous admirent, ceux de qui nous tenons à être admirés ou auxquels nous avons à demander quelque service que l'on n'obtiendrait pas si l'on ne jouissait pas de leur considération, et cela soit qu'on nous voie (c'est dans ce sens que Cydias, lors de la délibération relative à la clérouchie[4] de Samos, s'exprima devant le peuple. Il prétendait que les Athéniens supposassent les Grecs placés tout autour d'eux pour les observer, et non pas seulement informés du décret qu'ils allaient voter[5], soit que l'on se tienne près de nous, ou que l'on doive s'apercevoir de notre conduite. C'est pour cela que, dans le malheur, on n'aime pas à être vu de ceux qui, naguère, nous jalousaient, car ceux qui nous jalousent ont pour nous un sentiment d'admiration.

XXV. Soit encore le cas où il y a quelque chose de déshonorant dans nos propres affaires et dans nos actions, ou dans celles de nos ancêtres, ou de quelques personnes dont les intérêts sont liés aux nôtres et, d'une manière générale, de ceux pour qui nous avons honte. À cette dernière catégorie appartiennent d'abord ceux dont nous avons parlé (précédemment), et encore ceux dont nous répondons, ceux qui ont reçu nos leçons ou nos conseils.

XXVI. Soit enfin le cas où d'autres, parmi nos pareils, excitent notre émulation ; car il est beaucoup d'actions que la réserve à garder vis-à-vis de ces personnes nous suggère, ou nous interdit.

XXVII. Ceux qui doivent être en vue et dont la conduite sera épluchée au grand jour par ceux qui sont dans leur secret seront encore plus sujets à la honte. De là ce mot du poète Antiphon, au moment de périr sous la bastonnade par l'ordre de Denys. Voyant ses compagnons de supplice se cacher la tête dans leur manteau au sortir des portes : « Pourquoi vous cacher la tête, dit-il ; serait-ce pour que personne, dans cette foule, ne nous puisse reconnaître demain ? »

Voilà pour ce qui concerne la honte. Quant à l'absence de honte[6], il est évident que nous pourrons tirer un bon parti des arguments contraires.

---

1. Ou peut-être : « Il gagnerait sur un mort. »
2. Ruhnken (*Hist. crit. orat. gr.*, t. VIII ; orat., Reiske, p. 150) propose de lire *Hypéride* au lieu de *Euripide*, ce qui est assez plausible. Voici la substance de cette réponse qui nous est rapportée par le scoliaste : Les Syracusains déclinant une demande que leur adressaient les Athéniens : « Vous auriez dû, leur dit l'ambassadeur d'Athènes, être amenés à plus d'égards pour nous, qui vous tenions en grande considération, n'y eût-il d'autre motif, au moins, en raison de ce que nous ne faisions que commencer à vous adresser une demande.»
3. §§ 14 et suiv.
4. Tirage au sort des terres partagées entre les colons.

5. Thucydide (liv. I) ne parle pas de ce décret, mais Isocrate (*Panégyr. d'Ath.*) y fait allusion et tâche de justifier les Athéniens. Cydias florissait dans l'ol. CVII (353 av. J.-C.).
6. Ἀναισχυντία ne signifie pas toujours *impudence, manque de retenue*. Ce expressions ne sont jamais prises dans un sens favorable, tandis que le mot grec peut l'être. C'est ainsi que nous disons : « Je n'ai pas honte de l'avouer, » en parlant d'une action ou d'une pensée honorable.

VII. Des personnes à qui l'on fait une faveur. — Des motifs de la faveur accordée. — De la disposition d'esprit de ceux qui l'accordent.

I. À qui fait-on une faveur ; à quel titre ; dans quel état d'esprit la fait-on, c'est ce que montrera clairement la définition de la faveur.

II. La faveur sera donc ce dont une personne qui possède est dite gratifier celui qui a besoin, non pas en retour d'autre chose, ni dans l'intérêt de celui qui gratifie, mais dans l'intérêt pur et simple de celui qui reçoit cette faveur.

III. La faveur est importante si ceux qui la reçoivent ont de grands besoins ; si l'objet en est considérable et difficile à obtenir ; si elle est accordée dans des circonstances graves et délicates ; enfin, si l'auteur de cette faveur est seul à agir ou le premier ou le principal.

IV. Les besoins sont des appétits, et au premier rang sont ceux auxquels se joint le chagrin de la privation. Il en est ainsi des désirs passionnés, de l'amour, par exemple, et dans les souffrances physiques, dans les dangers. En effet, celui qui court un danger éprouve un désir passionné ; de même celui qui est dans l'affliction. Aussi ceux qui sont plongés dans la misère ou vivent dans l'exil trouvent-ils un bienfait dans le service, si minime que ce soit, qui leur est rendu, eu égard à l'étendue de leurs besoins et à leur situation. Ainsi, par exemple, celui qui, dans le Lycée, a procuré une natte de jonc[1].

V. Il est donc nécessaire, surtout pour de telles occasions, que l'on use de bons offices, ou sinon, pour des occasions équivalentes, ou plus importantes. Ainsi, comme on voit clairement dans quelle circonstance et à quel titre on fait une faveur, il est évident qu'il faut présenter les uns d'après cela, en les montrant comme étant encore ou ayant été dans un chagrin, ou dans un besoin de cette gravité, et obliger les autres en leur rendant tel ou tel service, lorsqu'ils éprouvent tel ou tel besoin.

VI. Il est facile de voir aussi d'où l'on doit tirer les arguments pour supprimer l'idée d'une faveur et pour ôter aux gens tout sentiment de gratitude. En effet, ou bien on alléguera que le service rendu est, ou était intéressé : dès lors, nous l'avons vu, ou il n'y a plus faveur, ou bien ce service était l'effet d'un hasard ou de la contrainte ; ou encore que ce n'était qu'un procédé de réciprocité, et non une faveur spontanée soit à la connaissance, soit à l'insu de son auteur, car, dans les deux cas, le caractère de réciprocité subsiste et, par suite, il n'y aurait pas de faveur.

VII. Il faut examiner chacun de ces cas sous tous les chefs de catégories, car la faveur doit remplir certaines conditions de nature, de grandeur, de qualité, de temps et de lieu. Un signe qui sert à reconnaître la faveur, c'est lorsque l'on n'a pas accordé un bon office trop peu important, ou que l'on n'a pas fait la même chose, ou autant, ou plus pour ses ennemis ; car il ressortirait de là qu'on n'aurait pas agi ainsi dans notre propre intérêt, — ou bien quand, au contraire, on rend sciemment un mauvais service, car nul ne convient qu'il a besoin de choses mauvaises. Voilà qui est expliqué sur le fait d'accorder une faveur ou de la refuser.

---

1. Τὸν φορμόν. Le scoliaste suppose que l'on fait passer à un prisonnier une natte de jonc à l'aide de laquelle il s'évade.

VIII. De la pitié.

I. Quelles sont les choses qui excitent la pitié ; pour qui a-t-on de la pitié ; dans quel état d'esprit en a-t-on, voilà ce qu'il s'agit d'exposer ici.

II. La pitié sera le chagrin que nous cause un malheur dont nous sommes témoins et capable de perdre ou d'affliger une personne qui ne mérite pas d'en être atteinte, lorsque nous présumons qu'il peut nous atteindre nous-mêmes, ou quelqu'un des nôtres, et cela quand ce malheur parait être près de nous. En effet, il est évident que celui qui va être pris de pitié est dans un état d'esprit tel qu'il croira pouvoir éprouver quelque malheur, ou lui-même, ou dans la personne de quelqu'un des siens, et un malheur arrivé dans les conditions énoncées dans la définition, ou analogues, ou approchantes.

III. Aussi la pitié n'est le fait ni de ceux qui sont tout à fait perdus, car ils croient ne plus pouvoir rien éprouver, ayant essuyé toutes sortes d'épreuves, ni de ceux qui se croient au comble de la félicité. Ceux-là, au contraire, vous blessent par leur arrogance ; en effet, s'ils croient que tous les biens sont faits pour eux, il est évident qu'ils prétendent ne souffrir aucun mal, ce qui est à mettre au nombre des biens.

IV. Il y a, au contraire, des personnes qui, par une disposition naturelle, sont portées à réfléchir qu'elles pourraient être éprouvées elles-mêmes, savoir : celles qui l'ont été déjà et qui ont pu se tirer d'affaire ; les vieillards, par bon sens et par expérience ; les gens faibles et les lâches encore davantage ; les personnes cultivées, lesquelles sont aptes à raisonner.

V. De même ceux qui ont des parents, des enfants, une femme, car ce sont des êtres qui les touchent de près et peuvent être frappés de malheurs analogues.

VI. De même encore ceux qui ne sont ni dans un état de passion qui tienne du courage, telle que la colère ou la témérité, car ces passions ne calculent pas l'avenir, — ni dans une disposition qui les porte à l'arrogance ; car les arrogants ne sont pas en état de calculer que la même épreuve pourra les affecter, mais plutôt dans une situation d'esprit intermédiaire. Il en est de même de ceux qui n'ont pas de vives alarmes, car on est sourd à la pitié quand un malheur nous frappe d'épouvante, parce que l'on est tout entier à ses propres épreuves.

VII. On aura de la pitié si l'on croit qu'il existe d'honnêtes gens ; car, si l'on n'a cette idée de personne, on trouve toujours que le malheur est mérité. Et, d'une manière générale, lorsqu'on sera disposé à se rappeler que la même calamité est tombée sur soi-même, ou sur les siens, ou encore à songer qu'elle peut nous atteindre, nous ou les nôtres. Voilà pour les divers états d'esprit où l'on a de la pitié.

VIII. Quant à ce qui inspire ce sentiment, la définition donnée le montre avec évidence. Parmi les choses affligeantes et douloureuses, toutes celles qui amènent la destruction excitent la pitié, ainsi que toutes celles qui suppriment un bien, et celles dont la rencontre accidentelle est une cause de malheurs d'une grande gravité.

IX. Sont des choses douloureuses et des causes de perte : la mort, la flagellation, les infirmités, la vieillesse, les maladies, le manque de nourriture.

X. Les malheurs accidentels sont le fait de n'avoir pas d'amis, ou de n'en avoir qu'un petit nombre. Voilà pourquoi être arraché à ses amis et à ses familiers est un sort qui excite la pitié. De même la laideur, la faiblesse, la difformité, un malheur résultant de ce qui devait légitimement produire un avantage, et la répétition fréquente de cette conséquence.

XI. De même encore, quand un bien ne nous arrive qu'après que le malheur a été subi. Exemple : Diopithès[1] était mort lorsqu'arrivèrent les présents du roi. Quand aucun avantage n'a été obtenu, ou, que, une fois obtenu, il n'a pu être mis à profit.

Telle est la nature et la variété des choses qui excitent la pitié.

XII. Quant aux personnes qui nous en inspirent, ce sont nos relations, lorsqu'elles ne sont pas tout à fait intimes ; car, pour celles-ci, nous éprouvons les mêmes sentiments que nous ferait éprouver notre propre situation. Voilà pourquoi Amasis ne pleura pas sur son fils que l'on conduisait à la mort, et pleura sur son ami qui demandait l'aumône. Le sort de celui-ci était lamentable, mais celui du premier était terrible : car le terrible diffère du lamentable ; il exclut même la pitié et, souvent, il peut favoriser le sentiment contraire[2].

XIII. On a aussi de la pitié lors qu'un danger terrible est imminent. Ce sentiment nous anime encore à l'égard de ceux qui ont avec nous des rapports d'âge, de caractère, de profession, d'opinions, de naissance ; car ces rapports nous font d'autant mieux voir que la même épreuve pourrait nous atteindre, et, d'une manière générale, il faut observer, à ce propos, que ce que l'on craint pour soi nous inspire de la pitié pour les autres qui l'éprouvent.

XIV. Comme les épreuves qui paraissent à notre portée excitent la pitié, tandis que, n'ayant ni l'appréhension, ni le souvenir de ce qui est arrivé il y a des centaines d'années, ou arrivera plus tard, nous ne ressentons aucune pitié, ou tout au moins le même genre de pitié, il s'ensuit nécessairement que ceux qui contribuent à nous représenter des faits lointains par leur costume, leur voix et, généralement, avec tout l'appareil théâtral, seront plus aptes à faire naître la pitié ; car ils rapprochent de nous le malheur qu'ils reproduisent devant nos yeux, soit comme futur ; soit comme passé.

XV. Les événements récents, ou ceux qui auront lieu bientôt, sont, pour la même raison, d'autant plus propres à exciter la pitié.

XVI. Ajoutons-y la production des objets et des travaux de ceux qui ont souffert : par exemple, leurs vêtements et toutes les autres choses analogues ; les discours tenus par eux pendant l'épreuve, ceux des mourants, par exemple, et surtout ce fait qu'ils se sont comportés dans de telles circonstances avec une grande dignité. Tout cela fait naître une pitié d'autant plus vive qu'il nous semble que les faits se passent près de nous, soit que le sort du patient nous semble immérité, soit que l'épreuve subie par lui nous semble avoir eu lieu sous nos yeux.

---

1. Fait inconnu d'ailleurs. Il s'agit probablement du général athénien dont parle Démosthène dans la troisième *Philippique*.
2. Aristote dira plus loin (ch. IX, § 1) que la pitié a pour contraire l'indignation.

IX. De l'indignation.

I. L'opposé de la pitié, c'est principalement l'indignation ; car il y a opposition entre la peine que nous cause un malheur immérité et celle que, dans un même sentiment moral, nous éprouvons à la vue d'un succès immérité ; et, dans les deux cas, ce sentiment est honnête.

II. En effet, il nous arrive nécessairement de compatir et de nous apitoyer quand le sort immérité est un échec, et de nous indigner quand c'est un succès : car ce qui a lieu contrairement à notre mérite est injuste ; voilà pourquoi nous attribuons aux dieux même le sentiment de l'indignation[1].

III. L'envie pourrait sembler, au même point de vue, être l'opposé de la pitié, comme se rapprochant de l'indignation et s'identifiant avec elle ; mais c'est autre chose. Il y a bien aussi, dans l'envie, un chagrin qui nous trouble et que suscite aussi la vue d'un succès ; seulement ce n'est pas, alors, le succès d'un indigne qui nous affecte, mais celui d'un égal ou d'un semblable. C'est cette considération, non pas qu'il nous arrivera autre chose, mais que cette chose nous arrivera à cause du prochain lui-même, qui frappe semblablement l'esprit de tout le monde[2] car il n'y aura plus envie dans un cas et pitié dans l'autre, mais la crainte, si un chagrin, ou un trouble, nous est causé par la circonstance que quelque inconvénient ne résulte pour nous du succès d'un autre.

IV. Il est évident que des sentiments contraires seront la conséquence de ces éventualités. Celui qu'afflige la réussite de gens qui n'en sont pas dignes se réjouira ou, du moins, ne sera pas péniblement affecté de l'échec des gens placés dans une situation contraire[3]. Par exemple, à la vue de parricides ou d'assassins quelconques subissant leur châtiment, personne, parmi les gens de bien, ne pourrait éprouver de peine ; car on doit plutôt se réjouir d'un tel dénouement. De même aussi à la vue de ceux qui remporteront un succès mérité.

Les deux solutions sont justes et réjouissent le cœur de l'homme équitable ; car il y puise, nécessairement, l'espoir que ce qui sera arrivé à son semblable lui arrivera aussi à lui-même.

V. Tous ces divers cas sont empreints du même caractère moral, et leurs contraires, du caractère contraire. Celui qui se réjouit du mal des autres est, en même temps, envieux ; car, étant donnée telle chose qu'il nous est pénible de voir se produire ou exister, nécessairement on sera heureux de la non-existence, ou de la destruction de cette même chose. Voilà pourquoi toutes ces dispositions d'esprit[4] qui empêchent, les unes comme les autres, la pitié de naître, mais diffèrent entre elles pour les motifs précités, contribuent d'une façon semblable à faire qu'il n'y ait pas de place pour la pitié.

VI. Parlons d'abord de l'indignation et voyons contre qui l'on s'indigne ; pour quels motifs ; dans quel état d'esprit ; puis nous examinerons d'autres passions.

VII. On voit clairement ce qu'il en est d'après les explications qui précèdent. En effet, si l'indignation consiste à s'affliger de voir quelqu'un réussir sans le mériter, il est dès lors évident que toutes les sortes de biens indistinctement ne feront pas naître l'indignation.

VIII. Ce ne sera jamais un homme, juste, ou brave, ou vertueux, qui suscitera l'indignation (car les diverses espèces de pitié n'auront pas de raison d'être à propos des contraires de ces qualités)[5] mais ce sera la richesse, le pouvoir et tels avantages dont, pour parler en général, sont dignes les gens de bien et ceux qui possèdent des biens naturels ; comme, par exemple, la noblesse, la beauté et toutes autres choses analogues[6].

IX. De plus, comme ce qui est ancien paraît se rapprocher de ce qui est naturel, il en résulte nécessairement que, en présence d'un même bien donné, c'est contre ceux qui le possèdent depuis peu et lui doivent la prospérité que l'on s'indigne le plus vivement[7]. Car la vue des gens nouvellement riches nous affecte plus que celle des gens qui le sont d'ancienne date et de naissance. Il en est de même de ceux qui possèdent l'autorité, la puissance, un grand nombre d'amis, une belle famille et tous les avantages analogues et, pareillement, s'il en résulte pour eux quelque autre bien encore. Et en effet, dans ce cas-là, les gens investis de l'autorité, s'ils sont riches depuis peu, nous affligent plus que lorsqu'ils sont riches d'ancienne date.

X. On peut en dire autant des autres cas[8] ; et la raison, c'est que les uns semblent posséder ce qui nous revient, et les autres, non : car ce qui nous apparaît comme ayant toujours été ainsi nous semble être de bon aloi, et, par suite, les autres posséder ce qui ne leur appartient pas.

XI. Et, comme chacun des biens n'est pas mérité par n'importe qui, mais qu'ils comportent une certaine corrélation et convenance (par exemple, la beauté des armes n'a pas de rapport de convenance avec le juste, mais avec le brave ; ni les brillants mariages avec les gens nouvellement enrichis[9], mais avec les nobles), conséquemment, si, tout en étant un homme de bien, on n'obtient pas un avantage qui réalise cette convenance, il y a place pour l'indignation ; et de même encore, si l'on voit un inférieur entrer en lutte avec un supérieur et, surtout, si le conflit porte sur un même objet. De là ces vers :

> Il (Cébrion) déclinait la lutte avec Ajax, fils de Télamon ;
> Car Zeus se fût indigné contre lui s'il eût combattu un homme qui lui était supérieur[10].

Si tel n'est pas le cas, il y a aussi celui où un homme, inférieur par un côté quelconque, lutterait contre un autre homme qui, par ce côté, lui serait supérieur, comme, par exemple, un musicien contre un homme juste ; car la justice est supérieure à la musique. Ainsi donc, contre quelles sortes de personnes et pour quels motifs nous éprouvons de l'indignation, on le voit clairement par ce qui précède ; car tels sont les motifs, ainsi que d'autres analogues.

XII. On est disposé à s'indigner (d'abord) dans le cas où l'on vient à mériter les plus grands biens et à les acquérir, car prétendre à des avantages semblables, quand on ne se trouve pas dans des conditions morales semblables, ce ne serait plus de la justice.

XIII. En second lieu, dans le cas où l'on est honnête et homme de valeur ; car, dans ce cas, on juge sainement et l'on hait l'injustice.

XIV. De même, si l'on a de l'ambition et un vif désir d'accomplir certaines actions et, surtout, si notre ambition a pour objectif tel avantage dont les autres seraient précisément indignes.

XV. En un mot, et d'une manière générale, ceux qui prétendent mériter telle chose dont ils ne jugent pas les autres dignes sont enclins à s'indigner contre ceux-ci, et à l'occasion de cette même chose. Voilà pourquoi les caractères serviles, sans valeur et sans ambition, ne sont pas susceptibles de s'indigner : il n'est rien dont ils se puissent croire eux-mêmes être dignes.

XVI. On voit aisément, d'après cela, dans quelles circonstances la malchance, les échecs, le manque de réussite des autres doivent nécessairement nous réjouir ou, du moins, nous laisser indifférents. Les explications qui précèdent donnent une idée claire des circonstances opposées. Par conséquent, si le discours met les juges dans une telle disposition, et que les personnes qui prétendent avoir droit à notre pitié, ainsi que les motifs allégués pour la faire naître, soient présentés comme indignes d'arriver à ce résultat et comme méritant plutôt de ne pas l'obtenir, il deviendra impossible que la pitié soit excitée.

---

1. Némésis est la personnification divinisée de ce sentiment.
2. Les envieux comme les gens indignés.
3. C'est-à-dire méritant cet échec.
4. La joie que fait éprouver le bonheur du juste à l'homme équitable et le malheur d'autrui à l'envieux.
5. Or, comme on l'a vu, la pitié est l'opposé de l'indignation.
6. Ce seront ces avantages qui susciteront l'indignation si nous les jugeons immérités
7. Toujours dans la même hypothèse.
8. Toujours dans la même hypothèse.
9. Toujours dans la même hypothèse.
10. Homère, *Iliade*, XI, 542, Le second vers n'est pas dans le vulgate de l'*Iliade*, mais se retrouve dans la *Vie d'Homère* du pseudo-Plutarque, avec une variante légère, mais inadmissible.

X. De l'envie.

I. On voit aisément quels motifs suscitent l'envie, quelles personnes nous font envie et dans quel état d'esprit sont les envieux ; s'il est vrai que l'envie est la peine que l'on éprouve à la vue d'un succès en fait de choses que nous avons considérées comme avantageuses par rapport à ceux d'une condition semblable à la nôtre, non pas eu égard à notre intérêt, mais à leur intérêt, à eux. En effet, on aura un sentiment d'envie vis-à-vis de personnes qui sont, ou paraissent être nos semblables.

II. J'entends par « nos semblables » ceux qui le sont par la naissance, les liens de parenté, l'âge, la profession, la considération, les moyens d'existence. Ceux-là seront envieux qui ont toutes sortes de biens, ou peu s'en faut ; c'est pour cela que ceux qui font de grandes affaires et qui ont du bonheur sont enclins à l'envie : ils s'imaginent toujours que ce qu'on acquiert leur appartient.

III. De même ceux qui obtiennent des distinctions exceptionnelles à quelque titre particulier, et principalement pour leur sagesse, ou pour leur bonheur. Les ambitieux sont aussi plus portés à l'envie que les gens dépourvus d'ambition. De même encore ceux qui affectent d'être des sages, car leur ambition est tournée du côté de la sagesse ; et, d'une manière générale, ceux qui recherchent la renommée en quelque chose sont envieux par rapport à cette même chose ; et encore les gens d'un petit esprit, car tout leur semble d'une grande importance.

IV. Quant aux motifs de l'envie, nous avons déjà parlé de ceux qui sont des avantages[1]. Les travaux dans lesquels on recherche la renommée ou les honneurs et pour lesquels on a soif de gloire, les événements heureux qui nous arrivent, presque tout cela laisse une place à l'envie et, principalement, ce qui est un objet de convoitise, ou ce que nous croyons nous être dû, ou encore les choses dont la possession contribue quelque peu à augmenter notre supériorité, on à diminuer notre infériorité.

V. On voit clairement aussi à qui l'on porte envie : nous l'avons expliqué du même coup ; c'est-à-dire que l'on porte envie à ceux que rapprochent de nous le temps, le lieu, l'âge, le genre de renommée. De là, ce vers :

> La parenté connaît, elle aussi, le sentiment de l'envie[2].

L'envie atteint encore ceux avec qui l'on est en rivalité, car on est en rivalité avec ceux dont nous venons de parler, tandis que ceux qui existaient il y a des centaines d'années, ou qui surviendront dans l'avenir, ou qui sont morts, personne n'est en rivalité avec eux, pas plus qu'avec ceux qui habitent aux Colonnes d'Hercule, ni ceux qu'une grande différence, en plus ou en moins, sépare de nous ou des autres. Voilà pour les objets d'envie et pour les envieux de cette sorte.

VI. Mais, comme on est en compétition avec ses concurrents, avec ses rivaux en amour, et, d'une manière générale, avec ceux qui convoitent le même objet que nous, il en résulte, nécessairement, que ce sont surtout ces sortes de personne qui excitent l'envie. De là le proverbe : « Potier contre potier[3]. »

VII. De même à ceux qui atteignent promptement leur but portent envie ceux qui l'atteignent avec peine ou ne l'atteignent pas du tout.

VIII. À ceux encore dont les acquisitions ou les succès sont un reproche pour nous ; c'est le cas de ceux qui nous touchent de près ou sont dans une condition semblable à la nôtre, car on sent bien que c'est par sa propre faute que l'on n'obtient pas le même avantage, et cette pensée, en causant du chagrin, fait naître l'envie.

IX. De même à ceux qui possèdent ou se sont procuré tels biens qu'il nous eût été convenable de posséder, ou que nous possédions jadis ; c'est ce qui fait que les vieillards portent envie aux jeunes gens.

X. Ceux qui ont fait de grandes dépenses pour une œuvre portent envie à ceux qui ont obtenu le même résultat à peu de frais.

XI. On voit clairement aussi de quoi se réjouissent les gens de cette sorte, quelles personnes leur font plaisir et dans quel état d'esprit ils se trouvent. En effet, s'ils s'affligent de ne pas être dans telle condition donnée, ils se réjouiront d'être mis dans cette condition par des motifs contraires. Par conséquent, si l'auditoire est dans cette disposition d'esprit et que ceux qui prétendent inspirer la pitié et obtenir ce qu'ils demandent soient des gens tels que nous l'avons expliqué, il est manifeste qu'ils ne réussiront pas à exciter la pitié de ceux qui disposent de leur sort.

---

1. Chap. IX, § 3.
2. Le scoliaste attribue ce vers à Eschyle.
3. Hésiode, *Œuvres et Jours*, vers 25.

XI. De l'émulation.

I. Dans quel état d'esprit a-t-on de l'émulation ; quels en sont les sujets et les motifs, c'est ce que rendra évident ce qui va suivre. En effet, si l'émulation est la peine que nous fait éprouver l'existence constatée de biens honorables dont l'acquisition pour nous est admissible, et obtenus par des gens dont la condition naturelle est semblable à la nôtre, peine causée non pas parce qu'un autre les obtient, mais parce que nous ne les obtenons pas nous-mêmes (aussi l'émulation est-elle un sentiment honnête et se rencontre-t-elle chez des gens honnêtes, tandis que celui de l'envie est vil et particulier aux âmes viles ; car le premier s'applique, par émulation, à obtenir les biens qu'il recherche et l'autre, par envie, à empêcher le prochain de les avoir), il résulte nécessairement de là que les personnes portées à l'émulation sont celles qui se jugent dignes de biens qu'elles n'ont pas, car personne n'a de prétention sur les biens dont l'obtention parait impossible.

Voilà pourquoi les jeunes gens et les esprits élevés sont animés de ce sentiment. Il en est de même de ceux qui possèdent tels biens dont seront dignes les hommes honorables, c'est-à-dire les richesses, de nombreuses relations, des fonctions publiques, et toutes choses analogues. En effet, comme c'est un devoir pour eux d'être des gens de bien, c'est parce que ces sortes d'avantages reviennent de droit aux gens de bien qu'ils excitent leur émulation.

II. Pareillement ceux que les autres jugent dignes (de ces biens).

III. Ceux dont les ancêtres, les parents, les familiers, la race, le pays sont honorables, trouvent dans ces circonstances un motif d'émulation ; car ils croient avoir une part de cette honorabilité et s'en jugent dignes.

IV. Maintenant, si les biens honorables sont faits pour exciter l'émulation, il s'ensuit, nécessairement, que les vertus sont dans ces conditions, ainsi que tout ce qui peut profiter aux autres et les obliger (car on honore également) ceux qui obligent et ceux qui sont honnêtes, et tous les biens dont la jouissance s'étend sur le prochain ; par exemple, la richesse et la beauté, plutôt que la santé[1].

V. On voit clairement aussi quels sont ceux qui doivent exciter notre émulation ; ce sont :

Ceux qui possèdent ces biens et d'autres de même nature, c'est-à-dire les biens que nous avons déjà énumérés, tels que le courage, la sagesse, la fonction publique, car les fonctionnaires publics peuvent rendre service à beaucoup de monde. De même les chefs d'armée, les orateurs, et tous ceux qui possèdent un pouvoir analogue.

VI. Ceux dont un grand nombre de gens voudraient avoir la situation[2], recherchent la société ou l'amitié ; ceux qui provoquent une admiration générale, ou la nôtre propre.

VII. Ceux dont l'éloge et les louanges sont célébrés par les poètes ou les logographes. On méprise ceux qui sont dans les conditions contraires, car le mépris est le contraire de l'émulation, le fait d'avoir de l'émulation le contraire de celui de mépriser ; et la conséquence nécessaire, c'est que ceux qui éprouvent un sentiment d'émulation, ou ceux qui l'inspirent, sont portés à mépriser les personnes et les choses dans lesquelles on trouve les inconvénients contraires aux avantages qui font naître l'émulation. C'est ce qui fait que l'on méprise souvent ceux qui ont du bonheur, lorsque la chance leur arrive sans être accompagnée de biens honorables.

Voilà ce que nous avions à dire pour exposer les moyens par lesquels peuvent être excitées et dissipées les passions dont se tirent les preuves.

---

1. La santé ne profitant qu'à celui qui la possède.
2. Littéralement, ceux à qui un grand nombre de gens voudraient être semblables. Aristote a dit plus haut (X, 2) ce qu'il entend par ὅμοιοι. Il s'agit plutôt, ici, d'une similitude de condition que de caractère.

XII. Des mœurs. — De celles de la jeunesse.

I. Maintenant, discourons sur les mœurs et voyons dans quels divers états d'esprit on se trouve suivant les passions, les habitudes, les âges et la bonne ou mauvaise fortune.

II. J'appelle *passions* la colère, le désir et tout ce qui a fait le sujet de nos explications précédentes ; — *habitudes* (ἕξεις), les vertus et les vices ; nous avons qualifié plus haut, à cet égard, les motifs des déterminations et des tendances de chacun[1]. Les âges sont : la jeunesse, l'âge mûr et la vieillesse. J'appelle « fortune » : la noblesse, la richesse, les facultés, leurs contraires et, généralement, le bonheur et le malheur.

III. Sous le rapport des mœurs, les jeunes gens sont susceptibles de désirs ardents et capables d'accomplir ce qui fait l'objet de ces désirs. En fait de désirs corporels, ils sont surtout portés à écouter celui qui

Poétique et Rhétorique

se rattache aux plaisirs de l'amour et ne peuvent le maîtriser.

IV. Ils sont changeants et promptement dégoûtés de ce qui les a passionnés. Leurs désirs sont violents, mais tombent vite. Leurs volontés sont intenses, mais sans grande force, comme la soif ou la faim chez les malades.

V. Ils sont enclins à la colère et à l'emportement, toujours prêts à suivre leurs entraînements et incapables de dominer leur fureur. Par amour-propre, ils ne supportent pas qu'on tienne peu de compte de leur personne, et se fâchent quand ils croient qu'on leur fait tort.

VI. Ils ont le goût des honneurs, ou, plutôt, de la victoire ; car la jeunesse est avide de supériorité, et la victoire en est une. Ils tiennent plus à ces deux avantages qu'à celui des richesses, ou, plutôt, ils n'ont aucunement l'amour des richesses, n'en ayant pas encore éprouvé le besoin, comme l'exprime l'apophtegme de Pittacus sur Amphiaraüs[2].

VII. Ils ne sont pas portés au mal ; ils ont plutôt un bon naturel, n'ayant pas encore eu sous les yeux beaucoup d'exemples de perversité. Ils sont confiants, n'ayant pas encore été souvent abusés.

VIII. Ils sont enclins à l'espérance ; cela vient de ce que la nature donne de la chaleur à la jeunesse, comme aux gens abreuvés de vin[3], et, en même temps, de ce qu'ils n'ont pas encore été beaucoup éprouvés par la mauvaise fortune. Ils vivent surtout d'espérance, car l'espérance a trait à l'avenir, et le souvenir au passé ; or, pour les jeunes gens, le passé est encore peu de chose, et l'avenir beaucoup. En effet, aux premier jours (de l'existence), ou trouve que le souvenir n'est rien et que l'espérance est tout. Ils sont faciles à tromper, pour la raison que nous avons donnée[4] ; en effet, ils espèrent volontiers.

IX. Ils sont plus braves (qu'on ne l'est à un autre âge). car ils sont prompts à s'emporter et ont bon espoir ; le premier de ces traits de caractère fait que l'un n'a pas peur, et le second donne de l'assurance. En effet, on n'a jamais peur quand on est en colère, et l'espoir d'obtenir un bien rend téméraire.

X. Ils ont de la retenue, car ils ne supposent pas encore qu'il y a d'autres choses belles en dehors de ce qui leur a été enseigné par la loi[5].

XI. Ils ont l'âme élevée, parce qu'ils n'ont pas encore été rabaissés par la pratique de la vie et qu'ils n'ont pas subi l'épreuve du besoin. De plus, rien n'élève l'âme comme de se croire digne de grandes choses ; or cette opinion est propre à celui qui a bon espoir.

XII. Ils se déterminent plutôt par le beau côté d'une action que par son utilité. Ils se conduisent plutôt d'après leur caractère moral[6] que d'après le calcul ; or le calcul tient à l'intérêt, et la vertu à ce qui est beau.

XIII. Ils ont le goût de l'amitié et de la camaraderie plus que les autres âges, parce qu'ils se plaisent à la vie commune et que rien n'est encore apprécié par

Poétique et Rhétorique

eux au point de vue de l'intérêt ; par conséquent, leurs amis non plus.

XIV. Leurs fautes proviennent toujours de ce qu'ils font plus et avec plus de véhémence qu'il ne convient, en dépit du précepte de Chilon[7], car ils exagèrent tout, l'amitié comme la haine, et tous les autres sentiments de même. Ils croient tout savoir et tranchent sur toutes choses. De là vient leur exagération en tout.

XV. Quand ils causent un préjudice, c'est par insolence, mais non par méchanceté. Ils sont enclins à la pitié, parce qu'ils supposent toujours que l'on est honnête et meilleur[8] ; car c'est à leur absence de méchanceté qu'ils mesurent la conduite du prochain et, par suite, ils supposent que celui-ci ne mérite pas le sort qu'il éprouve.

XVI. Ils aiment à rire, et c'est pour cela qu'ils plaisantent, car la plaisanterie est une impertinence polie.

Tel est le caractère des jeunes gens.

---

1. C'est le sujet du livre Ier.
2. Voici cet apophtegme :
   Σὺ δ' οὔπω χρυσῶν ἔρωτος ἐγεύσω
   Ἧι γὰρ ἂν χεῖρας εἶχες ἑτοίμους λαδεῖν ;
   Mais toi, tu n'as pas encore savouré l'amour de l'or ;
   Aurais-tu donc des mains prêtes à acquérir ?
3. Et que cette chaleur intérieure prédispose à voir les choses en beau.
4. § 7.
5. Voir le serment des éphèbes (A. Dumont, *Éphébie attique*, t. 1er, p. 9).

6. Nous lisons ἦθος au lieu de ἔθος. La confusion de ces deux leçons est fréquente dans les manuscrits. Cp. chap. suiv., § 14.
7. Μηδὲν ἄγαν, rien de trop.
8. Ou meilleur que l'on n'est, ou, plutôt trop bon poux mériter le sort qui fait pitié.

XIII. Des mœurs de la vieillesse.

I. Les vieillards et ceux qui ont passé l'âge mûr ont des traits de caractère empruntés, pour la plupart, aux contraires de ceux qui précèdent. Comme ils ont vécu de longues années ; que, le plus souvent, ils ont été abusés ; qu'ils ont commis des fautes ; que les actions humaines pour la plupart sont mauvaises, ils n'affirment rien et, en toute chose, ils agissent moins qu'il ne faut.

II. Ils croient, ils ne savent pas ; et, quand on discute, ils ajoutent : *peut-être, en effet, sans doute* ; ils s'expriment sur toute chose de cette façon, et sur rien avec assurance.

III. Ils sont malicieux ; car c'est de la malice que de supposer en tout de mauvaises intentions ; ils sont enclins aux soupçons à cause de leur manque de confiance, et ils manquent de confiance, parce qu'ils ont de l'expérience.

IV. Ils n'aiment, ni ne haïssent avec une grande force, pour la même raison ; mais, suivant la maxime de Bias, ils aiment comme s'ils devaient haïr un jour et haïssent comme si, plus tard, ils devaient aimer[1].

V. Ils ont l'esprit étroit, ayant été rabaissés par la pratique de la vie ; car rien de grand, rien de supérieur n'excite leurs désirs, tout entiers aux besoins de la vie.

VI. Ils ne sont pas généreux, parce que, pour eux, l'argent est une des choses nécessaires et que, en même temps, ils savent par expérience qu'il est difficile d'acquérir et facile de perdre.

VII. Ils sont timorés et tout leur fait peur. En effet, leurs dispositions sont le contraire de celles des jeunes gens. Ils sont glacés et ceux-ci pleins de feu ; par suite, la vieillesse se laisse guider par la peur : et en effet, la peur est une sorte de refroidissement.

VIII. Ils tiennent à la vie surtout dans leurs derniers jours, parce que leurs désirs portent sur ce qui n'est plus et que l'on désire surtout ce qui fait défaut.

IX. Ils s'aiment eux-mêmes plus qu'il ne faut, car il y a, là encore, de la petitesse d'esprit. Ils rapportent la vie à l'utile, mais non à ce qui est beau, plus qu'il ne convient, à cause de leur égoïsme. Car l'utile est un bien pour tel ou tel, tandis que le beau (moral) est un bien absolu.

X. Ils sont sans retenue plutôt que réservés, car, n'ayant pas autant de souci du beau que de l'utile, ils tiennent peu de compte de l'opinion.

XI. Ils ne sont pas portés à espérer, à cause de leur expérience, vu que la plupart des choses humaines sont mauvaises[2] et que par conséquent beaucoup d'entre elles tournent à mal, — et aussi à cause de leur pusillanimité.

XII. Ils vivent plutôt par le souvenir que par l'espoir ; car il leur reste peu de temps à vivre, et leur vie passée est déjà longue : or l'espérance a trait à l'avenir, et le souvenir au passé. De là vient leur loquacité ; car ils racontent perpétuellement ce qui leur est arrivé, trouvant du charme dans ces souvenirs.

XIII. Leurs colères sont vives, mais peu fortes, et le désir ou les a quitté, ou se montre faiblement ; par suite, ils sont incapables ou d'avoir des désirs, ou de mettre à exécution ceux qu'ils peuvent avoir, à moins que ce ne soit en vue d'un profit. C'est ce qui donne aux gens de cet âge l'apparence d'être tempérants, car les désirs passionnés se sont calmés et ils sont asservis à l'intérêt.

XIV. Ils conforment leur vie au calcul plutôt qu'au caractère moral, car le calcul dépend de l'intérêt, et le caractère moral dépend de la vertu. Quand ils causent un préjudice, c'est pour nuire, et non par insolence.

XV. Les vieillards sont, eux aussi, accessibles à la pitié, mais non pour la même raison que les jeunes gens. Ceux-ci le sont par humanité, et les vieillards par faiblesse ; car ils se croient toujours au moment d'avoir une épreuve à subir : or ce sentiment est, nous l'avons vu[3], propre à ceux qui sont enclins à la pitié. De là vient qu'ils sont toujours à se plaindre, qu'ils ne plaisantent point et qu'ils n'aiment pas à rire ; car le penchant aux lamentations est le contraire du caractère qui aime à rire.

XVI. Telles sont donc les mœurs des jeunes gens et celles des vieillards. Ainsi, comme tout le monde goûte les discours prononcés dans le sens de son caractère moral et leurs analogues, il n'est pas malaisé de voir quel usage on devra faire de la parole pour se donner à soi-même et donner à ses discours une apparence conforme à ce caractère.

---

1. Cp. Cicéron, *De Amicitia*, 16.
2. Cp. § 1.
3. Ci-dessus, chap. VIII, § 3.

XIV. Des mœurs de l'homme fait.

I. Ceux qui sont dans la force de l'âge auront, évidemment, un caractère moral tenant le milieu entre les jeunes gens et les vieillards et retranchant ce qui est en excès chez les uns et les autres. Ils ne sont ni extrêmement audacieux, car l'audace portée à l'excès est témérité, ni trop timorés, mais dans une bonne disposition d'esprit par rapport à ces deux sentiments.

II. Ils ne se fient pas au premier venu ; ils ne se défient pas, non plus, de tout le monde, mais leurs jugements sont en rapport avec la vérité. Ils ne vivent pas rien que pour le beau, ni rien que pour l'utile, mais pour l'un et l'autre ; ni avec parcimonie, ni avec prodigalité, mais dans une mesure convenable.

III. Il en est de même à l'égard de la colère et du désir ; ils sont tempérants avec courage, et courageux avec tempérance. Chez les jeunes gens et chez les vieillards, ces deux qualités sont distinctes : car la jeunesse est brave, mais intempérante ; la vieillesse tempérante, mais timorée. Pour parler d'une manière générale, les qualités avantageuses que possèdent séparément la jeunesse et la vieillesse, ils les réunissent, et, pour celles qui sont en excès ou en défaut, ils les ont dans une juste proportion.

IV. Le corps est dans toute sa force depuis l'âge de trente ans jusqu'à trente-cinq, et l'âme vers l'âge de quarante-neuf ans[1].

Voilà ce que nous avions à dire sur la jeunesse, la vieillesse et la force de l'âge.

---

1. Jusqu'à sept ans l'homme est : παιδίον ;
   —Jusqu'à quatorze : παῖς ;
   —Jusqu'à vingt et un : μειράκιον ;
   —Jusqu'à vingt-huit : νεανίσκος ;
   —Jusqu'à trente-cinq : ἀνήρ.
   Viennent ensuite les âges appelés : ἄκμη, παράκμη, ὠμόγηρας, et enfin γῆρας. (Scolie anonyme sur la *Métaphysique d'Aristote*, A P. 985, éd. Bekker.).

XV. Des mœurs des nobles.

I. Parlons maintenant des biens procurés par la fortune ; voyons quelle influence ils exercent sur les mœurs des hommes qui en sont pourvus.

II. Le caractère moral de la noblesse consiste en ce que celui qui la possède est d'autant plus ami de la gloire. En effet, tout le monde a pour habitude, un bien obtenu, de chercher à l'augmenter ; et la noblesse, c'est l'honneur des ancêtres. Il consiste aussi à mépriser même ceux qui sont d'une condition semblable à celle de nos propres ancêtres. Cela tient à ce que telles choses, considérées à distance, sont plus propres que celles qui sont placées sous nos yeux à donner de l'honneur et de la vanité.

III. La noblesse réside dans la haute valeur de la race ; la générosité, dans le fait de ne pas s'écarter de sa nature. C'est ce qui arrive souvent aux nobles ; beaucoup d'entre eux ont une mince valeur. En effet, il en est des produits de la race humaine comme de ceux de la terre : parfois, si la race est bonne, il surgit, de temps à autre, des hommes supérieurs ; puis elle reprend son mouvement ordinaire de propagation. Les races bien douées finissent par en venir à des mœurs plus insensées. Tels les descendants d'Alcibiade et ceux du premier Denys. Les races d'un caractère solide et posé tournent à la sottise et à l'hébétement ; ainsi la descendance de Cimon, de Périclès et de Socrate.

XVI. Des moeurs inhérentes à la richesse.

I. Quelles moeurs accompagnent la richesse, tout le monde le voit aisément. On devient arrogant et hautain, sous l'influence de la richesse que l'on acquiert. Les riches s'imaginant qu'ils possèdent tous les biens, leur disposition morale s'en ressent ; car la richesse est, en quelque sorte, le moyen d'appréciation de toutes les autres choses, et, pour cette raison, tout semble pouvoir être acheté.

II. Les riches sont délicats et fastueux : délicats, à cause de leurs habitudes de mollesse et de leur penchant à faire montre de leur prospérité ; fastueux et vains, parce que tous les hommes passent leur vie, d'ordinaire, à rechercher ce qui leur plaît et ce qu'ils admirent et que, dans leur opinion, les autres ont de l'émulation à propos des mêmes objets qu'eux-mêmes. Cette impression, après tout, n'a rien que de naturel, car beaucoup de gens ont besoin de ceux qui possèdent. De là cette réponse de

ARISTOTE

Simonide, sur les sages et les riches, à la femme de Hiéron qui lui demandait lequel valait mieux de devenir sage, ou de devenir riche : « Riche, dit-il, car on voit les sages passer leur vie à la porte des riches. »

III. Ils se croient dignes d'occuper les charges ; car ils croient posséder ce qu'il faut pour les mériter. En somme, la richesse donne les moeurs d'un insensé heureux.

IV. Il y a cette différence, entre les moeurs d'un homme nouvellement riche et celles de l'homme riche d'ancienne date, que, chez les gens nouvellement riches, plutôt que chez les autres, tous les défauts sont plus accentués. Car la condition de l'homme nouvellement riche est comme une richesse mal acquise. Les préjudices qu'ils causent n'ont pas la méchanceté pour mobile, mais un penchant tantôt à l'arrogance, tantôt à l'intempérance, qui les porte soit aux voies de fait, soit au libertinage.

XVII. Des moeurs des puissants et des heureux.

I. Semblablement aussi, en ce qui concerne la puissance, les moeurs sont, pour la plupart, faciles à reconnaître. Les unes sont, en effet, les mêmes dans la puissance que dans la richesse, et d'autres valent mieux.

II. Les puissants sont d'un caractère plus jaloux de l'honneur et plus brave que les riches, parce qu'ils tendent à des actions qu'il leur est loisible d'accomplir en raison de leur pouvoir.

III. Ils sont capables d'une plus grande activité, parce qu'ils sont préoccupés, se voyant forcés de veiller à ce qui constitue leur puissance.

IV. Ils sont plutôt dignes que (simplement) graves ; car le prestige de leur situation les met plus en vue, et c'est pour cela qu'ils gardent la mesure. Or la dignité est une gravité où l'abandon s'allie à la bienséance. Lorsqu'ils causent un préjudice, il n'est pas de mince, mais de grande importance.

V. Le bonheur comporte, dans les détails, ces mêmes moeurs que nous venons de décrire ; Car c'est à ces détails que se rattachent les événements qui semblent être les plus grands bonheurs ; — et aussi à la possession d'une belle famille. De plus, le bonheur procure en abondance les avantages corporels.

VI. Le bonheur nous rend plus orgueilleux et plus déraisonnables. Du reste, il y a un trait de caractère excellent qui accompagne le bonheur, c'est l'amour des dieux et la confiance en leur pouvoir que nous inspire la jouissance des biens qui nous viennent de la fortune. Nous avons parlé des moeurs dans leurs rapports avec l'âge et avec la fortune. Les moeurs des gens placés dans des conditions contraires sont faciles à reconnaître d'après les traits contraires ; telles, par exemple, celles du pauvre, du malheureux, de l'homme sans puissance.

XVIII. Des traits communs à tous les genres de discours.

I. L'emploi des discours persuasifs a pour objet un jugement, car, sur une question connue et jugée, il n'y a plus besoin de discourir. Mais il y a lieu de le faire, soit que l'on parle à une personne seule pour l'exhorter ou la détourner, comme font, par exemple, ceux qui réprimandent ou veulent persuader. Un juge, pour être seul, ne l'en est pas moins, attendu que celui qu'il s'agit de persuader est, absolument parlant, un juge ; et il en est ainsi, soit qu'il y ait une question à débattre, ou un sujet à développer. En effet, il faut, dans les deux cas, avoir recours à la parole et détruire les arguments contraires, auxquels on répond comme on répond à un contradicteur. Il en est de même dans les discours démonstratifs. En effet, les assistants devant lesquels un (tel) discours est adressé sont assimilés à des juges. Toutefois[1], il n'est de juge, absolument parlant, que celui qui décide les choses mises en question dans les débats civils et politiques[2] ; car toute question débattue porte soit sur une contestation, soit sur un point mis en délibération. Or nous avons déjà parlé précédemment des mœurs qui se rencontrent dans les divers gouvernements, dans le chapitre relatif aux discours délibératifs[3] ; de sorte que l'on pourrait regarder comme déterminé de quelle manière et avec quels arguments nous mettrons les discours en rapport avec les mœurs.

II. Mais, comme chaque genre de discours a une fin différente, et que, pour tous ces discours, on a exposé les opinions et les propositions d'où se tirent les preuves dans les genres délibératif, démonstratif ou judiciaire, et que, de plus, on a spécifié les arguments dont se composent les discours en rapport avec les mœurs, il nous reste à discourir sur les (lieux) communs.

III. En effet, il est nécessaire à tous les orateurs d'employer, dans leurs discours, en outre (des arguments spéciaux), ceux qui reposent sur le possible et l'impossible ; et ils ont à tâcher de montrer : les uns, que la chose en question aura lieu, les autres, qu'elle a eu lieu.

IV. Ce n'est pas tout : la question d'importance est un lieu commun à tous les genres de discours ; car tout le monde emploie des arguments qui tendent soit à diminuer, soit à grandir l'importance d'un fait, soit que l'on conseille ou que l'on dissuade, qu'on fasse un éloge, ou qu'on présente une défense.

V. Ces points déterminés, nous essayerons de parler des enthymèmes en général, si nous le pouvons, ainsi que des exemples, afin qu'après y avoir ajouté

Poétique et Rhétorique

tout ce qui reste à dire, nous ayons rempli tout le programme que nous avons tracé dès le principe. Parmi les lieux communs, celui qui sert à l'amplification est, nous l'avons dit[4], celui qui convient le mieux aux discours démonstratifs ; le fait accompli, aux discours judiciaires, car c'est sur ces sortes de faits que porte le jugement ; — enfin le possible et le futur aux discours délibératifs.

---

1. On a lu ὅμως.
2. Πολιτιχός a le double sens de *civil* et de *politique*.
3. Liv I, Chap III
4. Liv. I, chap. IX.

XIX. Sur le possible et l'impossible.

I. Parlons d'abord des divers (cas) possibles et impossibles. Si une chose contraire peut exister ou avoir existé, son contraire pourrait paraître possible ; par exemple, s'il est possible qu'un homme ait été bien portant, il est possible aussi qu'il ait été malade. Car la possibilité est la même pour deux faits contraires, en tant que contraires.

II. De même, si le semblable est possible, son semblable l'est aussi.

III. Si une chose plus difficile est possible, une chose plus facile l'est pareillement.

IV. Si la qualité de sérieuse ou de belle peut appartenir à une chose, il est possible aussi qu'elle existe d'une manière générale. Car il est plus difficile qu'une maison soit belle qu'il ne l'est qu'une maison existe.

V. La chose dont le commencement peut exister peut avoir aussi une fin ; car il n'existe rien, et rien ne peut commencer à être de ce qui est impossible : par exemple, cette proposition qu'il y a commune mesure entre le diamètre (d'un cercle et la circonférence) ne peut commencer à exister, ni exister. La chose dont la fin est possible peut aussi avoir un commencement ; car toutes choses existent à partir d'un commencement.

VI. Si la chose postérieure est possible par essence ou par production, la chose antérieure l'est aussi ; par exemple, s'il est possible qu'un homme existe, le fait qu'un enfant existe l'est aussi ; car celui-ci est antérieur. De même, si l'existence de l'enfant est possible, celle de l'homme l'est aussi, car celui-là en est le commencement.

VII. De même les choses pour lesquelles on éprouve naturellement de l'amour ou de vifs désirs ; car, le plus souvent, on n'aime ni ne désire ce qui ne peut exister.

VIII. Les choses qui donnent lieu aux sciences ou aux arts peuvent exister ou se produire.

IX. De même celles dont le commencement d'existence est dans des conditions telles que nous pouvons contraindre ou persuader, quelqu'un de les accomplir. Telles, par exemple, celles qui dépendent de ceux dont nous sommes les supérieurs, les maîtres et les amis.

X. Celles dont les parties peuvent exister le peuvent aussi, le plus souvent, dans leur ensemble. Celles dont l'ensemble est possible le sont aussi dans leurs parties : en effet, si l'empeigne, le contrefort et la tige peuvent se faire, la chaussure est faisable ; et si la chaussure l'est, l'empeigne, le contrefort et la tige le sont aussi[1].

XI. De même, si le genre tout entier est possible, l'espèce l'est pareillement ; et si l'espace l'est, le genre l'est aussi. Par exemple, si un navire peut être construit, une galère peut l'être ; et si une galère est faisable, un navire l'est aussi.

XII. Si l'une des deux choses qui se trouvent naturellement en rapport est possible, l'autre l'est pareillement. Par exemple, si le double l'est, la moitié le sera ; et si la moitié l'est, le double le sera.

XIII. Si une chose peut être produite sans le secours de l'art et sans préparation, elle sera encore plus possible avec de l'art et de l'application. De là les vers d'Agathon[2] :

> Oui, certes, on fait bien certaines choses
>   avec l'aide de la fortune, mais il en est
>   d'autres qui exigent le concours de la né-
>   cessité et de l'art.

XIV. Ce qui est possible à des gens plus incapables, ou inférieurs, ou plus dénués de sens, le sera encore plus à ceux qui ont les qualités contraires. C'est dans ce sens qu'Isocrate disait qu'il serait malheureux que, ce qu'Euthynos avait appris, lui-même ne pût arriver à le connaître[3].

XV. Quant à l'impossible, on voit clairement qu'il se tire des arguments contraires à ceux que l'on vient d'expliquer.

XVI. La question de savoir si un fait a eu, ou n'a pas eu lieu, doit être examinée d'après les données qui vont suivre. D'abord, si ce qui a naturellement moins de chance d'arriver a lieu, ce qui a plus de chance d'arriver a dû avoir lieu.

XVII. Si ce qui d'ordinaire arrive postérieurement a eu lieu, ce qui arrive antérieurement a eu lieu aussi. Par exemple, si l'on a oublié, c'est qu'on a appris à une certaine époque.

XVIII. Si l'on peut et veut faire une chose, on la fait toujours ; car rien n'empêche. Et aussi lorsqu'on a une volonté, et que rien du dehors ne vient l'entraver.

XIX. De même, lorsque l'on a le pouvoir de faire une chose et que l'on se met en colère ; lorsqu'on a ce pouvoir et qu'un vif désir nous entraîne ; car, le plus souvent, on satisfait sa passion lorsqu'on le peut : les gens vicieux par intempérance, et les gens honnêtes parce qu'ils n'ont que des désirs honnêtes.

XX. Si une chose a été sur le point d'être faite, elle a dû se faire ; car il y a vraisemblance que celui qui va pour accomplir une action l'accomplisse.

XXI. De même, si un fait s'est produit qui a lieu naturellement avant le fait en question, ou à cause de ce fait : par exemple, s'il a éclairé, il a tonné aussi ; si l'on a essayé, on a fait aussi. Pareillement, si un fait s'est produit qui a lieu naturellement après le fait en question, ou à cause de ce fait, le fait antérieur a dû avoir lieu ainsi que sa cause ; par exemple, s'il a tonné, il a éclairé aussi. De toutes ces choses, les unes se passent ainsi, ou par une conséquence nécessaire, ou la plupart du temps.

XXII. Quant à la non-existence d'un fait, on voit qu'elle s'établit par les arguments contraires à ceux que nous venons d'exposer.

Les arguments relatifs au fait futur sont faciles à reconnaître d'après les mêmes raisonnements ; en effet, ce qui est en notre pouvoir et dans nos desseins existera.

XXIII. De même les choses qui nous sont suggérées par un désir passionné, par la colère et par le calcul, lorsque nous avons la puissance. Pour la même raison, s'il y a en nous un élan ou une disposition à faire immédiatement une chose, cette chose aura lieu ; car, le plus souvent, ce qui est imminent arrive plutôt que ce qui ne l'est pas.

XXIV. De même, si un fait a précédé qui soit de nature à se produire antérieurement. Par exemple, si le ciel est chargé de nuages, il est vraisemblable qu'il pleuvra.

XXV. Et encore, si un fait a été produit en vue de tel autre, il est vraisemblable que celui-ci doit avoir lieu. Par exemple, s'il y a des fondations, il y aura aussi une maison.

XXVI. En ce qui concerne la grandeur et la petitesse des choses, le plus et le moins et, d'une manière générale, les choses grandes et petites, c'est facile à reconnaître d'après nos explications précédentes[4]. Dans les pages relatives aux discours délibératifs, on a traité de la grandeur des biens et, généralement, du plus et du moins. Ainsi donc, comme, dans chaque (genre) de discours, le but qu'on se propose est un bien, tel, par exemple, que l'utile, le beau, le juste, c'est évidemment à ces éléments que tous les orateurs doivent emprunter leurs amplifications.

XXVII. Chercher au delà, quand il s'agit de grandeur absolument parlant et de supériorité, c'est parler pour ne rien dire ; car, lorsqu'on traite une question, les faits particuliers ont plus de poids que les généralités.

Ainsi donc, voilà ce qu'il y avait à dire ; sur le possible et l'impossible, sur le point de savoir si un fait a eu lieu ou non, et aura lieu ou non, enfin sur la grandeur et la petitesse des choses.

---

1. Traduction conjecturale. — On a lu quelquefois vêtement, au lieu de ὑπόδημα, chaussure.
2. Poète tragique, disciple de Platon.
3. Cp. Isocrate, collection Didot, p. 281.
4. Liv. I, chap. VII.

XX. Sur les exemples, leurs variétés, leur emploi, leur opportunité.

I. Il nous reste à parler des preuves communes à tous (les genres), puisque l'on a parlé des preuves particulières (à chacun d'eux). Les preuves communes sont de deux sortes : l'exemple et l'enthymème, car la sentence est une partie de l'enthymème.

II. Parlons donc, en premier lieu, de l'exemple, car l'exemple ressemble à l'induction ; or l'induction est un point de départ.

Il y a deux espèces d'exemples : l'une consiste à relater des faits accomplis antérieurement ; dans l'autre, on produit l'exemple lui-même. Cette dernière espèce est tantôt une parabole, tantôt un récit, comme les récits ésopiques ou les récits libyques.

III. Il y aurait exemple de la première espèce si l'on disait qu'il faut faire des préparatifs (de guerre) contre le Roi et ne pas le laisser mettre la main sur l'Égypte, en alléguant qu'effectivement, jadis, Darius ne passa (en Grèce) qu'après s'être rendu maître de l'Égypte et que, après l'avoir prise, il passa (en Grèce). Xerxès, à son tour, ne marcha (contre la Grèce) qu'après s'être rendu maître (de l'Égypte), et, une fois maître (de ce pays), il passa (en Grèce) ; de sorte que, si le Roi (actuel) vient à prendre l'Égypte, il marchera (contre nous). Il ne faut donc pas (la) lui laisser prendre.

IV. La parabole, ce sont les discours socratiques comme, par exemple, si l'on veut faire entendre qu'il ne faut pas que les charges soient tirées au sort, on alléguera que c'est comme si l'on tirait au sort les athlètes (choisissant) non pas ceux qui seraient en état de lutter, mais ceux que le sort désignerait ; ou comme si l'on tirait au sort, parmi les marins, celui qui tiendra le gouvernail et qu'on dût choisir celui que le sort désigne, et non celui qui sait s'y prendre.

V. Le récit c'est, par exemple, celui de Stésichore au sujet de Phalaris[1], et celui d'Ésope au sujet du démagogue. Stésichore[2], voyant les habitants d'Himère choisir Phalaris pour dictateur militaire et se disposer à lui donner une garde du corps, après avoir touché divers autres points, leur fit ce récit : « Un cheval occupait seul un pré ; survint un cerf qui détruisit sa pâture. Il voulut se venger du cerf et demanda à un homme s'il ne pourrait pas l'aider à châtier le cerf. L'homme lui répondit que oui, s'il acceptait un frein et que lui-même le montât en tenant des épieux à la main. (Le cheval) ayant consenti et (l'homme) l'ayant monté, au lieu d'obtenir vengeance, le cheval fut, dès lors, asservi à l'homme.

Vous de même, dit-il, prenez garde que, en voulant tirer vengeance de l'ennemi, vous ne subissiez le même sort que le cheval. Vous avez déjà le mors, ayant pris un général dictateur ; mais, si vous lui donnez une garde et que vous vous laissiez monter dessus, dès lors, vous serez asservi à Phalaris[3]. »

VI. Ésope, plaidant à Samos pour un démagogue sous le coup d'une accusation capitale, s'exprima en ces termes : « Un renard, qui traversait un fleuve, fut entraîné dans une crevasse du rivage. Ne pouvant en sortir, il se tourmenta longtemps et une multitude de mouches, de chiens ou tiquets, s'acharnèrent après lui. Un hérisson, errant par là, l'aperçut et lui demanda avec compassion s'il voulait qu'il lui ôtât ces mouches. Il refusa ; le hérisson lui ayant demandé pourquoi : « C'est que celles-ci, dit-il, sont déjà gorgées de mon sang et ne m'en tirent plus qu'une petite quantité mais, si tu me les ôtes, d'autres mouches, survenant affamées, suceront ce qu'il me reste de sang. » Eh bien ! donc, dit Ésope, celui-ci, Samiens, ne vous fait plus de mal, car il est riche ; tandis que, si vous le faites mourir, d'autres viendront, encore pauvres, dont les rapines dévoreront la fortune publique.»

VII. Les récits sont de mise dans les harangues ; ils ont ce bon côté que, trouver des faits analogues à puiser dans le passé est chose difficile, tandis qu'inventer des histoires est chose facile ; car il faut les imaginer, comme aussi les paraboles, en veillant à ce que l'on puisse saisir l'analogie, ce qui est facile avec le secours de la philosophie.

VIII. Ainsi les arguments sont plus aisés à se procurer que l'on emprunte aux apologues ; mais ils sont plus utiles à l'objet de la délibération quand on les emprunte aux faits historiques ; car les faits futurs ont, le plus souvent, leurs analogues dans le passé.

IX. Il faut recourir aux exemples, soit que l'on n'ait pas d'enthymèmes à sa disposition — et alors c'est à titre d'arguments démonstratifs, car la preuve s'établit par leur moyen, — soit que l'on en ait, et c'est à titre de témoignages appliqués comme des épilogues (péroraisons) s'ajoutant aux enthymèmes. Les exemples placés en tête d'un discours ressemblent à une induction ; or l'induction n'est pas un procédé familier aux orateurs, sauf dans un petit nombre de cas. Mais ceux qui figurent comme épilogues ressemblent à des témoignages ; or le témoin a toujours un caractère persuasif. Aussi l'orateur qui les place au début est obligé de s'étendre longuement, tandis que, pour celui qui les emploie comme épilogues, un seul exemple peut suffire ; car un témoin sûr, fût-il unique, est utile.

---

1. Cp. Horace, *Ep.*, I, 10, 34.
2. Interpolation présumée.
3. Cp., dans La Fontaine, *Le cheval s'étant voulu venger du cerf*, l. IV, fable 13

XXI. Sur la sentence, ses variétés, son emploi, son utilité.

I. Quant aux discours à sentences, après avoir dit ce que c'est que la sentence, il nous sera très facile de voir sur quelles sortes de sujets, dans quels cas et à qui il convient de recourir au langage sentencieux dans les discours.

II. La sentence est une affirmation portant non pas sur des faits particuliers, comme, par exemple, sur le caractère moral d'Iphicrate, mais sur des généralités ; ni sur toutes choses indistinctement, comme, par exemple, cet énoncé que la ligne droite est le contraire de la ligne courbe, mais sur toutes choses relatives à des actions et sur la question de savoir le parti qu'il faut prendre, ou repousser, en vue d'une affaire. Ainsi donc, comme les enthymèmes sont des syllogismes qui portent sur telle ou telle chose, presque toujours les conclusions des enthymèmes et leurs points de départ, abstraction faite du syllogisme, sont des sentences. Exemple :

Poétique et Rhétorique

> Un homme qui a du bon sens ne doit jamais enseigner à ses enfants une science superflue.

Cela est une sentence. Si l'on y ajoute la cause et la raison, le tout formera un enthymème. Exemple :

> Car, sans parler des autres effets de leur oisiveté, ils s'attireront l'envie haineuse de leurs concitoyens ;

Et ceci :

> Il n'est personne qui soit heureux en tout ;

Et ceci :

> Il n'est personne parmi les hommes qui soit libre.

Voilà une sentence, et, avec ce qui suit, un enthymème :

> Car on est esclave ou de la richesse, ou de la fortune.

III. Si la sentence est ce que nous avons dit, il s'ensuit nécessairement qu'il y a quatre espèces de sentences. Il y aura des sentences avec épilogue, ou des sentences sans épilogue[1].

IV. Les unes réclament une démonstration : ce sont celles qui expriment une pensée paradoxale ou controversée ; celles qui n'expriment rien de paradoxal ne sont pas accompagnées d'épilogue.

V. Parmi celles-ci, les unes, la question étant connue d'avance, n'ont, par une conséquence nécessaire, aucun besoin d'un épilogue. Exemple :

> Le plus grand bien, pour un homme, c'est, à notre avis du moins, de se bien porter.

En effet, ce parait être une opinion commune. Il en est d'autres qui, aussitôt énoncées, deviennent évidentes pour ceux qui les examinent. Exemple :

> Il n'est pas amoureux celui qui n'aime pas toujours.

VI. Parmi les sentences avec épilogue, les unes sont une partie d'enthymème, comme celle-ci :

> Il ne faut jamais qu'un homme qui a du bon sens...

D'autres tiennent de l'enthymème, mais ne sont pas une partie d'enthymème ; ce sont les plus recherchées. Telles sont les sentences dans lesquelles on reconnaît la raison de la pensée qu'elles expriment. Exemple :

> Ne garde pas une colère immortelle, étant toi-même mortel.

En effet, le fait de dire qu'il ne faut pas garder toujours sa colère, c'est une sentence ; et la proposition additionnelle « étant toi-même mortel » en est l'explication.

Autre exemple analogue :

> Le mortel doit songer aux choses mortelles ;
> les choses immortelles ne doivent pas occuper le mortel.

VII. On voit clairement, d'après ce qui précède, combien il y a d'espèces de sentences, et à quel objet il convient d'en appliquer chaque espèce. Sur des matières controversées ou paradoxales, la sentence ne peut se passer d'épilogue ; mais il faut ou que l'épilogue, placé au début, emploie la sentence à titre de conclusion, comme, par exemple, si l'on dit :

> Quant à moi, je dis que, puisqu'on ne doit ni exciter l'envie, ni vivre dans l'oisiveté, il ne faut pas s'instruire ;

— ou que celui qui a débuté par ces derniers mots dise ensuite ce qui a précédé. Sur des matières non paradoxales, mais obscures, il faut ajouter le pourquoi en termes très précis[2].

VIII. Dans les cas de cette sorte, ce qui convient, ce sont les apophtegmes lacédémoniens et ceux qui tiennent de l'énigme ; comme, par exemple, si l'on voulait dire ce que Stésichore disait en présence des Locriens :

ARISTOTE

> Il ne faut pas être provocants, de peur que
> vos cigales ne chantent à même la terre[3].

IX. L'usage des sentences convient au vieillard, en raison de son âge et pourvu qu'il les applique à des sujets dont il a l'expérience. Qu'il y ait inconvenance à parler par sentences quand on n'est pas arrivé à cet âge, comme aussi à raconter des histoires ; et sottise, mauvaise éducation à lancer des sentences à propos de questions que l'on ne possède pas, en voici une marque suffisante : c'est que les gens grossiers sont, plus que personne, grands faiseurs de sentences et lancent volontiers des apophtegmes.

X. L'énoncé d'une généralité, à propos d'un fait qui n'est pas général, est de mise dans un mouvement oratoire où l'on cherche des effets d'attendrissement ou d'indignation ; soit qu'on place ces effets dans l'exorde, ou après la démonstration[4].

XI. Il faut employer des sentences consacrées par l'usage et d'une application générale, si l'on peut le faire utilement ; car leur caractère général, justifié par le consentement unanime, en fait ressortir l'à-propos. Ainsi, par exemple, quand on exhorte à braver un danger des gens qui n'ont pas sacrifié :

> Le seul augure vraiment bon, c'est de se
> battre pour son pays[5] ;
> ou des gens qui sont plus faibles que
> l'ennemi :
> Mars est pour les uns comme pour les
> autres[6] ;

ou (pour exhorter) à faire périr les enfants des ennemis, bien qu'inoffensifs :

> Insensé celui qui, après avoir tué le père,
> laisserait vivre les enfants[7].

XII. Il y a, en outre, quelques proverbes qui sont en même temps des sentences ; celui-ci, par exemple : « Voisin athénien[8]. »

XIII. Il faut encore énoncer des sentences pour réfuter les dictons qui sont dans le domaine public (je nomme ainsi, par exemple, le mot : « Connais-toi toi-même »), ou « Rien de trop, » lorsque le caractère moral (de l'orateur) doit en paraître meilleur, ou que l'on s'est exprimé avec passion. Or on s'exprime avec passion si, transporté de colère, on déclare qu'il est faux qu'on doive se connaître soi-même ; c'est-à-dire que, si (l'adversaire) s'était connu lui-même, il n'aurait jamais eu la prétention de conduire une armée. Le caractère moral sera présenté comme meilleur si l'on avance qu'il ne faut pas, comme on le dit, aimer comme si l'on devait haïr un jour, mais plutôt haïr comme si l'on devait aimer.

XIV. Il faut manifester ses intentions en termes exprès, ou sinon, alléguer au moins un motif, Par exemple, en s'exprimant soit de la manière suivante : « Il faut aimer, non pas comme on le dit[9], mais comme si l'on devait aimer toujours ; car l'autre façon est d'un traître ; » soit de cette manière-ci : « Je ne goûte pas le précepte connu, car le véritable ami doit aimer comme s'il devait aimer toujours ; » ni cet autre : « Rien de trop, car on doit vouer aux méchants une haine extrême ».

XV. Les sentences offrent une grande ressource dans les discours, laquelle tient uniquement à la vanité des auditeurs. En effet, ceux-ci se complaisent à voir l'orateur, en énonçant une généralité, rencontrer telles opinions qu'ils ont, eux, sur un point particulier. Je vais expliquer mon dire et, tout ensemble, le moyen de se procurer des sentences. La sentence, comme on l'a dit plus haut[10], est une affirmation générale. Or on se complaît à entendre dire d'une façon générale ce que l'on se trouvait déjà penser d'avance à propos d'un fait particulier : qu'on se trouve, par exemple, avoir un voisin méchant ou de méchants enfants, on sera de l'avis de la personne qui viendra dire. « Rien de plus délicat que le voisinage ; » ou bien : « Rien de plus malavisé que d'avoir des enfants. » Il faut donc viser à rencontrer juste la condition où se trouvent les auditeurs et la direction préalable de leurs pensées, puis énoncer des généralités qui s'y rapportent.

XVI. Telle doit être une première application de la sentence, mais il y en a une autre plus importante, car elle donne un caractère moral au discours. Le caractère moral se révèle dans les discours où l'intention de l'orateur se manifeste ; or, toute sentence atteint ce résultat en faisant paraître l'orateur comme énonçant une sentence générale à propos de l'objet particulier de ses intentions : de sorte que, si les sentences sont honnêtes, elles donnent aux mœurs de l'orateur une apparence honnête aussi.

Poétique et Rhétorique

Ainsi donc, voilà qui est dit sur la sentence, sa nature, ses diverses espèces, ses applications et son utilité.

---

1. Épilogue ('Επίλογος) est pris ici dans le sens de « raisonnement, argument ajouté (à la sentence) ; » c'est l'acception vulgaire du mot épilogues.
2. Στρογγυλώτατα, littéralement, ramassés en boule.
3. Votre pays ayant été ravagé par l'ennemi que vous aviez provoqué.
4. C'est-à-dire dans la péroraison.
5. Hom., *Il.*, XII, 143. Cp. Cic., *De senectute*, § 4.
6. Hom., *Il.*, XII, 143. Cp. Cic., *De senectute*, § 4.
7. Cp. ci-dessus, liv. I. chap. XV, § 14.
8. C'est-à-dire dangereux ou incommode.
9. C'est-à-dire comme si l'on devait haïr un jour.
10. § 2.

XXII. Des enthymèmes.

I. Parlons maintenant des enthymèmes ; voyons de quelle manière il faut les chercher ; puis, après les enthymèmes, des lieux ; car ce sont deux espèces de choses différentes.

II. L'enthymème est un syllogisme, on l'a dit précédemment[1]. Nous avons montré aussi comment se forment les syllogismes (oratoires) et en quoi ils diffèrent de ceux de la dialectique.

III. En effet, il ne faut pas, ici, conclure en reprenant l'argument de loin, ni en admettant tous les termes ; le premier de ces procédés ferait naître l'obscurité de la longueur et, par le second, il y aurait redondance, puisqu'on dirait des choses évidentes. C'est ce qui fait que, dans les foules, les gens sans instruction sont plus persuasifs que ceux qui sont instruits. Ainsi les poètes disent que les gens sans instruction, devant une foule, parlent avec plus d'art[2] (que les autres) ; car ces derniers remplissent leurs discours de lieux communs et de généralités, tandis que ceux-là tirent leurs arguments de ce qu'ils savent et restent dans la question. Aussi faut-il parler non pas d'après les vraisemblances, mais d'après des faits déterminés, par exemple, dans l'esprit des juges ou des personnes qu'ils acceptent (comme compétentes)[3] ; et dire ce qui paraît évident à tout le monde, ou au plus grand nombre. Il ne faut pas conclure seulement d'après les choses nécessaires, mais, en outre, d'après ce qui a lieu le plus souvent.

IV. En premier lieu, par conséquent, il faut comprendre que, relativement au point sur lequel on doit parler et argumenter au moyen d'un syllogisme, politique ou de toute autre nature, il est nécessaire de posséder dans tous ses détails, ou dans quelques-uns, la question qui s'y rapporte ; car, n'étant en possession d'aucun de ces détails, tu ne pourrais en tirer aucune conclusion.

V. Je m'explique : comment, par exemple, pourrions-nous conseiller aux Athéniens de faire ou de ne pas faire la guerre, sans savoir quelles sont leurs ressources en marine, en armée de terre, ou dans l'une et l'autre ; quel est l'effectif, quels sont les revenus, les alliés, les ennemis ; et encore, quelles guerres ils ont soutenues, dans quelles conditions, et tant d'autres questions analogues ?

VI. Comment faire leur éloge, si nous ignorions le combat naval de Salamine, ou la bataille de Marathon, ou leurs exploits pour secourir les Héraclides, ou quelque autre des faits de ce genre ?

Car c'est toujours sur de belles actions, réelles ou apparentes, que repose un éloge.

VII. Semblablement, on leur inflige un blâme d'après des faits contraires, en examinant quel est le fait à eux imputable soit en réalité, soit en apparence ; celui-ci, par exemple, qu'ils ont asservi les Grecs, même après les avoir eus pour alliés contre le Barbare, et qu'ils ont emmené en esclavage des citoyens d'Égine et de Potidée qui s'étaient distingués par leur conduite. On relèverait tous les autres procédés de cette sorte et toute autre faute qu'ils auraient commise. C'est ainsi que, dans l'accusation et dans la défense, l'examen des circonstances amène à accuser et à défendre.

VIII. Il n'importe en rien qu'il s'agisse des Athéniens, des Lacédémoniens, d'un homme ou d'un dieu, pour recourir à cette même pratique ; car, voulant conseiller Achille, le louer, le blâmer, l'accuser, le défendre, il faut considérer les circonstances dans lesquelles il se trouve, ou paraît se trouver, afin de discourir d'après ces circonstances, le louant ou le blâmant suivant que sa conduite est belle ou laide, l'accusant ou le défendant suivant qu'elle est juste ou injuste, le conseillant suivant que l'affaire est utile ou nuisible.

IX. Il en sera de même à propos d'un sujet quelconque ; par exemple, dans une question de justice, (on examinera) si la chose est bonne ou non, d'après les conditions inhérentes à la justice ou au bien.

X. Ainsi donc, comme on voit tout le monde s'y prendre de cette façon pour démontrer, soit que le syllogisme employé soit plus précis ou plus vague (car on ne les tire pas de n'importe quel fait, mais de ceux qui se rattachent à chaque affaire en question, et cela avec le secours de la raison, attendu qu'il est évidemment impossible de démontrer par un autre moyen), il s'ensuit évidemment aussi que l'on devra ; de même que dans les *Topiques*, avoir pour chaque affaire un choix d'arguments qui portent sur les éventualités admissibles et sur les faits le plus en rapport avec la circonstance.

XI. Lorsqu'il s'agit d'incidents qui surviennent à l'improviste, il faut chercher (ses arguments) par la même méthode, en envisageant non pas ceux d'une application indéterminée, mais ceux qui ont trait au sujet même traité dans le discours et en se renfermant, le plus souvent, dans les termes qui touchent de plus près à l'affaire. D'abord, plus les faits actuels qu'on peut alléguer sont nombreux, plus la démonstration devient facile ; ensuite, plus ils tiennent de près à l'affaire, plus ils s'y rapportent, moins on s'égare dans les généralités.

XII. J'appelle « généralité[4] » l'éloge d'Achille fondé sur ce que c'était un homme, un demi-dieu, un de ceux qui firent l'expédition contre Ilion ; car ces traits s'appliquent tout autant à beaucoup d'autres, de telle sorte que l'auteur d'un tel éloge ne dirait là rien de plus en faveur d'Achille que de Diomède.

J'appelle au contraire « particularités » ce qui n'est arrivé qu'au seul Achille, par exemple, d'avoir tué Hector, le principal guerrier des Troyens, et Cycnos, qui sut empêcher toute l'armée ennemie de sortir (des vaisseaux), vu qu'il était invulnérable[5] , et d'avoir pris part à l'expédition dans la première jeunesse et sans être lié par un serment ; enfin toutes les autres considérations de même nature. C'est là la première manière de choisir les arguments, et tel est le premier (syllogisme) topique.

XIII. Parlons maintenant des éléments des entymèmes; or, dans mon opinion, un élément et un lieu d'enthymème sont une même chose.

XIV. Voyons de quoi il est nécessaire de discourir en premier lieu. En effet, il y a deux sortes d'enthymèmes. Les uns ont pour objet de démontrer que tel fait est, ou n'est pas ; les autres, de réfuter. Ils diffèrent entre eux comme, dans la dialectique, la réfutation et le syllogisme.

XV. L'enthymème démonstratif consiste à conclure d'après des faits reconnus ; le réfutatif, à conclure que les faits ne le sont pas.

XVI. Nous disposons des lieux presque pour chacune des sortes de choses utiles et nécessaires ; car, pour chaque chose, on a fait un choix de propositions : notamment, parmi les lieux dont on doit tirer des enthymèmes sur le bien et le mal, sur le beau et le laid, sur le juste et l'injuste, sur les mœurs, les passions et les habitudes, nous avons fait précédemment, un choix d'autant de lieux.

XVII. Il y a encore un autre point de vue sous lequel nous allons considérer et détailler, en indiquant le trait caractéristique, les lieux de réfutation, les lieux démonstratifs et ceux des enthymèmes qui ne sont qu'apparents, mais non pas des enthymèmes réels, puisqu'ils ne sont pas même des syllogismes. Puis, quand nous aurons fait cet exposé, nous déterminerons, au sujet des arguments à détruire et des objections à renverser, le point d'où il faudra partir pour combattre les enthymèmes.

---

1. Liv. I, chap. II, § 8.
2. Cp. Euripide, *Hippolyte*, v. 994-995.
3. Cette interprétation est justifiée par un passage qu'on lit plus loin (chap. XXIII, § 12).
4. On pourrait presque traduire : « banalité. »
5. Cp. Ovide, *Métamorph.*, xii, v. 64 et suiv.

XXIII. Lieux d'enthymèmes.

I. Il y a un lieu, parmi les démonstratifs, qui se tire des contraires ; car il faut examiner si, tel fait positif existant, son contraire existe[1] ; alors on le détruit s'il n'existe pas, on le met en œuvre s'il existe. Exemple : le fait d'être tempérant est un bien, car le fait d'être intempérant est nuisible ; ou, comme dans le discours messénien[2] :

> En effet, si la guerre est la cause des maux actuels, c'est nécessairement avec la paix que l'on pourra se refaire ;

et encore :

> S'il n'est pas juste de se courroucer contre ceux qui ont fait du mal involontairement,
> Il ne convient pas, non plus, de savoir gré à quiconque ne fait du bien que contraint et forcé[3] ;

ou ceci :

> Mais, puisque le mensonge se fait croire
>   parmi les mortels,
> Il faut penser que, par contre, bien des vé-
>   rités n'obtiennent pas leur créance.

II. Un autre lieu se tire des cas semblables ; car un fait semblable doit nécessairement ou se produire, ou ne pas se produire. Exemple : une chose juste n'est pas toujours un bien (autrement) une action (serait toujours subie) justement ; or, dans le moment présent, il ne faut pas souhaiter de mourir justement.

III. Un autre lieu se tire des choses corrélatives entre elles : car, si l'un des deux est dans le cas d'accomplir envers l'autre une action belle ou une action juste, celui-ci sera dans le cas de subir cette action ; s'il y a commandement (de tel caractère) d'un côté, il y aura de l'autre exécution (de même caractère) ; comme, par exemple, Diomédon au sujet des impôts :

> S'il n'est pas honteux à vous de vendre, il ne
>   le sera pas non plus à nous d'acheter.

De même, s'il est beau ou juste d'être mis dans telle situation, il le sera aussi d'y mettre quelqu'un, et réciproquement. Or, c'est là un paralogisme ; car, si un homme est mort justement[4], il a subi une épreuve juste, mais elle n'est peut-être pas juste, venant de toi. C'est pourquoi il faut examiner à part si le patient a pâti justement et si l'agent a eu raison d'agir, puis appliquer (l'argument) de celle des deux manières qu'il convient. En effet, il y a là quelquefois une discordance, et rien ne peut l'empêcher. Prenons un exemple dans l'*Alcméon* de Théodecte :

> Est-ce que personne, parmi les mortels, ne haïssait ta mère ?

Et l'interlocuteur fait cette réponse :

> Eh bien ! c'est ce qu'il faut examiner en faisant une distinction.
> — Comment ? demande Alphésibée.

Et l'autre, argumentant, répond :

> Ils ont décidé qu'elle mourrait, mais non pas que je devrais la tuer[5].

Prenons un autre exemple dans le procès de Démosthène et des meurtriers de Nicanor[6]. Comme on avait jugé qu'ils l'avaient tué justement, on trouva qu'il était mort justement.

Voici un autre exemple encore au sujet du personnage qui mourut à Thèbes[7] et sur le cas duquel on prescrivit une enquête, à cette fin de savoir s'il méritait de mourir, étant allégué qu'il n'était pas injuste de tuer un homme dont la mort était juste.

IV. Un autre (lieu) se tire du plus ou moins. Par exemple, si les dieux ne savent pas tout, encore moins les hommes. En effet, voici le raisonnement :

Poétique et Rhétorique

si telle chose n'est pas à la disposition de celui qui pourrait plutôt en disposer, elle n'est pas non plus à la disposition de celui qui en dispose moins. Mais celui-ci, que tel homme frappe son prochain qui a frappé son père, est (déduit) de cet autre que, si le moins existe, le plus existe aussi, et dans quelque sens que l'on doive dire soit que le fait existe, soit qu'il n'existe pas.

V. De plus, il y a le cas du « ni plus ni moins ». De là ces vers :

> Lamentable est le sort de ton père[8] qui a
>   perdu ses enfants,
> Et l'on ne déplorerait pas celui d'Énée, lui qui
>   a perdu son glorieux fils[9] ?

De même cet autre raisonnement : « Si Thésée n'a pas commis une injustice, Alexandre[10] non plus ; » et cet autre : « Si Hector (a pu tuer) Patrocle, Alexandre (a bien pu tuer) Achille ; » et ceux-ci : « Puisque même ceux qui cultivent d'autres arts ne sont pas sans valeur, les philosophes ne le sont pas non plus ; » — « Si les chefs d'armée ne sont pas sans valeur, même lorsqu'ils essuient plusieurs défaites, les sophistes pas davantage ; » — « Si l'homme privé a nécessairement souci de votre gloire, vous devez, vous aussi, avoir souci de celle des Grecs. »

VI. Un autre lieu se tire de la considération du temps ; comme Iphicrate dans son discours contre Harmodius[11] : « Si, avant l'accomplissement du fait, j'avais prétendu à l'érection d'une statue au cas où je l'eusse accompli, vous me l'auriez accordée ; et maintenant que je m'en suis acquitté, vous ne l'accorderez pas ? Ne promettez donc pas au moment d'obtenir le résultat, pour retirer quand vous l'avez obtenu. » Autre exemple : pour que les Thébains (laissent) Philippe passer en Attique, on leur dira que, s'il avait élevé cette prétention avant de les secourir contre les Phocéens, ils auraient promis le passage ; qu'il serait donc absurde à eux de ne point l'accorder, puisqu'il les a gagnés par ce service et qu'il a compté sur eux.

VII. Un autre lieu se tire des paroles prononcées contre nous-mêmes, pour combattre celui qui les a prononcées. Ce procédé est excellent ; il y en a un exemple dans le *Teucer*[12], et Iphicrate s'en est servi contre Aristophon. Il lui demanda s'il serait homme à livrer les vaisseaux pour de l'argent et, sur sa réponse négative : « Toi qui es Aristophon, lui dit-il, tu ne les aurais pas livrés, et moi, Iphicrate ; je l'aurais fait[13] ! » Une condition essentielle (pour cela) c'est que l'accusateur puisse paraître avoir mal agi plutôt que son adversaire. Ainsi, pour citer un cas contraire, il semblerait ridicule que l'on répondit par cet argument à une accusation d'Aristide. Du reste, il sert à détruire l'autorité de l'accusateur ; car celui qui accuse a la prétention, généralement, d'être meilleur que celui qui est poursuivi ; il s'agit, par conséquent, de le réfuter sur ce point. En général, c'est une chose absurde de reprocher aux autres ce que l'on fait soi-même, ou ce dont on est capable, comme aussi de pousser les autres à faire ce que l'on ne fait pas, ou ce dont on n'est pas capable.

VIII. Un autre lieu se tire de la définition. Exemple : « Le démon[14] n'est rien autre chose qu'un dieu ou une œuvre de dieu ; or, du moment où l'on croit que c'est une œuvre de dieu, on croit nécessairement qu'il existe des dieux[15]. » Autre exemple : Iphicrate disait que « l'homme le meilleur est aussi le plus noble », donnant pour raison qu'Harmodius et Aristogiton n'avaient rien de noble en eux avant d'avoir accompli une noble action, et qu'il était de leur famille, « attendu, ajoutait-il, que mes actes sont, plus que les tiens, de la même nature que ceux d'Harmodios et d'Aristogiton. » Autre exemple, pris dans l'*Alexandre*[16] : « Tout le monde s'accorde à dire que ceux-là sont intempérants qui ne recherchent pas la possession d'une seule personne[17] ». Tel était aussi le motif allégué par Socrate pour ne pas aller chez Archélaüs[18] : « Il y a quelque chose de blessant, disait-il, à ne pas pouvoir répondre à un procédé quand il est bon, aussi bien que lorsqu'il est mauvais. »

On voit qu'en effet tous ces personnages sont partis d'une définition et considèrent la nature de la chose définie pour raisonner sur le sujet dont ils parlent.

IX. Un autre lieu se tire du nombre de manières dont une chose peut être entendue. Il y en a des exemples dans les *Topiques* au sujet du mot ὀρθῶς (correctement)[19].

X. Un autre, de la division. Exemple : si tous les hommes font du mal pour trois motifs[20] ; car ce sera à cause de celui-ci, de celui-là, et d'un autre. Or, que ce soit pour les deux premiers, c'est impossible : et, quant au troisième, il n'est même pas allégué par l'adversaire.

XI. Un autre, de l'induction. Exemple pris dans le discours pour la *Péparéthienne*[21] où il était établi que, sur la question des enfants, les femmes, partout, déterminent la vraie situation. À Athènes, c'est ce que la mère déclara à l'orateur Mantias, qui discutait contre son fils[22]. À Thèbes, comme Isménias et Stilbon étaient en contestation, Dodonis déclara que l'enfant était fils d'Isménias et, par suite, on décida que Thessaliscus était fils d'Isménias. Autre exemple emprunté à la *Loi*, de Théodecte[23] : « L'on ne confie pas ses chevaux à ceux qui ont mal soigné ceux des autres, ni ses vaisseaux à ceux qui ont laissé couler ceux d'autrui ; par conséquent, s'il en est de même de toute chose, ce n'est pas à ceux qui ont mal assuré le salut des autres qu'il faudra recourir pour assurer le sien propre. » Autre exemple tiré d'Alcidamas : « Tous les peuples honorent les sages » : à Paros, on a honoré Archiloque, en dépit de ses médisances, à Chio ; Homère, qui n'en était pas ; à Mitylène Sapho, malgré son sexe ; les Lacédémoniens ont admis Chilon dans le sénat, eux qui n'étaient guère amis des lettres ; Pythagore en Italie, Anaxagore à Lampsaque, où ils étaient étrangers, reçurent les honneurs funèbres et y sont encore honorés aujourd'hui. Les Athéniens furent heureux tant qu'ils appliquèrent les lois de Solon, et les Lacédémoniens celles de Lycurgue ; à Thèbes, dès que les philosophes furent au pouvoir, la cité prospéra.

XII. Un autre lieu se tire d'un jugement prononcé sur un cas identique, ou analogue, ou contraire, notamment s'il a été porté par tout le monde et en toute circonstance, ou du moins par le plus grand nombre, ou par des sages, soit tous, soit la plupart d'entre eux, ou par des gens de bien, ou encore par les juges eux-mêmes, ou par des gens dont les juges acceptent l'arbitrage, ou auxquels il n'est pas possible d'opposer un jugement contraire, tels que les patrons ; ou par ceux auxquels il ne serait pas convenable d'opposer des décisions contraires, tels que les dieux, un père, ceux qui nous ont instruits.

Tel est l'argument d'Autoclès[24] contre Mixidémide : « Il a été convenable pour les Déesses Vénérables[25] de passer en jugement devant l'Aréopage, et il ne le serait pas pour Mixidémide ? » ou encore celui de Sapho : « La mort est un mal, car les dieux en ont jugé ainsi ; autrement, ils seraient mortels » ; ou celui d'Aristippe répondant à Platon, qui produisait une assertion trop affirmative à son avis : « mais notre ami, dit-il, ne s'est jamais autant avancé, » voulant parler de Socrate. Hégésippe[26] interrogeait le dieu à Delphes, après avoir consulté à Olympie, pour voir si l'avis donné (par le fils)[27] serait conforme à celui du père, jugeant qu'il serait honteux qu'il y eût contradiction. C'est ainsi qu'Isocrate, dans l'*Éloge d'Hélène*, a écrit qu'elle fut une femme de valeur, puisque Thésée la jugea telle ; il en dit autant d'Alexandre[28], « lui que les déesses choisirent pour juge. » Dans son éloge d'Évagoras, Isocrate, pour prouver que c'était un homme de valeur, rappelle que « Conon dans son infortune, laissant de côté tous les autres, se rendit auprès d'Évagoras[29]. »

XIII. Un autre lieu se tire des parties[30], comme dans les *Topiques*, où l'on a vu « en quelle sorte de mouvement est l'âme », car c'est tel mouvement ou tel autre. Exemple tiré du *Socrate* de Théodecte : « Envers quel sanctuaire fut-il impie ? quels sont les dieux qu'il n'a pas honorés, parmi ceux que la ville (d'Athènes) reconnaît ? »

XIV. Un autre lieu, en raison de ce fait que, dans la plupart des circonstances, il y a, comme conséquence, un mélange de bien et de mal, consiste à établir les arguments d'après cette conséquence pour exhorter ou dissuader, accuser ou défendre, louer ou blâmer. Exemple : l'instruction a pour conséquence d'exciter l'envie, ce qui est un mal ; mais aussi être savant est un bien ; donc il ne faut pas s'instruire, car il ne faut pas exciter l'envie ; mais il faut s'instruire, car il faut être savant. Ce lieu constitue l'art de Callippe, qui admet en outre le possible et les autres cas expliqués précédemment[31].

XV. Un autre lieu, c'est, lorsque l'on doit exhorter on détourner au sujet des deux questions opposées, d'appliquer aux deux questions le lieu dont on vient de parler. Il en diffère en ce que là ce sont deux termes quelconques que l'on oppose, tandis que, ici, se sont les contraires. Exemple : une prêtresse ne voulait pas permettre à son fils de parler en public : « Si tu avances des choses conformes à la justice, lui dit-elle, ce sont les hommes qui te haïront ; si des choses injustes, ce sont les dieux. » Par contre : « Il faut parler en public ; car, si tu avances des choses conformes à ta justice, ce sont les dieux qui t'aimeront, et si des choses injustes, ce sont les hommes. » C'est la même chose que ce que l'on appelle « acheter le marais et son sel[32] ». Le raisonnement a ses conclusions tournées en dehors lorsque, deux termes étant contraires, un bien et un mal sont la conséquence de chacun d'eux, et que chacun d'eux a une conséquence contraire à celle de l'autre.

XVI. Un autre lieu est celui-ci : comme on ne loue pas les mêmes choses ouvertement et en secret, mais que ce sont principalement celles qui sont justes et belles qu'on loue ouvertement et les choses utiles qu'on louera de préférence à part soi, on doit tâcher de conclure l'autre de ces deux choses[33] ; car ce lieu est celui qui a le plus de force quand il s'agit d'assertions paradoxales.

XVII. Un autre se tire des faits qui présentent une certaine corrélation. Exemple : Iphicrate, comme on voulait forcer son fils à remplir et à supporter sa part des charges publiques, bien qu'il ne fût pas encore d'âge, sous prétexte qu'il était grand, s'exprime ainsi : « Si l'on juge que les enfants de grande taille sont des hommes, on devra décréter qui les hommes de petite taille sont des enfants. » De même Théodecte, dans la *Loi* : « Vous donnez le droit de cité à des mercenaires tels que Strabax et Charidème, en raison de leur probité ; mais alors ne bannirez-vous point ceux des mercenaires qui auront commis des fautes irréparables ? »

XVIII. Un autre se tire de l'éventualité d'après laquelle le fait serait le même, et consiste à dire que la cause serait identique. Exemple emprunté à Xénophane qui disait : « Sont également impies ceux qui disent que les dieux ont pris naissance et ceux qui prétendent qu'ils meurent, car la conclusion de l'une et de l'autre opinion, c'est qu'à un moment donné les dieux n'existent pas. » Il consiste aussi, d'une manière générale, à considérer le résultat de chaque fait comme étant toujours le même : « Vous allez prononcer non pas sur le sort de Socrate ; mais sur l'étude qui l'occupe ; en d'autres termes, décider s'il faut philosopher[34]. » Il consiste encore à dire que « donner la terre et l'eau, c'est se laisser asservir, » ou « participer à la paix commune, c'est exécuter les conditions qu'elle impose[35] ». il faut choisir celui des termes de l'alternative qui offre un côté avantageux à la cause[36].

XIX. Un autre lieu se tire de ce fait que les mêmes personnes n'adoptent pas toujours le même parti avant et après, mais tantôt l'un, tantôt l'autre. En voici un exemple dans cet enthymème : « Chassés de notre ville, nous combattions afin d'y rentrer, et, rentrés maintenant, nous la quitterions pour ne pas combattre ! » En effet, ils préféraient[37] alors rester dans leur ville, dussent-ils combattre, et plus tard, ne pas combattre, dussent-ils ne pas y rester[38].

XX. Un autre lieu consiste à dire que telle chose, qui aurait pu être causée par tel mobile, bien qu'il n'en soit rien, l'est ou l'a été. Exemple : si l'on faisait un présent à quelqu'un afin de l'affliger en le lui retirant. De là cette pensée :

Poétique et Rhétorique

> Souvent notre démon (ou génie), lorsqu'il nous accorde de grands bonheurs, ne le fait pas dans une intention bienveillante, mais afin de donner plus d'éclat à nos revers[39] ;

et celle-ci tirée du *Méléagre* d'Antiphon :

> Ce n'était pas pour tuer le monstre, mais pour qu'ils pussent attester à toute la Grèce la valeur de Méléagre.

Et ce mot de l'*Ajax* de Théodecte : que si Diomède donna la préférence à Ulysse, ce n'était pas en vue de lui faire honneur, mais afin d'avoir un compagnon inférieur à lui-même : car il est admissible que ce fut là son mobile.

XXI. Un autre lieu, commun à ceux qui plaident et à ceux qui délibèrent, c'est d'examiner les faits qui suggèrent une action ou qui en détournent, ainsi que les considérations par lesquelles on agit ou l'on évite d'agir. Car il est telles choses que l'on doit faire si ces considérations se présentent ; par exemple, si l'action est possible, facile, avantageuse ou à soi-même, ou à ses amis, ou nuisible à nos ennemis et de nature à les punir, ou encore si la punition encourue par nous est moins importante que le profit de notre action. Ces considérations nous portent à agir et leurs contraires nous en détournent. Ce sont les mêmes qui nous servent pour accuser et pour défendre. On emploie celles qui détournent pour la défense et celles qui portent à agir pour l'accusation. Ce lieu constitue tout l'art de Pamphile et de Callippe[40].

XXII. Un autre lieu se tire des faits qui semblent bien arriver, mais qui sont cependant incroyables en ce sens qu'ils sembleraient impossibles, s'ils n'existaient réellement ou s'ils n'étaient à la veille de se produire, et aussi parce qu'ils arrivent plutôt (que d'autres). En effet, on n'a d'opinion que sur un fait existant, ou sur un fait vraisemblable. Par conséquent, si la chose est à la fois incroyable et invraisemblable, il faut nécessairement qu'elle soit réelle[41] ; car ce n'est pas comme vraisemblable ou probable qu'elle pourrait paraître telle. Exemple : Androclès de Pitthée parlant contre les lois, comme on lui répondait par des rumeurs tumultueuse : « Les lois, dit-il, ont besoin d'une autre loi qui les corrige, car les poissons ont besoin de sel, et cependant il n'est pas vraisemblable, ni probable que, vivant dans l'eau salée, ils aient besoin de sel, et les olives, d'huile, et cependant, il est incroyable que ce qui sert à faire l'huile ait besoin d'huile. »

XXIII. Un autre lieu propre à la réfutation consiste à examiner les faits qui ne concordent pas, pour voir si cette discordance leur vient de diverses circonstances, actions et paroles quelconques, en considérant séparément la situation de son contradicteur ; par exemple : « Il dit qu'il est votre ami, mais il a prêté serment aux Trente ; » — ou la sienne propre : « Il dit que j'aime les procès, mais il ne peut démontrer que j'en aie provoqué un seul ; » — ou enfin, celle du contradicteur et la sienne propre : « Il n'a jamais prêté d'argent, lui, et moi, j'ai libéré (de leurs dettes) beaucoup d'entre vous. »

XXIV. Un autre lieu, c'est de répondre à des imputations, ou à des faits d'un caractère calomnieux, produits antérieurement et donnant le change, en expliquant la raison d'être du fait qui a paru étrange ; car il a fallu quelque chose qui fit naître cette calomnie. Exemple : (une mère) dont une autre femme a ravi le fils par substitution[42] semblait, en raison des caresses qu'elle prodiguait au jeune homme (repris par elle), avoir avec lui une liaison intime. Son motif exposé[43], la calomnie tomba. C'est comme dans l'*Ajax* de Théodecte ; Ulysse explique à Ajax comment, tout en étant plus brave que lui, Ajax, il paraît ne pas l'être[44].

XXV. Un autre lieu se tire de la cause, et (l'on dit), si elle existe, que l'effet se produit ; si elle n'existe pas, qu'il ne se produit pas ; car la cause et ce dont elle est cause existent ensemble, et il n'y a pas d'effet sans cause. Exemple : Laodomas, dans sa propre défense, à cette imputation de Thrasybule qu'il avait eu son nom inscrit sur la stèle (infamante) de l'Acropole et qu'il l'avait fait effacer sous les Trente, répondit que ce n'était pas admissible, attendu que les Trente auraient eu plus de confiance en lui si sa haine du peuple avait été inscrite sur la stèle.

XXVI. Un autre lieu, c'est d'examiner si (la personne en cause) ne pouvait pas, ou ne peut pas encore, en s'y prenant autrement, faire quelque chose de mieux que l'action qu'elle conseille, ou qu'elle fait, ou qu'elle a faite ; car il est évident que, s'il n'en était pas ainsi[45], telle n'aurait pas été sa conduite ; et en effet, personne n'adopte volontairement et sciemment un mauvais parti. Mais ce raisonnement est faux : souvent le jour ne se fait que plus tard sur la meilleure conduite à tenir, tandis qu'auparavant la question était obscure.

XXVII. Un autre lieu, c'est, au moment où va s'accomplir une action opposée à celles qu'on a déjà faites, de considérer toutes ces actions ensemble. Ainsi Xénophane, comme les Éléates lui demandaient s'ils devaient offrir des sacrifices à Leucothée et la pleurer ou non, leur donna le conseil, s'ils voyaient en elle un être divin, de ne pas la pleurer ; ou, s'ils en faisaient un être humain, de ne pas lui sacrifier[46].

XXVIII. Un autre lieu, c'est d'accuser ou de se défendre en alléguant les erreurs commises. Par exemple, dans la *Médée* de Carcinus, d'une part on accuse celle-ci d'avoir tué ses enfants, en alléguant qu'elle ne les fait pas paraître ; car elle avait commis la faute de les renvoyer. De son côté, elle allègue, pour se défendre, qu'elle n'aurait pas tué ses enfants, mais Jason, car elle aurait fait une faute en n'accomplissant pas cette action à supposer qu'elle eût accompli l'autre. C'est là un lieu d'enthymème et une variété qui constitue tout le premier traité de Théodore.

XXIX. Un autre se tire du nom, comme, par exemple, dans Sophocle :

Il est significatif le nom que porte Sidéro[47],

et comme on a l'habitude d'en user dans les louanges des dieux.

C'est ainsi que Conon appelait Thrasybule « l'homme à la forte volonté[48] » ; qu'Hérodicos disait à Thrasymaque : « Tu es toujours un combattant résolu[49] » et à Polus : « Tu es toujours un poulain[50] ; » et en parlant de Dracon le législateur : « Ses lois ne sont pas d'un homme, mais d'un dragon, » à cause de leur sévérité. C'est ainsi que l'Hécube d'Euripide dit d'Aphrodite :

> Oui, c'est à bon droit que le nom de cette déesse a le même commencement que celui de la folie[51] ;

et dans Chérémon[52] :

> Penthée, qui porte dans son nom le triste sort qui l'attend[53].

XXX. En fait d'enthymèmes, on goûte plus ceux qui sont propres à réfuter que les démonstratifs, attendu que l'enthymème, pour réfuter, donne en raccourci une collection d'arguments contradictoires et que les rapprochements qui en résultent sont plus sensibles pour l'auditeur. Du reste, parmi tous les enthymèmes, soit de réfutation, soit de démonstration, ceux-là produisent le plus d'effet dont la conclusion se laisse prévoir dès les premiers mots, sans que ce soit à cause de leur banalité : car l'auditeur est content de lui lorsqu'il pressent ce qui va venir ; et pareillement les enthymèmes dont la conclusion se fait attendre juste autant qu'il faut pour qu'on les connaisse dès qu'ils sont énoncés.

---

1. Le texte grec, dit : « si le contraire a son contraire. »
2. Discours d'Alcidamas d'Élée, disciple de Gorgias. Cp. liv. I, chap. XIII.
3. Le scoliaste attribue ces vers, ainsi que les suivants, à Euripide.
4. Ἀπέθανε, variante : ἔπαθε, d'après une citation peut-être inexacte de Denys d'Halicarnasse, *Première Lettre à Ammée*, § 12,
5. Théodecte de Phasilis, en Lycie, orateur et poète tragique, disciple de Platon et d'Isocrate, condisciple d'Aristote. Il composa cinquante tragédies et remporta treize fois le prix. — Alphésibée femme d'Alcméon. Celui-ci avait tué sa mère Ériphyle, parce qu'elle avait causé par sa trahison la mort de son époux Amphiaraüs.
6. Buhle suppose qu'il s'agit d'un Démosthène autre que l'orateur, tué par Nicanor qui, à son tour, aurait été assassiné par les amis de ce Démosthène, lequel serait le général athénien mentionné dans la *quatrième Olynthienne* ; (Reiske, *Oratores attici*, t. 1er, p. 4). D'autre part, M. Norbert Bonafous rappelle, à cette occasion, d après Dinarque, les rapports de Démosthène l'orateur avec Nicanor.
7. Euphron, exilé thébain. Cp. Xénophon, *Helléniques*, vii, p. 630, ed. Leunclavius.
8. Thestius, dont les deux fils périrent par le fait de Méléagre. Le scoliaste croit qu'Énée adresse ce discours à Althée, fille de Thestius.
9. Méléagre. Cp. Ovide, *Métamorph.*, VIII, 42-43, qui a presque traduit ces vers d'un poète inconnu.
10. Le fils de Priam.
11. Discours perdu, intitulé : περὶ τῆς Ἰφικράτου εἰκόνος πρὸς Ἁρμόδιον. Cet Harmodius descendait du célèbre Harmodius.
12. S'agit-il d'une réponse d'Ulysse, accusé par Teucer d'avoir égorgé Ajax ? Cp. Quintilien, *Instit. orat.*, iv, 2 : « Ut in tragœdiis cum Teucer Ulyssem reum facit Ajacis occisi, » etc.
13. Passage du discours perdu d'Iphicrate : περὶ προδοσίας. Quintilien (*Instit. orat.*, iv, 12), qui rapporte le même passage, dit « la République » au lieu de « les vaisseaux ».
14. Allusion au démon ou génie de Socrate.
15. Le raisonnement complet serait celui-ci : La croyance de Socrate à son démon ou génie n'exclut pas la croyance aux

Poétique et Rhétorique

dieux, car le démon n'est rien autre, etc. Cp. Platon, *Apologie de Socrate*, § 15, et Aristote, *Topiques*, xi, 6, 2, éd. Buhle.
16. Titre d'une apologie de Pâris, anonyme et perdue,
17. Le raisonnement est celui-ci : Par contre, ceux-là sont tempérants qui s'en tiennent à un seul amour ; or Pâris n'aima qu'Hélène donc il était tempérant.
18. Roi de Macédoine. Les poètes Euripide et Agathon n'eurent pas les scrupules de Socrate (Elien, *Hist. var.*, II, 21). Cp. Plut., d'après Stobée *Florileg.*, xcvii, 28, où Socrate donne un autre motif à son refus. Voir aussi Bentley, *Opusc. plilolog.*, p. 62.
19. Cp. *Topiques*, ii, 3, 9, éd. Buhle, où il est traité non pas du mot ὀρθός, mais de καλόν. Peut-être faudrait-il traduire : « au sujet de l'acception correcte (des mots) ». Voir aussi plus haut, liv. I, XIII, 10, sur les diverses acceptions de δικαίως.
20. Ces trois motifs, d'après Isocrate (*Antidosis*, § 217), sont le plaisir, le profit et l'honneur.
21. Femme de l'île de Péparèthe, une des Cyclades.
22. Il est probable que Mantias élevait des doutes sur sa naissance.
23. On ne sait s'il est question ici de Théodecte, orateur et poète tragique, disciple et collaborateur d'Aristote. C'est plus que douteux.
24. Autoclès, fils de Strombichide, qui fut mis à mort par les trente tyrans. Xénophon (*Hellen.*, VI) le qualifie d'« excellent orateur ». (Buhle.)
25. Les Euménides.
26. Ἡγήσιππος. La vraie leçon, selon Muret, suivi par Spengel, doit être Ἀγησίπολις. (Voir Xénophon *Helléniques*, IV, 7, 2), qui raconte le même fait en détail et dont la Vulgate donne cette dernière forme.
27. L'avis d'Apollon, fils de Jupiter.
28. Pâris. Cp. Isocr., *El. d'Hélène*, §§ 18-23.
29. Isocr. *Evagoras*, §§ 51 et suiv.
30. C'est-à-dire de l'énumération des parties. Cp. *Topiques*, II, 4, 3.
31. Liv. II, chap. XIX. Callippe, d'Athènes, disciple de Platon. Nous lisons ὅσ' εἴρηται avec Spengel.
32. Rapprocher de ce dicton grec, avec M. Bonafous, le proverbe italien : « Comprare il miele colle mosche. »
33. Celle qui n'a pas été énoncée.
34. Spengel propose de lire « Socrate », d'après un passage de l'*Antidosis*, § 173. ; mais peut être ce passage est-il une réminiscence et une application à sa propre cause de l'argument que rapporte Aristote d'après quelque apologie de Socrate ; par exemple, celle de Théodecte (voir Buhle).

ARISTOTE

35. Le scoliaste cite à ce propos le passage d'un discours perdu de Démosthène, au sujet de la paix conclue entre tous les Grecs, — les Lacédémoniens exceptés, — et le roi Alexandre, peu de temps après la mort de Philippe, l'an 336 (voir Spengel).
36. C'est là un de ces préceptes d'Aristote qu'Alexandre, son élève, qualifiait de σοφίσματα (Plut., *Alex.*, 74).
37. On propose de lire ἄν ᾑροῦντο, ils eussent préféré.
38. Fragment d'un discours perdu de Lysias rapporté en partie par Denys d'Halicarnasse (*Vie de Lysias*, § 32). Il s'agit des Athéniens, refoulés au Pirée par les Lacédémoniens en 404 et rentrant en armes dans la ville.
39. Vers d'un poète inconnu. Cp. J. César (*De Bello gallico*, liv. 1er, § 14) et Claudien : « Tolluntur in altum, etc., » *In Ruf*, I, 40.
40. Voir, sur Callippe, ci-dessus,, note. Pamphile, disciple de Platon (voir Suidas, art. Πάμφιλος). Cp. Cicéron, *De Orat.*, iii, 21.
41. Pour entrer dans un argument. Le mot ἀληθές a ici plus de force que le mot français vrai.
42. Nous adoptons, avec Spengel, la leçon du manuscrit de Paris 1741 : ὑποβεβλημένης τινὸς τὸν αὑτῆς υἱόν. La leçon de plusieurs autres manuscrits et de la traduction latine : διαβεβλημένης πρὸς τὸν αὑτῆς υἱόν rend compte des traductions éloignées de la nôtre que nous empruntons à Dobree (*Adversaria*, t. 1er, p. 138, éd. de G. Wagner), et qu'admettrait volontiers M. R. Dareste.
43. C'est-à-dire comme on apprit que c'étaient une mère et son fils, non pas un amant et sa maîtresse.
44. Cp. Ovide, *Métamorph.* l. XIII, au début.
45. Nous maintenons, avec Gros, la négation, souvent supprimée par les traducteurs et qui porte non pas sur l'action accomplie, mais sur l'impossibilité de faire autrement.
46. Dans Plutarque (*De la superstition*, 36), Xénophane donne ce conseil aux Égyptiens à propos de leurs divinités.
47. Comme qui dirait *la femme de fer*.
48. Θρασύβουλος.
49. Θρασύμαχος
50. Πῶλος
51. Ἀφροσύνη. — *Troyennes*, 990.
52. Poète tragique qui fut, dit-on, disciple de Socrate.
53. Πέυθος signifie *douleur, affliction*.

XXIV. Lieux des enthymèmes apparents.

I. Comme il peut arriver que tel syllogisme soit réel et que tel autre ne le soit pas, mais ne soit qu'apparent, il s'ensuit nécessairement que l'enthymème, tantôt est un réel enthymème, tantôt ne l'est pas, mais qu'il n'est qu'un enthymème apparent, car l'enthymème est une sorte de syllogisme[1].

II. Les lieux des enthymèmes apparents sont d'abord le lieu, qui consiste dans l'expression. Une partie de ce lieu, c'est, comme dans les arguments dialectiques, de dire en dernier comme conclusion, sans avoir fait de syllogisme : « Ce n'est donc pas ceci et cela ; il faut donc que ce soit ceci et cela. » En effet, un énoncé fait en termes contournés et contradictoires prend l'apparence d'un enthymème, car cet énoncé est comme le siège d'un enthymème, et cette apparence tient à la forme de l'expression. Pour parler d'une façon syllogistique par le moyen de l'expression, il est utile d'énoncer les têtes[2]. de plusieurs syllogismes. Ainsi : « Il a sauvé les uns, il a vengé les autres, il a libéré les Grecs. » Car chacun de ces termes a été démontré par d'autres, mais, grâce à leur réunion, on voit un nouvel argument se produire.

Une autre partie de ce premier lieu consiste dans l'homonymie, comme de dire que la souris est un animal fort important, du moins par suite de ce que son nom[3] rappelle le plus auguste des sacrifices ; en effet, les mystères sont bien les plus augustes sacrifices. Citons encore le cas où, voulant faire l'éloge de tel chien, on le met en parallèle avec le Chien qui est au ciel ou avec le dieu Pan, parce que Pindare a dit :

> O divinité bienheureuse que les Olympiens
> nomment le chien à la nature multiple [4]
> de la Grande Déesse[5] ;

ou encore, de ce que l'on dit qu'il est honteux de ne pas avoir de chien[6], conclure que le chien est honorable ; ou de dire qu'Hermès est par excellence le dieu communicatif, libéral, attendu que, seul, Hermès est appelé le dieu commun[7] ; ou que le *logos*[8] est ce qu'il y a de plus important, attendu que les gens de bien sont qualifiés non pas dignes de richesses, mais dignes d'estime. En effet, l'expression λόγου ἄξιος a plus d'un sens.

III. Un autre lieu, c'est de parler en réunissant des choses distinctes et en distinguant des choses réunies ; en effet, comme il y a souvent une apparence d'identité dans ce qui n'est pas identique, il faut employer le sens dont on peut tirer le meilleur parti. Tel est ce raisonnement d'Euthydème[9] : par exemple, on sait qu'une trirème est au Pirée, puisque l'on connaît chacun des deux ; quand on sait les lettres, on connaît le vers, car le vers est la même chose[10] ; dire que, comme la double dose rend malade, la dose simple n'est pas non plus favorable à la santé, car il serait étrange que deux choses bonnes devinssent une chose mauvaise. Voilà pour l'enthymème de réfutation. Voici maintenant pour l'enthymème démonstratif. Il est vrai, dira-t-on, qu'un bien unique ne peut devenir deux maux ; mais tout ce lieu est entaché de paralogisme. Citons encore le mot de Polycrate sur Thrasybule : « Il anéantit trente tyrans. » On voit qu'il procède par réunion ; — ou le mot de Théodecte dans *Oreste*, qui procède par division :

> Il est juste, lorsqu'une femme a fait périr son
>   époux, qu'elle meure à son tour, et que,
> du moins, le fils venge son père.

Voilà donc ce que l'on a fait ; car, si l'on réunit les deux idées, peut-être ne seront-elles plus justes[11]. Et ce serait en outre un enthymème par ellipse, car on a supprimé l'auteur de l'acte.

IV. Un autre lieu, c'est d'établir ou de renverser un argument par l'exagération. C'est ce qui arrive lorsque, sans avoir démontré que telle action a été accomplie, on insiste sur sa gravité ; car il se produit alors cet effet que le prévenu paraît ou ne pas avoir accompli cette action, lorsqu'il est le premier à la grossir, ou l'avoir accomplie, lorsque c'est l'accusateur qui en témoigne de l'indignation. Il n'y a donc pas là d'enthymème, car l'auditeur raisonne à faux sur l'existence ou la non-existence du fait en question, qui ne lui est pas démontré.

V. Un autre lieu se tire du signe ; car celui-ci ne se prête pas au syllogisme. Par exemple, si l'on dit : « Les hommes qui s'aiment entre eux sont utiles à leur pays ; car l'amour d'Harmodius et d'Aristogiton causa la perte du tyran Hipparque[12]. » Et encore si l'on dit : « Denys est un voleur, car il est vicieux. » Voilà encore qui n'est pas un syllogisme, car tout homme vicieux n'est pas un voleur.

VI. Un autre s'obtient au moyen d'un fait accidentel ; exemple, ce que dit Polycrate sur les souris : qu'elles furent d'un certain secours en rongeant les cordes (des arcs)[13]. Ou encore, si l'on disait que c'est un très grand honneur d'être invité à un repas, attendu qu'Achille, faute de l'avoir été, à Ténédos, fut irrité contre les Achéens ; son courroux tenait à ce qu'il avait été privé d'un honneur : or le fait était arrivé à l'occasion de sa non-invitation.

VII. Un autre a pour motif la conséquence immédiate ; par exemple, en parlant d'Alexandre[14], on dira qu'il avait l'âme élevée, parce que, méprisant la société du vulgaire, il vivait seul au mont Ida ; on alléguera que les hommes à l'âme fière ont la même tendance et que, par suite, on pourrait croire qu'il avait l'âme élevée. Et parce qu'un individu aura une mise élégante et fera des promenades nocturnes (on pourrait croire que c'est) un libertin, parce que tout cela est le fait des libertins. Un raisonnement semblable est celui-ci : les mendiants chantent et dansent dans les temples ; les exilés ont le loisir d'habiter là où ils veulent, car ce sont des conditions inhérentes à ceux qui paraissent heureux, et ceux qui sont dans ces conditions pourraient sembler heureux ; mais ce qui fait la différence, c'est le comment[15]. Aussi ce lieu tombe dans celui qui s'obtient par omission.

VIII. Un autre consiste à présenter comme cause ce qui n'est pas cause. Tel, par exemple, un fait qui s'est produit en même temps ou immédiatement après. Car c'est considérer ce qui est après tel fait comme survenu à cause de ce fait[16], raisonnement employé surtout dans les affaires d'État. Ainsi Démade voyait dans la politique de Démosthène la cause de tous les maux, car c'est aussitôt après le triomphe de cette politique que survint la guerre[17].

IX. Un autre tient à l'omission de la question du moment et des conditions. Exemple : c'est à bon droit qu'Alexandre (Pâris) emmena Hélène, puisque la faculté de choisir (un époux) avait été laissée à celle-ci par son père. Elle ne l'avait sans doute pas été indéfiniment, mais pour une première fois ; car l'autorité de son père n'allait pas plus loin. Autre exemple : si l'on prétendait que de frapper les hommes libres est un outrage. Ce n'est pas toujours vrai, mais seulement lorsque l'on commence par des voies de fait injustes.

X. Outre cela, de même que, dans les controverses, il existe un syllogisme apparent qui a trait au fait considéré absolument et non absolument, mais selon certaine éventualité, par exemple, dans la dialectique, comme quoi le non-être existe, car le non-être est non-être ; et comme quoi l'inconnu peut être su, car il est su que l'inconnu est inconnu, de même, dans les rhétoriques, il existe un enthymème apparent qui a trait au fait non absolument vraisemblable, mais à une certaine vraisemblance. Du reste, il n'est pas d'une application générale, et, comme le dit Agathon :

> On dirait volontiers peut-être que ceci est vraisemblable, qu'il arrive bien des choses aux mortels qui son invraisemblables[18].

En effet, tel fait se produit contre la vraisemblance, si bien que, même ce qui est contre la vraisemblance est vraisemblable ; et si cela est, le non vraisemblable sera vraisemblable, non pas absolument. Mais de même que, lorsqu'il s'agit de controverses, c'est en n'ajoutant pas : « selon certaine éventualité, par rapport à certain fait, dans certaines conditions, » que l'on fait œuvre de calomniateur, dans le cas présent aussi, ce qui est contre la vraisemblance est vraisemblable non pas absolument, mais seulement à certains égards.

XI. C'est de ce lieu que se compose la *Rhétorique* de Corax[19]. Ainsi, qu'un individu ne prête pas à l'accusation portée contre lui, par exemple, en raison de sa faiblesse, il échappe à la condamnation pour voies de fait, car il n'y a pas vraisemblance (qu'il soit réellement coupable) ; mais qu'il prête à cette accu-

Poétique et Rhétorique

sation, par exemple, en raison de sa vigueur, il s'en tire encore, attendu qu'il n'y a pas non plus vraisemblance, car il allait bien penser qu'il y aurait vraisemblance[20]. Il en est de même des autres cas. Il faut de deux choses l'une : ou qu'il y ait, ou qu'il n'y ait pas matière à poursuivre ; et les deux cas sont évidemment vraisemblables. Le premier est vraisemblable et le second ne l'est pas absolument parlant, mais de la manière que nous l'avons dit ; et c'est là le moyen d'assurer la supériorité à la cause la plus faible. C'est, par conséquent, à bon droit que l'on refusait d'admettre la prétention que Protagoras affichait[21]. C'était un mensonge et non une vérité, mais une apparente vraisemblance qui ne se rencontre dans aucun art, excepte l'art oratoire et celui de la controverse.

---

1. Cp. liv. 1er, ch. II, § 8
2. Majeures.
3. Μῦς, rapproché de μυστήριον. Exemple tiré de l'*Éloge de la Souris*, par Polycrate. Cp. ci-dessous.
4. Παντοδαπόν. Cp. παντοφμής (*Hymnes orph.*, xi, 10).
5. Vers appartenant à un chant perdu. (Cp. *Pyth.*, III, 78 et les scolies). Sur le sens possible et même probable de παντοδαπός qui signifie surtout « de toute provenance » voir le *Commentaire de Stephanos*, p. 975, rapporté par Spengel, t. II, p. 333.
6. Être eunuque,
7. Comme résidant et agissant au ciel, sur terre et aux enfers : Superis deorum gratus et imis (Horace, *Odes*, I, x, 19-20). Jeu de mots sur κοινωνικός, κοινός.
8. Λόγος, qui signifie *raison* et *estime*, sans compter son acception de discours.
9. Cp. *Sophist. elench.* ch. 20.
10. Que les lettres dont il se compose.
11. Peut-être n'est-il pas juste que la main qui venge un père frappe la femme qui a tué son époux.

12. Cp., dans Platon, *Banquet*, p. 388, un passage auquel Aristote fait évidemment allusion ici. Voir, dans Spengel, d'autres rapprochements à la suite de celui-ci.
13. Polémon, cité par Clément d'Alexandrie (*Protrept.*), raconte que les habitants de la Troade gardèrent une grande vénération aux souris du pays, parce qu'elles avaient rongé les cordes des arcs des ennemis. Cp. scol. de Venise et Eustathe sur l'*Iliade*, I, 39.
14. Pâris.
15. Comment, de quelle manière, dans quel sens, par exemple, l'exilé habite où il veut ? Isocrate (*Helen.*, 8) a dû inspirer cet exemple déjà proposé avant lui, et sur lequel il discute.
16. Sophisme *cum hoc* ou *post hoc, ergo propter hoc*.
17. Eschine, en 330, fit le même reproche à Démosthène (*contre Ctésiphon*, § 134), peut-être après la composition de la *Rhétorique* (voir Spengel).
18. Il y a une simple réminiscence de ces vers dans la *Poétique*, ch. XVIII, et dans Denys d'Halicarnasse, *Lettre à Ammaeus sur Aristote*, ch. viii.
19. Le premier, avec Tisias, qui ait écrit sur l'art oratoire.
20. Et cette présomption a dû le retenir.
21. Protagoras d'Abdère se faisait fort d'enseigner l'art de faire gager les mauvaise causes. Cp. Cicéron, *Brutus*, ch. VIII.

XXV. Des solutions.

I. C'est le moment, après ce qui vient d'être dit, de parler des solutions[1]. On peut résoudre soit en faisant un contre-syllogisme, soit en apportant une objection[2].

II. On pratique le contre-syllogisme, cela va de soi, en l'empruntant aux mêmes lieux[3] ; car les syllogismes se tirent des choses probables : or beaucoup de ces choses peuvent sembler contraires entre elles.

III. Il y a (ici), comme dans les *Topiques*[4], quatre manières de produire des objections. On peut les tirer soit du même, soit du semblable, soit du contraire, soit des jugements.

IV. Du même, c'est-à-dire, par exemple, s'il y a enthymème sur l'amour, comme quoi il a un côté honnête, l'objection se présente sous deux aspects. Parlant en général, on dira que tout besoin est une mauvaise chose ; considérant un détail particulier, que l'on ne citerait pas « l'amour caunien[5] », s'il n'y avait pas des amours mauvais.

V. On tire une objection du contraire. Exemple s'il y a un enthymème comme quoi l'homme de bien rend service à tous ses amis, ce n'est pas à dire que le méchant fait du mal aux siens.

VI. Lorsqu'il s'agit des semblables, s'il y a un enthymème comme quoi ceux à qui l'on fait du mal ont toujours du ressentiment, l'objection sera : ce n'est pas à dire que ceux à qui l'on fait du bien ont toujours de l'amitié.

VII. Les jugements sont empruntés aux hommes célèbres. Exemple : si un enthymème dit qu'il faut avoir de l'indulgence pour les gens ivres, attendu qu'ils pèchent par ignorance, l'objection dira : Pittacus n'est donc pas louable, car il a édicté des peines plus graves pour les délits commis en cas d'ivresse.

VIII. Comme les enthymèmes se tirent de quatre choses, qui sont le vraisemblable, l'exemple, la preuve matérielle et le signe ; comme d'ailleurs, parmi les enthymèmes, ceux qui ont pour fondement ce qui a lieu, ou ce qui semble avoir lieu d'ordinaire, tirent leur conclusion des choses vraisemblables, et que d'autres l'obtiennent par l'induction du semblable, ou de l'unité, ou de la pluralité, lorsque, après avoir considéré le point de vue général, on argumente ensuite sur des particularités, au moyen de l'exemple ; d'autres l'obtiennent par la considération du fait nécessaire et existant, au moyen du signe matériel ; d'autres par celle du fait existant en général ou en particulier, soit que réellement il existe ou n'existe pas, au moyen des signes ; comme enfin le vraisemblable est ce qui a lieu, non pas toujours, mais d'ordinaire, il s'ensuit évidemment qu'on résoudra toujours des enthymèmes de cette nature en apportant une objection.

IX. La solution peut n'être qu'apparente et elle n'est pas toujours réelle, car ce n'est pas en objectant qu'il n y a pas vraisemblance que l'on résout un argument, mais en objectant qu'il n'y a pas conséquence nécessaire.

X. C'est ce qui fait que, par l'emploi de ce paralogisme, celui qui défend a toujours l'avantage sur celui qui accuse. En effet, comme l'accusateur démontre toujours au moyen des vraisemblances, et que la solution n'est pas la même, suivant que l'on allègue qu'il n'y a pas vraisemblance, on qu'il n'y a pas conséquence nécessaire ; comme d'autre part l'objection porte toujours sur ce qui a lieu d'ordinaire (autrement ce ne serait pas le vraisemblable, mais ce qui arrive toujours et nécessairement), et que le juge, si la solution est présentée ainsi, estime ou bien qu'il n'y a pas vraisemblance, ou bien qu'il ne lui appartient pas de prononcer un jugement sur ce en quoi il fait un paralogisme, ainsi qu'on vient de le dire ; car ce n'est pas seulement d'après les conséquences nécessaires qu'il doit juger, mais encore d'après la vraisemblance ; et c'est là ce qu'on appelle juger selon sa conscience[6] ; il résulte de tout cela qu'il ne suffit pas de présenter une solution fondée sur ce qu'il n'y a pas conséquence nécessaire, mais qu'il faut résoudre en alléguant qu'il n'y a pas vraisemblance ; or, c'est ce qui aura lieu si l'objection vise de préférence ce qui arrive d'ordinaire.

XI. L'objection peut se produire de deux manières : ou bien par la considération du temps, ou par celle des faits, et les principales font valoir l'une et l'autre car si le fait a lieu plusieurs fois, il n'en sera que plus vraisemblable.

XII. On résout aussi les signes et les enthymèmes énoncés par signes, mais s'ils répondent à une réalité, comme on l'a expliqué au livre premier[7]. En effet, que tout signe soit privé du caractère syllogistique, nous l'avons fait voir clairement dans les *Analytiques*[8].

XIII. Pour les arguments fondés sur l'exemple, la solution est la même que pour les choses vraisemblables. En effet, si nous avons un fait qui ne se soit point passé de même, il y aura eu solution fondée sur ce que le fait n'est pas nécessaire, ou bien qu'il s'en est produit plusieurs et plusieurs fois d'une autre façon ; mais, s'il s'en est produit plusieurs et plusieurs fois dans les mêmes conditions, il faut contredire en alléguant que le fait actuel n'est pas semblable, ou ne se produit pas dans les mêmes conditions, ou que, du moins, il y a différence par quelque côté.

XIV. Quant aux preuves matérielles (τεκμήρια) et aux enthymèmes qu'elles servent à former, on ne pourra les résoudre en alléguant leur caractère non syllogistique. C'est encore un point que nous avons

Poétique et Rhétorique

mis en lumière dans les *Analytiques*[9]. Reste la solution qui sert à montrer que le fait énoncé n'existe pas ; or, s'il est manifeste et que ce fait existe et qu'il y en a une preuve matérielle, il devient dès lors impossible de la résoudre, car tout devient dès lors évident par la démonstration[10].

---

1. La solution, dans Aristote, c'est le fait de réduire à néant la portée d'un argument. Cp. *Sophist. elench.*, XVIII ; *Top.*, VIII, 10 ; *Analyt. pr.*, II, 26.
2. L'ἔνστασις est, à vrai dire, une contre-proposition : ἔνστασις ἐστι πρότασις προτάσει ἐναντία (*Analyt.*, ibid.)
3. Aux mêmes lieux auxquels a été emprunté le syllogisme, ou raisonnement à réfuter.
4. Cp. *Top.*, liv. VIII, ch. x, et surtout *Analyt. pr.*, ibid.
5. Celui de Byblis, femme originaire de Bubasos, en Carie, pour son frère jumeau Caunus. Cp. Ovide, *Métamorph.*, IX, 453.
6. Cp. ci-dessus, chap. IV, § 5, note.
7. Liv. 1er, ch. II, §§ 14 et suiv.
8. *Analyt. pr.*, II, 27 ; p. 70 a, 24.
9. Ibid.
10. Ou, si l'on adopte, avec Spengel, la leçon unique du manuscrit de Paris, 1741 : « Tout devient une démonstration dès lors évidente. »

XXVI. De l'exagération et de l'atténuation.

I. L'exagération et l'atténuation ne sont pas des éléments d'enthymèmes. (J'emploie dans le même sens les mots *élément* et *lieu*, attendu que, élément et lieu, c'est ce à quoi reviennent beaucoup d'enthymèmes.) Mais l'exagération et l'atténuation sont des enthymèmes pour montrer qu'une chose est de grande, ou de mince importance, comme aussi qu'elle est bonne ou mauvaise, juste ou injuste, ou qu'elle a une quelconque des autres qualités[1].

II. Or ce sont là toutes choses sur lesquelles portent les enthymèmes et les syllogismes ; de sorte que, si chacune d'elles n'est pas un lieu d'enthymème, il n'y a pas non plus exagération ou atténuation.

III. Les arguments qui servent à résoudre un enthymème ne sont pas d'une autre espèce que ceux qui servent à en établir ; car il est évident que l'on résout, soit que l'on fasse une démonstration, soit que l'on apporte une objection ; or on fait la contre-démonstration du fait opposé. Par exemple, si l'on a montré que tel fait a existé, l'adversaire montrera que ce fait n'a pas existé ; et si l'on a montré qu'il n'a pas existé, il montrera qu'il a existé ; de sorte que ce n'est pas là que serait la différence, puisque tous deux les mêmes moyens, produisant des enthymèmes comme quoi le fait n'est pas ou qu'il est.

IV. L'objection n'est pas un enthymème : mais ici, comme dans les *Topiques*[2], objecter, c'est avancer une opinion de laquelle il ressort clairement qu'il n'y a pas eu syllogisme, ou que l'on a allégué un fait inexact[3].

V. Voilà tout ce qu'il y avait à dire sur les exemples, les sentences, les enthymèmes et, généralement, sur tout ce qui concerne la pensée, sur les ressources que nous pourrons y puiser et sur la manière d'en faire la solution[4]. Il nous reste maintenant à traiter de l'élocution et de la disposition.

---

1. En résumé, l'auteur semble vouloir dire que l'exagération et l'atténuation ne servent pas à former des enthymèmes, que les enthymèmes, au contraire, servent à exagérer ou à atténuer.
2. Cp. *Topiques*, VIII, 8.
3. Le manuscrit de Paris 1741, suivi par Spengel, donne ici les mots ἐπεὶ δὲ δὴ... περὶ τὸν λόγον, qui se retrouvent au début du liv. III. Ce double emploi nous semble, comme à Vettori, être une simple erreur de copiste. De plus, il faudrait peut-être ajouter οὖν, après Ὑπὲρ μέν.
4. Tout cela constitue l'invention.

LIVRE III

I. De l'élocution.

I. Comme il y a trois questions à traiter en ce qui concerne le discours : premièrement, d'où seront tirées les preuves ; deuxièmement, ce qui touche à l'élocution ; en troisième lieu, comment il faut disposer les parties d'un discours, nous avons dit, au sujet des preuves et de leur nombre, qu'elles se tirent de trois sortes de considérations ; nous avons expliqué celles-ci et la raison pour laquelle il n'y en a que trois sortes. En effet, on considère soit les impressions qui affectent les juges eux-mêmes, soit les dispositions où ils croient que sont les orateurs, soit encore la démonstration qui les amène à être persuadés. On a dit aussi où il faut puiser pour fournir des enthymèmes, car on distingue les formes d'enthymèmes et les lieux.

II. C'est maintenant le moment de parler de l'élocution ; et en effet, il ne suffit pas de posséder la matière de son discours, on doit encore parler comme il faut [1] et c'est là une condition fort utile pour donner au discours une bonne apparence.

III. D'abord donc on a recherché, suivant l'ordre naturel, — question qui occupe habituellement la première place — les faits même dont la connaissance entraîne la probabilité ; en second lieu, la manière d'en disposer l'énonciation ; troisièmement, question de la plus haute portée, mais qui n'a pas été traitée encore, ce qui se rapporte à l'action oratoire[2]. En effet, elle ne fut admise que tardivement dans le domaine de la tragédie et de la rapsodie, vu que, primitivement, les poètes jouaient eux-mêmes leurs tragédies. Il est donc évident qu'elle a une place dans la rhétorique, aussi bien que dans la poétique. Certains en ont traité[3] entre autres Glaucon de Téos.

IV. Cette action réside dans la voix, qui sera tantôt forte, tantôt faible, tantôt moyenne (et il faut examiner) comment on doit s'en servir pour exprimer chaque état de l'âme, quel usage faire des intonations qui la rendront tour à tour aiguë, grave ou moyenne, et de certains rythmes suivant chaque circonstance, car il y a trois choses à considérer : ce sont la grandeur, l'harmonie et le rythme[4]. Dans les concours, c'est presque toujours l'action qui fait décerner le prix, et tout comme, dans cet ordre, les acteurs l'emportent actuellement sur les poètes, il en est de même dans les débats politiques, par suite de l'imperfection des gouvernements[5].

V. Sur cette matière, l'art n'est pas encore constitué, parce que l'action n'est venue que tardivement s'appliquer à l'élocution et que, à bien la considérer, elle paraît être futile ; seulement, comme un traité de rhétorique doit d'un bout à l'autre être rédigé en vue de l'opinion, il nous faut nous préoccuper non point de ce qui est bien en soi, mais de ce qui est nécessaire, attendu qu'il convient, à vrai dire, en fait de discours, de ne pas s'appliquer à autre chose de plus qu'à ne pas affliger ni réjouir (l'auditoire). La justice, en effet, c'est de lutter en s'armant des seuls faits, si bien que tout ce qui est étranger à la démonstration est superflu. Toutefois (l'action) a une grande puissance, comme on vient de le dire, par suite de l'imperfection morale des auditeurs.

VI. Ainsi donc la question de l'élocution a un côté quelque peu nécessaire en toute sorte d'enseignement, car il est assez important, pour faire une démonstration quelconque, de parler de telle ou telle façon, mais ce n'est pas déjà d'une aussi grande importance (que pour la rhétorique) ; car tout, dans cet art, est disposé pour l'effet et en vue de l'auditeur. Aussi personne ne procède ainsi pour enseigner la géométrie. Lorsque, par conséquent (l'action) interviendra, elle donnera le même résultat que l'hypocritique[6].

VII. Quelques-uns ont entrepris de traiter en peu de mots cette dernière question (au point de vue oratoire) ; Thrasymaque[7], par exemple, dans son livre sur l'*Art d'exciter la pitié*. La faculté hypocritique est une faculté naturelle et indépendante de l'art[8] ; mais, rattachée à l'élocution, elle en devient dépendante. Voilà pourquoi ceux qui ont du talent en ce dernier genre remportent des triomphes à leur tour, comme les orateurs préoccupés de faction ; car les discours écrits valent plutôt par l'expression que par la pensée[9].

VIII. Ce furent les poètes qui les premiers commencèrent à provoquer les mouvements de l'âme[10], et c'était naturel ; car les dénominations sont des imitations, et la voix est chez nous la partie la plus apte de toutes à l'imitation : c'est ce qui a donné naissance à la rapsodie, à l'hypocritique et à d'autres arts, du reste.

IX. Mais comme les poètes, tout en ne disant que des futilités, semblaient devoir au style la gloire qu'ils acquéraient, il s'ensuit que le style poétique vint le premier ; tel, par exemple, celui de Gorgias. Et maintenant encore, bien des gens dépourvus d'instruction trouvent que ceux qui le pratiquent sont les plus beaux parleurs ; or cela n'est pas : autre est le langage de la prose, autre celui de la poésie, et un fait le démontre : ceux qui composent des tragédies ne l'emploient pas de la même façon ; mais, de même que, des tétramètres ils sont passés au mètre ïambique[11], parce que celui-ci ressemblait plus que tout autre à la prose[12], de même, ils évitent les expressions étrangères au langage de la conversation, ou les termes ornés que recherchaient leurs devanciers et que recherchent encore ceux qui, aujourd'hui, composent des hexamètres[13]. Aussi serait-il ridicule d'imiter ceux qui ne font plus eux-mêmes usage de ce genre de style.

X. On le voit donc, nous n'avons pas à étudier en détail toute la question de l'élocution, mais seulement

Poétique et Rhétorique

l'élocution qui se rapporte à notre objet[14]. Quant à l'autre, on en a parlé dans le traité sur la *Poétique*[15].

---

1. Ὡς δεί, suivant la nécessité de la situation.
2. Ὑπόκρισις, le jeu de l'orateur comme du comédien, τοῦ ὑποκριτοῦ.
3. Ont traité de l'action poétique. Sur Glaucon, cp. *Poétique, ch. XXV*. Voir Egger, *Histoire de la critique chez les Grecs*, p. 22.
4. La grandeur se rapporte à la force de la voix, l'harmonie au degré d'intonation, et le rythme à la durée des sons articulés
5. Τῶν πολιτειῶν. Peut-être πολιτῶν. Cp. Quintilien, *Institut. oratoire*, ii, 17, 27. — Revoir aussi, plus haut, l. I, chap. I, § 4.
6. L'hypocritique, ὑποκριτική, l'art du jeu scénique, une des parties de la musique d'après une classification que nous ont conservée Martien Capelle (liv. IX, § 936) et Michel Psellus, dans un texte inédit que nous avons publié (*Archives des missions sc. et litt.*, 3ᵉ série, t. II, 1875, p. 618), et traduit (*Annuaire de l'Association grecque*, 1874, p. 140).
7. Sur Thrasymaque de Chalcédoine, contemporain de Platon, cp. Cicéron, *Brutus*, § 30 ; Quintilien, *Inst. orat.*, III, 3 ; Philostrate, *Vie des Sophistes*, § 14. Cicéron parle des "Ελεοι [λόγοι], titre qu'il traduit par *Miserationes* (*De Oratore*, III, 32).
8. Cp. Cicéron, *De Oratore*, III, fin.
9. Allusion indirecte, croit-on, aux discours d'Isocrate, lesquels, généralement, ne furent pas prononcés.
10. Κινῆσαι. Nous avons songé un moment à proposer la correction μιμῆσαι (à imiter), très plausible au point de vue paléographique.
11. Hexamètre composé d'ïambes et de trochées.
12. Cp. Poétique, ch. IV.
13. Des vers héroïques tels que ceux d'Homère.
14. L'élocution oratoire.
15. *Poét., ch. XX-XXII*.

II. Sur les qualités principales du style.

I. Telles étaient les considérations à faire valoir. Maintenant, on devra établir que le mérite principal de l'élocution consiste dans la clarté ; la preuve, c'est que le discours, s'il ne fait pas une démonstration, ne remplit pas son rôle. Il consiste aussi à ne tomber ni dans la bassesse, ni dans l'exagération, mais à observer la convenance ; car l'élocution poétique ne pécha sans doute point par la bassesse, mais elle ne convient pas au discours en prose.

II. Parmi les noms et les verbes, ceux-là rendent l'élocution claire qui sont des termes propres. Quant à ce qui a pour effet de lui ôter la bassesse et de lui donner de l'élégance, ce sont d'autres termes qui ont été expliqués dans le traité de la *Poétique*. En effet, la substitution d'un mot à un autre donne à l'élocution une forme plus élevée, car l'effet différent que produisent sur nous des étrangers et nos concitoyens est produit également par l'élocution[1].

III. Voilà pourquoi il faut donner au langage un cachet étranger, car l'éloignement excite l'étonnement, et l'étonnement est une chose agréable. En poésie, plusieurs éléments amènent ce résultat et sont de mise dans ce genre-là, attendu que l'on voit de plus loin les choses et les personnes dont il est question. Mais, dans le discours pur et simple, ces éléments sont beaucoup moins nombreux, car le sujet est moins relevé. D'autant plus que, dans ce genre-ci, soit qu'on fasse parler le beau langage à un esclave ou à un tout jeune homme, ou qu'on l'applique à des sujets tout à fait secondaires, l'inconvenance n'en sera que plus sensible. Toutefois, même pour traiter de tels sujets, la convenance se prêtera tantôt au langage condensé, tantôt à l'ampleur. Aussi doit-on parler ainsi sans laisser voir l'art, et s'appliquer à ne pas paraître user d'un langage apprêté, mais naturel ; car celui-ci amène la conviction et celui-là produit l'effet contraire. En effet, on est alors prévenu contre l'orateur comme s'il était insidieux, de même qu'on se défie des vins mélangés. C'est ainsi que la voix de Théodore prévenait ses auditeurs contre celle des autres acteurs ; la sienne ressemblait à celle du personnage, tandis que celles des autres paraissaient affectées.

V. L'artifice se dérobe heureusement lorsque l'on compose un discours en choisissant ses termes dans le langage de la conversation. C'est ce que fait Euripide et c'est lui qui, le premier, a donné l'exemple. Comme le discours est formé de noms et de verbes et qu'il y a autant d'espèces de noms qu'on l'a exposé dans la *Poétique*[2], il faut n'employer que rarement, et en peu d'occasions, les mots étrangers[3], les mots composés et les mots forgés. Quelles sont ces occasions, nous le dirons plus tard[4] ; pour quel motif (elles sont rares), nous l'avons dit[5], c'est que l'on s'éloigne ainsi davantage du style convenable.

VI. Le terme propre et familier, la métaphore, telles sont les seules expressions utiles pour l'élocution dans le discours pur et simple. La preuve en est dans ce fait que tout le monde n'emploie que celles-là. En effet, tout le monde use des métaphores dans la conversation, ainsi que des termes familiers et propres. Et par suite, il est évident que, si l'on procède avec habileté, on aura un langage étranger, l'art se dérobera et l'on sera clair, ce qui était tout à l'heure la qualité principale du langage oratoire.

VII. Parmi les noms, les homonymies[6] sont surtout utiles au sophiste, car c'est grâce à elles qu'il accomplit sa mauvaise action ; les synonymies seront surtout utiles au poète : or je parle ici des termes à la fois synonymes et propres ; par exemple, πορεύεσθαι et βαδίζειν[7], qui sont tous deux propres et synonymes l'un de l'autre. Qu'est-ce que signifie chacune de ces qualifications ; combien y a-t-il d'espèces de métaphores; quelle en est la valeur, soit en poésie, soit dans le discours ; encore une fois, on l'a dit dans la *Poétique*.

VIII. Pour le discours, il faut apporter d'autant plus de travail dans leur application, que cette forme de langage a moins de ressources, comparée à la versification ; que la clarté, l'agrément du style et sa physionomie étrangère sont particulièrement du ressort de la métaphore, et que l'on ne peut trouver cet avantage ailleurs.

IX. Il faut aussi parler des épithètes et des métaphores convenables ; cela résultera de l'analogie. Si celle-ci n'existe pas, la métaphore paraîtra manquer de convenance, vu que ce sont les contraires qui paraissent se prêter le mieux au parallèle. Seulement il faut examiner, si l'on donne une robe de pourpre au jeune homme, quelle robe on donnera au vieillard ; car le même vêtement ne convient pas aux deux âges.

X. Si tu veux glorifier (il faut) tirer la métaphore de ce qu'il y a de meilleur parmi les choses du même genre ; si tu veux blâmer, la tirer de ce qu'il y a de plus mauvais. J'entends, par exemple, que, comme il y a des contraires dans un même genre, dire que l'un en mendiant fait une prière et que l'autre en faisant une prière mendie, par cela même que des deux côtés il y a des demandes, c'est là faire la chose en question. Iphicrate disait que Callias était un μητραγύρτης, et non pas un δᾳδοῦχος[8], et celui-ci répondit qu'Iphicrate était, lui, un ἀμύητος[9] que, autrement, il ne l'aurait pas appelé un μητραγύρτης, mais un δᾳδοῦχος. En effet, les deux termes s'appliquent au culte divin ; seulement l'un est honorable, et l'autre ne l'est pas. Autre exemple : il y a des gens qui qualifient du nom de διονυσοκόλακες[10] ceux qui, entre eux, s'appellent des τεχνῖται (artistes) ; or ces termes sont tous deux des métaphores, appliquées l'une par des gens qui veulent avilir (la profession), l'autre par des gens qui veulent faire le contraire.

C'est encore dans le même esprit que les brigands se donnent entre eux, aujourd'hui, le nom de πορισταί (agents d'approvisionnement). De là vient que, de celui qui a causé un préjudice, on peut dire qu'il a fait erreur et, de celui qui a fait erreur, qu'il a causé un préjudice, ou de celui qui a fait disparaître, qu'il a pris ou qu'il a pillé[11]. Dans le vers du *Télèphe* d'Euripide[12] : « Commandant aux rames et ayant fait voile vers la Mysie, »il y a manque de convenance, parce que « commander » dit plus qu'il ne faut. Le poète n'a donc pas dissimulé le procédé.

XI. Il y a faute aussi dans les syllabes si elles ne représentent pas un son agréable ; comme, par exemple, lorsque Denys, l'homme d'airain[13], dans ses élégies nomme la poésie « le cri de Calliope » (au lieu de chant) attendu que les deux mots signifient un son : mais la métaphore est mauvaise, étant empruntée à des sons non mélodieux.

XII. En outre, il ne faut pas tirer de loin les métaphores, mais les emprunter à des objets de la même famille et de la même espèce, de façon que, si les choses ne sont pas nommées, on leur donne l'appellation qui se rattache manifestement au même ordre d'idées. Exemple, cette énigme bien connue[14]

> J'ai vu un homme qui, avec du feu, collait de l'airain sur la peau d'un autre homme.

Poétique et Rhétorique

L'action subie n'est pas nommée, mais dans les termes il y a une idée d'application. L'auteur a donc appelé « collage » l'application de la ventouse[15]. Au surplus, il faut, absolument parlant, emprunter des métaphores modérées à des allusions convenablement énigmatiques ; car les métaphores sont des allusions, et c'est à quoi l'on reconnaît que la métaphore a été bien choisie.

XIII. Il faut aussi les emprunter à de belles expressions : or la beauté d'un mot, comme le dit Lycimnius[16] réside ou dans les sons, ou dans la signification ; la laideur d'un mot pareillement. En troisième lieu, il y a ce qui renverse un raisonnement sophistique ; car il ne faut pas dire, comme Bryson[17], qu'une parole ne sera jamais déplacée si la signification est la même, soit que l'on emploie telle expression ou telle autre.

Cela est faux ; car tel terme est plus propre qu'un autre, même plus rapproché de l'objet dénommé et plus apte à représenter la chose devant les yeux. De plus, tel mot, comparé à tel autre, n'a pas une signification semblable, et, par suite, il faut établir que l'un sera plus beau ou plus laid que l'autre. En effet, tous deux servent à marquer la signification de ce qui est laid et de ce qui est beau, mais non pas en tant que beau, et non pas en tant que laid ; ou, s'il en est ainsi, il y aura du plus ou du moins. Voici d'où l'on doit tirer les métaphores : des mots qui aient de la beauté dans le son, ou dans la valeur, ou dans leur aspect, ou enfin par quelque autre qualité sensible. Il est préférable de dire, par exemple, ῥοδοδάκτυλος ἠώς[18], plutôt que φοινικοδάκτυλος[19], ou, ce qui est encore plus mauvais, ἐρυθροδάκτυλος[20].

XIV. Dans le choix des épithètes, on peut employer des appositions tirées de ce qui est mauvais ou laid ; comme, par exemple, « le meurtrier de sa mère[21] ». On peut encore les tirer de ce qui est meilleur, comme « le vengeur de son père[22] ». Simonide aussi, comme certain vainqueur aux courses de mules lui accordait une rémunération trop faible, refusa de composer une poésie en son honneur, alléguant qu'il lui répugnait de chanter à propos de mulets ; mais l'autre lui accordant une somme suffisante, il fit ce vers :

> Salut, filles de cavales rapides comme la tempête,

bien que ces mules fussent aussi filles des ânes.

XV. Ajoutons l'atténuation. On distingue entre autres celle qui affaiblit l'importance du bien ou du mal. C'est ainsi qu'Aristophane emploie, en manière de plaisanterie, dans les *Babyloniens*, le terme de miette d'or pour or, petit vêtement pour vêtement, petite injure pour injure, petite maladie pour maladie. Seulement il faut user avec prudence des diminutifs et observer une juste mesure dans l'emploi de l'un ou de l'autre terme[23].

---

1. Suivant qu'elle est élevée ou commune.
2. Poétique, Chap. XXI.
3. Γλῶτται, les mots étrangers, inusités, étranges.
4. Chap. III et VII.

Poétique et Rhétorique

5. Ci-dessus, § 4.
6. Ou équivoques. Voir dans les *Catégories*, chap. 1er, la définition des termes ὁμώνυμα, συνώνυμα et παρώνυμα.
7. Ces mots signifient tous deux *marcher, aller*.
8. Un *quêteur de Cybèle*, et non pas un *porte-flambeau*.
9. Un non initié, un profane.
10. *Flatteurs de Dionysos* (Bacchus). Rapprocher τεχνῖται des διονυσιακοί τεχνῖται mentionnés par Philostrate, p. 360, édition Kayser, et par Aulu-Gelle, N. A. xx, 4. On a voulu voir, dans ce mot composé, une injure à l'adresse des flatteurs de Denys le Jeune, tyran de Syracuse. Le jeu de mots a été fait (Athénée, x, p. 435 E ; voir aussi xv, p. 538) et appliqué par Épicure aux disciples de Platon (Diog., liv. X, i, 4) ; mais le présent καλοῦσι donne à croire, selon nous, qu'Aristote parle exclusivement des artistes dionysiaques, ou acteurs du théâtre de Bacchus.
11. Le mot *prendre* dit moins que *voler* et *piller* dit plus. Le premier terme sera une atténuation, et le second une aggravation.
12. Tragédie perdue.
13. Ὁ χαλκοῦς, orateur et poète, surnommé ainsi parce qu'il avait conseillé aux Athéniens l'établissement d'une monnaie d'airain (Athénée, *Deipnosoph.*, liv. XV, p. 669).
14. Composée par Cléobule ou par Eumétis (Plut., *Banquet des sept Sages*, ch. x). Cp. Poét., ch. XXII.
15. Les ventouses auxquelles fait allusion cette énigme étaient des cloches en airain.
16. Rhéteur, ami de Gorgias.
17. Mentionné aussi dans les *Secondes Analytiques*, I. 9. et dans les *Sophist. elench.*, chap. XI.
18. Aux doigts de rose.
19. Aux doigts couleur pourpre.
20. Aux doigts rouges.
21. Allusion à Oreste. Cp. Eurip., *Oreste*, vers 1603.
22. *Ibid.*, vers 1604.
23. Le terme propre et son diminutif.

III. Sur le style froid.

I. Les expressions sont froides, quant au style, dans quatre cas différents. D'abord dans celui des mots composés. Exemple : Lycophron[1] dit : le ciel πολυπρόσωπος; (aux nombreuses faces), la terre, μεγαλοκόρυφος (aux grandes cimes), une rade στενόπορος (à l'entrée étroite)[2]. Gorgias disait : un flatteur πτωχόμουσος (artiste en fait de mendicité) ; il a employé aussi les mots ἐπιορκήσαντας (ceux qui se sont parjurés) et κατευορκήσαντας (ceux qui ont contre-juré la vérité)[3]. Alcidamas : « l'âme remplie de courroux, et la face devenue πυρίχρων (rouge comme du feu) ; » il pensait que son ardeur leur serait τελεσφόρος (les emporterait vers leur but); il faisait de la persuasion le τελεσφόρος des discours (l'agent qui mène au but); il nommait κυανύχρων couleur d'azur) la surface de la mer. Toutes ces expressions, en leur qualité de mots composés, appartiennent à la langue poétique.

II. Voilà donc une première cause de froideur ; il en est une autre qui consiste dans l'emploi des termes étranges. C'est ainsi que Lycophron appelait Xerxès un homme-colosse, et Scipion un homme-fléau. Alcidamas fait de la poésie « un amusement » ; il parle de l'ἀτασθαλία (la folie cruelle) de la nature, et d'un homme « aiguillonné par la fureur effrénée de la pensée ».

III. Une troisième cause réside dans les épithètes lorsqu'elles sont tirées de loin, placées mal à propos ou trop rapprochées. Ainsi, en poésie, l'on dira très bien « un lait blanc... » ; mais, dans le langage de la prose, les épithètes, ou sont hors de mise, ou, si elles font pléonasme, trahissent l'art et rendent manifeste la présence de la poésie. Ce n'est pas qu'on ne doive en faire quelque usage, car elle change le terme habituel et donne au style une physionomie étrangère ; seulement il faut atteindre la juste mesure, car, sans cela, le mal produit serait encore plus grand que si l'on parlait sans art. Dans le premier cas, l'élocution n'est pas bonne, mais dans le second elle est mauvaise. C'est ce qui fait paraître froides les expressions qu'emploie Alcidamas. Car ce n'est pas l'assaisonnement, mais l'aliment de son style, que ces épithètes multipliées, exagérées, brillantes à l'excès. Ainsi, au lieu de dire « la sueur », il dira « la sueur humide » ; il ne dira pas « aux jeux isthmiques », mais « à la solennité des jeux isthmiques » ; ni « les lois », mais « les lois, reines des cités »[4] ; ni « dans la course », mais « dans l'entraînement de l'âme qui nous fait courir » ; ni « ayant reçu un musée », mais « le musée de la nature ». Il dira : « le sombre souci de l'âme » ; et non pas « l'auteur de la faveur », mais « l'auteur de la faveur populaire et le dispensateur du plaisir de ses auditeurs » ; et non pas « il recouvrit de rameaux », mais « de rameaux provenant de la forêt » ; non pas « il voila son corps », « mais la pudeur de son corps ». Il dira : « le désir, contre-imitateur de l'âme ». Ce dernier terme est tout ensemble un mot composé et une épithète, de sorte qu'il devient une expression poétique. Il dira de même « le comble superlatif de la méchanceté ». Aussi ceux qui s'expriment poétiquement hors de propos pèchent par le ridicule et par la froideur, et leur verbiage produit l'obscurité ; car, s'ils ont affaire à un auditoire au courant de la question, ils dissipent la notion claire en la couvrant de ténèbres. On a recours, d'ordinaire, aux mots composés, lorsque manque le terme propre et que le mot est bien composé, comme, par exemple, χρονοτριβεῖν (perdre son temps) : mais, si le fait est fréquent, ce sera toujours un langage poétique. Aussi le mot composé est surtout utile à ceux qui font des dithyrambes, lorsqu'ils recherchent les termes sonores. Les mots étranges le seront surtout aux poètes épiques, lesquels recherchent la majesté et la hardiesse ; la métaphore, aux poètes ïambiques, car ceux-ci en font usage encore aujourd'hui, comme nous l'avons dit.

IV. En quatrième lieu, la froideur a pour cause la métaphore ; car il y a des métaphores déplacées : les unes parce qu'elles sont ridicules, attendu que les poètes comiques ont aussi recours aux métaphores, les autres par ce qu'elles ont de trop majestueux et de tragique. De plus, elles sont obscures, si l'on va les chercher trop loin.

V. Voici des exemples pris dans Gorgias : « Les choses pâles et ensanglantées. » — « mais toi, c'est à ta honte que tu as semé cela, et ta moisson a été criminelle. » Toutes ces expressions sentent trop la poésie. C'est comme dans Alcidamas : « La philosophie, rempart des lois. » — « L'Odyssée, miroir fidèle de la vie humaine, » — « n'offrant aucun agrément aussi grand à la poésie ». En effet, toutes ces expressions sont inefficaces pour amener la conviction, par les motifs donnés précédemment. Le mot de Gorgias, sur une hirondelle qui, en volant, laissa tomber sa fiente sur lui, serait tout à fait digne d'un poète tragique : « C'est vraiment honteux, ô Philomèle ! » Pour un oiseau, un tel acte n'était pas honteux ; il le serait de la part d'une jeune fille, Le reproche, par conséquent, eût été bien placé s'il se fût adressé à ce qu'elle a été, mais il ne l'est pas, s'adressant à ce qu'elle est maintenant[5].

---

1. Il s'agit du sophiste de ce nom. Cp. *Soph. elench.*, chap. xv.
2. Ἀκτή στενόπορος. La traduction littérale « un rivage au passage étroit » ne fait aucun sens.
3. Κατά τινος εὐορκήσαντας dit Étienne.
4. Expression de Pindare citée par Platon (*Gorgias* 484 B. et *Banquet*, 196 C).
5. Après sa métamorphose. Sur Philomèle — hirondelle et Procné — rossignol, voir P. Decharme, *Mythologie de la Grèce antique*, p. 528.

IV. Sur l'image.

I. L'image est aussi une métaphore, car il y a peu de différence entre elles. Ainsi, lorsque (Homère) dit en parlant d'Achille : « Il s'élança comme un lion[1], » il y a image ; lorsqu'il a dit : « Ce lion s'élança, » il y a métaphore. L'homme et l'animal étant tous deux pleins de courage, il nomme, par métaphore, Achille un lion.

II. On emploie aussi l'image dans la prose ; seulement c'est rare, attendu qu'elle est propre à la poésie. On place les images de la même manière que la métaphore, car ce sont des métaphores qui se distinguent des autres par la différence qu'on vient d'indiquer.

III. Les images sont, par exemple, ce que dit Androtion[2] sur Idrée[3] : qu'il ressemblait à de petits chiens qu'on vient de déchaîner ; que ceux-ci se jettent sur les gens et les mordent ; que, tout de même, Idrée, sortant de prison, est inabordable.

Poétique et Rhétorique

C'est encore ainsi que Théodamas comparait Archidamus à Euxène, ignorant en géométrie, et, d'après la même relation, Euxène sera un Archidamus géomètre[4]. Telle encore la comparaison qui figure dans la *République* de Platon [5] et d'après laquelle ceux qui dépouillent les morts ressemblent à de petits chiens qui mordent les pierres qu'on leur jette, sans toucher ceux qui les lancent. Telle encore cette image, relative au peuple, qu'il est dans la situation d'un pilote à la main solide, mais qui aurait l'oreille dure[6]. Telle l'image relative aux vers des poètes, à savoir : qu'ils ressemblent aux jeunes gens sans beauté ; ceux-ci quand ils n'ont plus la leur de la jeunesse, ceux-là quand ils sont démembrés, ne sont plus reconnaissables[7]. Telle l'image de Périclès, visant les Samiens : « Ils ressemblent, disait-il, aux enfants, qui reçoivent la nourriture, mais continuent de pleurer. » Telle encore celle qu'il faisait sur les Béotiens : « Ils ressemblent, disait-il, aux chênes verts ; car les chênes verts se cassent entre eux[8] et les Béotiens se battent les uns contre les autres. » Démosthène disait du peuple qu'il ressemblait à ceux qui ont des nausées sur un navire. Démocrate comparait les orateurs aux nourrices qui, mangeant les aliments[9], frottent de salive les lèvres des enfants[10]. Antisthène comparait le maigre Céphisodote à l'encens qui fait plaisir en se consumant. Il est permis de voir dans tous ces exemples, et des images et des métaphores, de telle sorte que toutes celles qui sont goûtées, étant dites comme métaphores, seront évidemment tout aussi bien des images, et que les images sont des métaphores qui demandent à être expliquées.

IV. Il faut toujours que la métaphore réponde à une métaphore corrélative, qu'elle porte sur les deux termes (de la corrélation) et s'applique à des objets de même nature. Si, par exemple, la coupe est le bouclier de Dionysos (Bacchus), on pourra dire, avec le même à-propos, que le bouclier est la coupe d'Arès (Mars)[11].

Tels sont les éléments dont se compose le discours[12].

---

1. Cette citation ne se retrouve pas textuellement dans Homère. Cp. *Iliade*, XX, 164. L'exemple choisi par Aristote a été repris par Quitilien, *Instit. orat.*, VIII, 6, 9.
2. Disciple d'Isocrate.
3. Idrée parait être le frère de Mausole, roi de Carie, dont parle Isocrate, *Discours à Philippe*, § 103.
4. D'après la conjecture très plausible de Vettori, cet Euxène n'avait pour lui que la profonde connaissance de la géométrie.
5. *Républ.*, liv. V, p. 469.
6. *Républ.*, liv. VI, p. 488.
7. *Républ.*, liv. X, p. 601.
8. Parce que cet arbre servait à faire des coins pour fendre le bois.
9. Destinés à leurs nourrissons. Cp. Sextus Empiricus, II, 42, et Aristoph., *Chevaliers*, 721.
10. Ou peut-être : « Qui mâchant les aliments, les mettent tout mâchés sur les lèvres des enfants, » ce qui se fait aussi pour les petits oiseaux.
11. Cp. Poétique, chap. XXI. — D'après Athénée (*Deipnosoph.*, l. XI, p. 521, le mot serait d'Anaxandride, poète de la comédie moyenne.
12. Ces éléments sont la clarté, la propriété des termes, la métaphore et l'image.

V. Il faut parler grec.

I. La principale condition à remplir, c'est de parler grec. Cela consiste en cinq choses.

II. Premièrement, dans les conjonctions, au cas où l'on veut expliquer qu'elles sont naturellement appelées à se produire au premier rang, comme quelques-uns l'exigent ; de même que μὲν et ἐγώ μὲν exigent δὲ et ὁ δὲ[1]. Mais il faut, autant que la mémoire le permet, faire correspondre les conjonctions les unes aux autres, en évitant une suspension trop prolongée et le placement d'une conjonction avant celle qui est nécessaire ; car il arrive rarement que ce soit à propos. « Moi, de mon côté, puisqu'il s'est adressé à toi... car Cléon est venu (à moi) me priant, me pressant, — je partis les ayant emmenés avec moi[2]. » En effet, dans cet exemple, on a introduit beaucoup de conjonctions avant celle qui devait venir, et, s'il y a un grand intervalle pour arriver à *je partis*, le sens est obscur. Donc la première condition c'est le bon emploi des conjonctions.

III. La seconde, c'est d'employer des termes propres et non compréhensifs[3].

IV. La troisième, d'éviter les termes ambigus ; et cela, à moins que l'on ne préfère le contraire, ce que l'on fait lorsque l'on n'a rien à dire et que l'on veut avoir l'air de dire quelque chose. C'est le cas de ceux qui s'expriment en langage poétique : Empédocle, par exemple ; car une grande circonlocution donne le change et les auditeurs sont dans la situation de beaucoup de gens qui vont trouver les devins. Lorsque ceux-ci prononcent des oracles ambigus, on accepte leur avis :

> « Crésus, passant l'Halys, détruira une grande puissance. »

C'est précisément pour s'exposer à une erreur moins grave que les devins énoncent les choses d'après les genres. On trouve mieux, lorsqu'on joue à pair ou non, en disant simplement pair ou impair qu'en disant un nombre, et en disant que telle chose sera qu'en disant dans quel temps. Voilà pourquoi les diseurs d'oracles n'ajoutent pas, dans leur réponse, la détermination du temps. Toutes ces choses-là se ressemblent ; aussi, à moins de quelque motif particulier pris dans cet ordre, il faut les éviter.

V. La quatrième distingue, comme l'a fait Protagoras, les genres des noms masculins, fémi-

Poétique et Rhétorique

nins et neutres[4] ; car il faut exprimer ces genres correctement : « Elle est venue, et, après avoir causé, elle est partie. »

VI. La cinquième consiste à nommer correctement ce qui est en grand nombre, en petit nombre et à l'état d'unité : « Ces gens, dès qu'ils furent arrivés, se mirent à me frapper... » Il faut d'une manière absolue bien lire ce qui est écrit, et bien le prononcer, ce qui revient au même. C'est là une chose que la multiplicité des conjonctions rend difficile, ainsi que les phrases qu'il n'est pas aisé de ponctuer, comme celles d'Héraclite[5] ; car la ponctuation, dans Héraclite, est tout un travail, parce qu'on ne voit pas à quel membre se rattache la conjonction, si c'est au précédent ou au suivant. Prenons pour exemple le début de son livre. Il s'exprime ainsi : « Cette raison qui existe toujours les hommes sont incapables de la comprendre. » On ne voit pas clairement si c'est après *toujours* qu'il faut ponctuer[6].

VII. De plus, c'est faire un solécisme que de ne pas attribuer, dans la liaison des mots entre eux, la forme qui convient. Par exemple, le mot *voyant*, qui n'a pas une signification commune, accordé avec le *bruit* ou la *couleur* ; tandis que le mot *percevant* est commun. Il y a obscurité lorsque tu parles d'un fait que tu n'as pas annoncé, et que tu vas intercaler une grande incidence ; par exemple : « Je me proposais, en effet, après avoir causé avec lui et fait ceci, puis cela, et de telle ou telle manière, de partir » au lieu de : « Je me proposais, en effet, après avoir causé, de partir puis je fis ceci et cela et de telle manière. »

---

1. De même que *d'une part* et *moi de mon côté* exigent *d'autre part* et *lui de son côté*.
2. Exemple de conjonctions mal ordonnées.
3. Qui embrassent un sens trop étendu. Ce n'est pas tout à fait la périphrase, c'est plutôt la généralité.
4. Σκεύη, les objets.
5. L'obscurité du style d'Héraclite était passée en proverbe.
6. On ne voit pas, par suite, si toujours se rapporte à la proposition principale ou à l'incidence.

VI. Sur l'ampleur du style.

I. Voici ce qui contribue à l'ampleur de l'élocution donner l'explication d'un nom à la place du nom lui-même ; ne pas dire un cercle, par exemple, mais « un plan situé à égale distance du point central » ; tandis que, pour obtenir la concision, le nom, au contraire, sera mis à la place de l'explication[1].

II. L'un ou l'autre procédé dépendra du caractère bas ou inconvenant de l'expression. Si la bassesse est dans l'explication, on emploiera le nom ; si elle est dans le nom, l'emploi de l'explication sera préférable.

III. Exprimer sa pensée avec des métaphores et des épithètes, pourvu que l'on se garde du style poétique.

IV. Du singulier faire le pluriel, à l'exemple des poètes. Bien qu'il y ait un seul port, ils disent néanmoins : « Vers les ports achéens[2] » Ils disent encore :

Voici les plis nombreux d'une tablette[3].

V. Ne pas joindre (les mots), mais les faire succéder chacun à chacun : « de la femme qui est la nôtre, » et, si l'on recherche la concision, faire le contraire : « de notre femme. »

VI. Parler avec conjonctions, et, si l'on veut être concis, parler sans conjonctions, mais en évitant le style haché ; par exemple : « étant parti, et ayant causé ; — étant parti, j'ai causé. »

VII. Pratiquer le procédé avantageux d'Antimaque[4], lequel consiste à parler de choses qui n'importent pas au sujet, comme le fait ce poète à propos de Teumessos[5] :

Il est une petite colline exposée au vent...,

car on peut amplifier ainsi indéfiniment. Le procédé consistant à dire ce qu'une chose n'est pas peut s'appliquer aux bonnes et aux mauvaises, selon l'utilité qu'on y trouve. De là vient que les poètes introduisent des expressions telles que « le chant sans cordes, le chant sans lyre[6] ». Et ils les obtiennent au moyen des formes privatives. Ce procédé fait bon effet dans les métaphores qui reposent sur l'analogie ; comme, par exemple, de dire que (le son de) la trompette est un chant sans lyre.

Poétique et Rhétorique

1. Périphrase.
2. Λιμένας εἰς Ἀχαϊκούς. Fin de vers ïambique d'un poète inconnu.
3. Eurip., *Iphig. en Tauride*, vers 727.
4. Antimaque de Colophon ou plutôt de Claros, colonie sortie de Colophon. Voir sur ce vers C. Ad. G. Scheilenberg, *Antimach. reliq.*, Halo S., 1786, p. 52.
5. Montagne de Béotie. Cp. Strabon, *Géogr.*, IX, 31, p. 412, éd. Casaub.
6. Ἄχορδος est dans Théognis cité par Démétrius, § 85. Ἄλυρος est dans Eurip., *Iph. en Taur.*, v. 144.

VII. Sur la convenance du style.

I. L'élocution sera conforme à la convenance si elle rend bien les passions et les mœurs, et cela dans une juste proportion avec le sujet traité.

II. Il y aura juste proportion si l'on ne parle ni sans art sur des questions d'une haute importance, ni solennellement sur des questions secondaires, et pourvu que l'on n'adapte pas un terme fleuri[1] au nom d'une chose ordinaire ; sinon, la comédie apparaît, et c'est ce qui arrive à Cléophon[2] ; il affectait certaines expressions dans le genre de celle-ci : « Vénérable figuier. »

III. L'élocution rendra l'émotion d'un homme courroucé s'il s'agit d'un outrage. A-t-on à rappeler des choses impies et honteuses ? il faudra s'exprimer en termes (respectivement) sévères et réservés, — Des choses louables ? en termes admiratifs ; — des choses qui excitent la pitié ? dans un langage humble ; et ainsi du reste.

IV. L'élocution appropriée à la circonstance rend le fait en question probable ; car notre âme se fait alors cette illusion que l'orateur dit la vérité, parce que, dans des conditions analogues, elle serait affectée de même, et par suite l'on pense, lors même qu'il n'en est pas ainsi, que les choses se passent comme il le dit.

V. L'auditeur partage les émotions que l'orateur fait paraître dans ses discours, même s'ils ne disent rien. Voilà d'où vient que beaucoup d'orateurs frappent l'esprit des auditeurs en faisant grand bruit.

VI. La manifestation des mœurs est celle qui se fait par les indices, attendu que chaque genre et chaque condition (ἕξις) donnent lieu à une manifestation corrélative. J'entends par genre, au point de vue de l'âge, par exemple, un enfant, ou un homme mûr, ou un vieillard ; j'entends aussi un homme ou une femme, un Lacédémonien ou un Thessalien.

VII. J'appelle condition ce qui fait que par sa vie un homme est tel ou tel ; car les diverses existences humaines ne sont pas dans une condition quelconque. Si donc l'on emploie des expressions appropriées à la condition, l'on aura affaire aux mœurs. En effet, un homme inculte et un homme éclairé n'auront pas le même langage ni la même manière de parler. Une locution qui produit un certain effet sur les auditeurs et dont les logographes usent à satiété, c'est, par exemple. « Qui ne sait... ? » ou encore : « tout le monde sait...[3] » Là-dessus l'auditeur est gagné, car il rougirait de ne pas partager une connaissance acquise par tous les autres.

VIII. L'opportunité ou l'inopportunité dans l'application est un fait commun à tous ces artifices.

IX. Or il est un remède rebattu pour corriger avant (l'auditeur) n'importe quelle exagération[4] c'est de se (la) reprocher à soi-même, car il semble alors que l'orateur est dans le vrai, du moment qu'il n'ignore pas ce qu'il fait.

X. De plus, ne pas employer en même temps tous les procédés qui sont en corrélation, car c'est un moyen de donner le change à l'auditeur. J'entends par là qu'il ne faut point, si les expressions sont dures, prendre une voix et un visage à l'avenant[5]. Sinon, chaque démonstration apparaît telle qu'elle est : mais, si l'on tait l'une de ces choses et non pas l'autre sans le laisser voir, l'effet sera le même. Si, par conséquent, l'on exprime les choses douces en termes durs et les choses dures en termes doux, le discours apportera la conviction[6].

XI. Les épithètes, les mots composés pour la plupart, et surtout les mots étrangers sont ceux qui conviennent à celui qui parle le langage de la passion. On excuse un homme en colère de dire un malheur « grand comme le ciel[7] » ou « colossal » ; de même lorsqu'il est déjà en possession de son auditoire, et qu'il l'aura enthousiasmé par des louanges, ou des reproches, ou par la colère, ou par l'affection. C'est ainsi qu'Isocrate par exemple à la fin du *Panégyrique*, met en œuvre les mots de « gloire » et de « Mémoire[8] » et cette expression :

Poétique et Rhétorique

« Ceux qui ont enduré...[9] » Car c'est dans ces termes que s'expriment ceux qu'emporte l'enthousiasme. De cette façon, l'auditoire évidemment accepte un tel langage, une fois mis dans le même état d'esprit. Aussi ce style convient-il pareillement à la poésie ; car la poésie a quelque chose d'inspiré. Il faut donc s'exprimer ainsi, ou bien le faire avec ironie, comme le faisait Gorgias, ou comme on le voit dans le *Phèdre*[10].

---

1. Littéralement : un ornement.
2.
3. Cp. Spengel, t. II, p. 381, où sont réunis une foule d'exemple de ces deux locutions.
4. Exemple dans Isocrate, *Panathenaic.*, chap. lxxxiv. Cp. Quintilien, *De Inst. orat.*, viii, 3. Nous lisons comme lui προεπιπλήσσειν. Nous disons de même : aller au-devant d'une objection.
5. On voit que nous adoptons la lecture de Vahlen, qui supprime καὶ.
6. Nous corrigeons comme M. Thurot, ἀπίθανον en πιθανον.
7. Οὐρανόμηκες. Ce mot est dans Isocrate (*Antidosis*, § 134).
8. Isocrate, *Panégyr.*, § 186. — Voir la note de F.-A.-G Spohn, dans son édition du *Panégyrique*, revue par J.-G. Baiter.
9. *Panégyr.*, § 97.
10. Platon, *Phèdre*, p.138, où Socrate se dit ironiquement inspiré par les nymphes du lieu, νυμφόληπτος.

VIII. Sur le rythme oratoire.

I. L'élocution ne doit ni affecter la forme métrique, ni être dépourvue de rythme. Si elle est métrique, elle n'est pas probante, car elle paraît empruntée, et eu même temps elle distrait l'auditeur, en portant son attention sur la symétrie et sur le retour de la cadence ; tout comme les gamins préviennent le crieur lorsqu'il demande qui est-ce que l'affranchi adoptera pour patron[1], en disant : « C'est Cléon[2]. »

II. Si le discours manque de rythme, la phrase ne finit pas. Or il faut que la phrase finisse, mais non pas au moyen du mètre. Un discours sans repos final est insaisissable et fatigant. Toutes choses sont déterminées par le nombre, et le nombre appliqué à la forme de l'élocution, c'est le rythme, duquel font partie les mètres avec leurs divisions.

III. Voilà pourquoi le langage, de la prose doit nécessairement posséder un rythme, mais non pas un mètre ; car ce serait alors de la poésie. Du reste, il ne s'agit pas d'un rythme dans toute la rigueur du mot, mais de quelque chose qui en approche.

IV. Parmi les rythmes[3], l'héroïque est majestueux et n'a pas l'harmonie propre à la prose[4]. L'ïambe se rapproche du langage ordinaire ; aussi, de tous les mètres, ce sont les ïambes que l'on forme le plus souvent en parlant. Mais il faut nécessairement (dans le discours) quelque chose de majestueux et qui transporte l'auditoire. Le trochaïque convient plutôt à la danse appelée cordace, comme le font voir les tétramètres ; car le rythme des tétramètres semble courir. Reste le péan[5] dont Thrasymaque a fait usage le premier. Seulement ses imitateurs ne pouvaient le définir ; or le péan est le troisième rythme et fait suite aux rythmes précités ; car il est dans le rapport de 3 à 2, et, des deux précédents, l'un est dans le rapport de 1 à 1, et l'autre dans celui de 2 à 1. Vient après ces rapports l'hémiole (sesquialtère) ; or c'est celui du péan.

V. Quant aux autres, il faut les laisser de côté pour les raisons données plus haut et parce qu'ils sont métriques. Le péan est d'un bon emploi, vu que, considéré isolément, il ne sert pas de mesure aux rythmes précités, de sorte que c'est lui qui se dissimule le mieux. Aujourd'hui donc, on emploie un péan, et cela au début ; mais il faut que le début et la fin diffèrent[6].

VI. Il y a deux formes de péans opposées l'une à l'autre : l'une d'elles convient au début ; c'est le péan qui commence par une longue et finit avec trois brèves. Ainsi :

Δαλογενὲς εἴτε Λυκίαν[7]...

et

Χρυσεοκόμα Ἕκατε, παῖ Διός[8]... ;

l'autre péan, au contraire, est celui où trois brèves viennent en premier lieu et la longue en dernier :

Μετὰ δὲ γᾶν ὕδατα τ' ὠκεανὸν ἠφάνισε νύξ[9].

Ce péan sert de finale[10], car la syllabe brève, étant incomplète[11], produit quelque chose de tronqué, tandis qu'il faut que la finale soit tranchée au moyen de la longue et soit bien marquée, non point par les soins du copiste, ni par le signe de ponctuation, mais par le rythme.

VII. Ainsi donc, comme quoi l'élocution doit être bien rythmée et non pas dépourvue de rythme, quels rythmes la rendent bien rythmée et dans quelles conditions ils la rendent telle, nous venons de l'expliquer.

---

1. Τίνα αἱρεῖται ἐπίτροπον.
2. Allusion possible à quelque scène de comédie.
3. Cp. Cicéron, *De Orat.*, III, 47 ; Quintilien, *De Inst. orat.*, IX, 4.
4. Cp. Poétique, IV, §§ 7 et 19. — Démétrius, 42.
5. D'où l'expression παιωνικὸν γένος, genre péonique, genre de rythme sesquialtère, c'est-à-dire comportant cinq pieds disposés dans le rapport de trois à deux ou de deux à trois. (Aristoxène, *Élém. rytmiques*, p. 302 de Morelli.)

Poétique et Rhétorique

6. C'est-à-dire que, par exemple, on mettra, au début, le péan (commençant) par la longue — ∪∪∪, et, à la fin, le péan par les brève : ∪∪∪ —.
7. Delogene, ou Lycie.
8. Hécate à la chevelure d'or, fille de Jupiter.
9. Après la terre et les eaux, la nuit couvrit d'ombres l'océan.
10. Isocrate a commencé par ce péan le *Panégyrique*, l'*Éloge d'Hélène*, *Busiris*, etc.
11. La brève ne correspond qu'à une fraction du pied rythmique, lequel compte toujours au moins deux temps. (Aristoxène, l. c., p. 289.)

IX. Du style continu et du style périodique.

I. Il faut ou que l'élocution soit continue et liée par la conjonction, de même que l'introduction dans les dithyrambes, ou bien qu'elle procède par tours et retours [1], semblable en cela aux antistrophes des anciens poètes.

II. L'élocution continue est celle des anciens. « Voici l'exposition de l'histoire d'Hérodote le Thurien[2]...» Précédemment, tous les écrivains employaient ce tour, mais aujourd'hui c'est le petit nombre.

J'appelle élocution continue celle qui ne prend fin que lorsque la chose à dire est terminée. Elle manque d'agrément, en raison de son caractère indéfini ; car tout le monde aime à saisir la fin. C'est ainsi que, (dans les courses) arrivé aux bornes, on est essoufflé et l'on est à bout de forces, tandis qu'auparavant, en voyant devant soi le terme (de la course), on ne sent pas encore sa fatigue. Voilà donc ce que c'est que l'élocution continue.

III. Elle procède par tours et retours quand elle consiste en périodes. Or j'appelle période une forme d'élocution qui renferme en elle-même un commencement et une fin, ainsi qu'une étendue qu'on peut embrasser d'un coup d'œil. Elle est agréable et facile à saisir : agréable, parce qu'elle est le contraire de celle qui ne finit pas et que l'auditeur croit toujours posséder un sens, vu qu'on lui présente toujours un sens défini, tandis qu'il est désagréable de ne pouvoir jamais rien prévoir, ni aboutir à rien ; — facile à saisir en ce qu'elle est aisément retenue, ce qui tient à ce que l'élocution périodique est assujettie au nombre, condition la plus favorable à la mémoire, d'où vient que tout le monde retient les vers mieux que la prose ; car ils sont assujettis au nombre, qui leur sert de mesure.

IV. Il faut que la période se termine avec le sens et ne soit pas morcelée, comme ces ïambes de Sophocle (sic) :

Καλυδών μὲν, ἥδε γαῖα Πελοπείας
    χθονοός...[3]

En effet, cette division pourrait faire comprendre tout autre chose que (la pensée du poète), comme qui dirait, dans cet exemple, que Calydon est dans le Péloponnèse.

V. La période est tantôt composée de membres, tantôt tout unie. La période composée de membres est à la fois achevée et divisée, avec des repos commodes pour la respiration, établis non pas dans chaque partie comme pour la période précitée, mais dans sa totalité. Le membre est l'une de ces deux parties[4]. J'appelle période tout unie celle qui n'a qu'un membre.

VI. Les membres, ainsi que les périodes, ne doivent[5] être ni écourtés, ni prolongés. Trop de brièveté fait souvent trébucher l'auditeur ; car il arrive nécessairement, quand celui-ci, lancé sur une certaine étendue dont il mesure le terme en lui-même, est brusquement interrompu par un arrêt de la phrase, qu'il trébuche, comme devant un obstacle [6]. Par contre, trop de longueur fait que l'auditeur vous abandonne, de même que ceux qui retournent sur leurs pas au delà du terme de la promenade ; car ces derniers abandonnent ceux qui se promènent avec eux. Il en est de même des périodes prolongées. Le discours ressemble alors à une introduction (dithyrambique) et il arrive ce que Démocrite de Chio reproche à Mélanippide[7] en le raillant d'avoir fait des introductions, au lieu de faire des antistrophes :

> L'homme se nuit à lui-même en voulant nuire à autrui[8].

Et l'introduction prolongée nuit surtout à celui qui l'a faite[9]. En effet, c'est le cas d'appliquer ce reproche aux périodes à longs membres. Alors, si les membres sont écourtés, il n'y a plus de période.

VII. Le style composé de membres procède tantôt par divisions, tantôt par antithèses ; par divisions, comme dans cet exemple : « Je me suis souvent étonné que, parmi ceux qui ont réuni des panégyries et qui ont institué des concours gymniques[10]... ; » - par antithèses; auquel cas un contraire est placé auprès ou en face de son contraire, ou bien le même est relié à ses contraires. Exemple : « Ils furent utiles à ces deux classes de personnes, ceux qui demeurèrent et ceux qui les suivirent, car, en faveur de ces derniers, ils acquirent plus de bien qu'ils n'en avaient chez eux, et aux autres ils laissèrent assez de terre pour vivre chez eux[11]. » Les contraires sont « demeurer, suivre ; assez, plus ». — « De sorte que, et pour ceux qui manquaient de bien et pour ceux qui voulaient jouir du leur, la jouissance est opposée à l'acquisition[12]. » Autre exemple : « Il arrive souvent, en de telles conjonctures, que les sages échouent et que les fous réussissent[13]. » — « Dès lors, ils reçurent le prix de leur bravoure et, peu de temps après, ils obtenaient l'empire de la mer[14]. » — « ... Naviguer sur le continent et marcher à pied sec sur la mer, après avoir relié les deux rivages de l'Hellespont et creusé le mont Athos[15]. » — « Citoyens de par la nature, ils étaient, de par la loi, privés de leur cité[16]. » — « Parmi eux, les uns avaient eu le malheur de périr, et les autres la honte de survivre[17]. » — « (Il est honteux) que les particuliers aient des serviteurs barbares et que l'État voie avec indifférence nombre de ses alliés tomber en esclavage[18]. » — « Avoir la perspective soit de les posséder vivants, soit de les abandonner après leur mort [19]. » Citons encore ce que quelqu'un a dit de Tholaüs et de Lycophron en plein tribunal : « Ces hommes, lorsqu'ils étaient chez eux, vous vendaient ; et, venus chez vous, ils se sont mis en vente[20]. » En effet, toutes ces propositions réalisent ce que nous avons dit.

VIII. Ce genre de style est agréable, parce que les contraires sont très reconnaissables et que les idées mises en parallèle n'en sont que plus faciles à saisir. Ajoutons que cette forme ressemble à un syllogisme ; car la réfutation n'est autre chose qu'une réunion des propositions opposées.

IX. L'antithèse est donc (une période) de cette nature. Il y a antithèse avec égalité lorsque les membres sont égaux, et antithèse avec similitude, lorsque chacun des membres a les parties extrêmes semblables. Or cela doit nécessairement avoir lieu soit au commencement, soit sur la fin. Le commencement comprend toujours les mots (en entier), mais la fin (seulement) les dernières syllabes, ou les désinences du même mot, ou le même mot (en entier). Voici des exemples de ce qui a lieu au commencement :

Ἀγρὸν γὰρ ἔλαβεν ἀργὸν παρ' αὐτοῦ[21].
Δωρητοί τ' ἐπέλοντο, παράρρητοί τ' ἐπέεσσιν[22];

et des exemples de ce qui a lieu sur la fin :

Ὠιήθησαν αὐτὸν παιδίον τετοκέναι, ἀλλ᾽
  αὐτοῦ αἴτιον γεγονέναι²³.
Ἐν πλείσταις δὲ φροντίσι καὶ ἐν
  ἐλαχίσταις ἐλπίσι²⁴

Voici, maintenant, un exemple des diverses désinences du même nom :

Ἄξιος δὲ σταθῆναι χαλκοῦς, οὐκ ἄξιος ὢν
  χαλκοῦ²⁵;

puis un exemple de la répétition du même mot :

« Mais toi, de son vivant, tu le dénigrais en parole, et, maintenant qu'il est mort, tu le dénigres par écrit. »

Exemple de la ressemblance d'une syllabe :

« Quel effet si terrible (δεινόν) aurait produit sur toi la vue d'un homme inoccupé (ἀργόν)²⁶ ?

Il est possible que tout cela se rencontre dans la même phrase et qu'une même période ait une antithèse, avec égalité et avec similitude d'assonances finales (homéotéleuton). Quant aux commencements de périodes, on les a énumérés presque (tous) dans les livres adressés à Théodecte²⁷.

X. Il y a aussi de fausses antithèses, comme dans ce vers d'Épicharme :

ARISTOTE

Tantôt j'étais au milieu d'eux, tantôt auprès d'eux[28].

---

1. Cp. Démétrius, § 12.
2. *Le Thurien*, parce qu'Hérodote alla se fixer à Thurium, en Italie.
3. « Calydon, cette ville du pays de Pélops... », vers du *Méléagre* d'Euripide. Le *Philoctète*, de Sophocle, commence à peu près même : Ἀκτὴ μὲν τῆς περιρρύτου χθονός;... Cp. Démétrius.
4. Cp. Démétrius, § 34.
5. "Calydon, cette ville du pays de Pélops...", vers du Méléagre d'Euripide. Le Philoctète, de Sophocle, commence à peu près même : ʃAkt¯ mǝn t°w perirrætou xyonñw ;... Cp. Démétrius.
6. C'est ce qui arrive, au propre, lorsque l'on croit avoir tant de marches à descendre et qu'il y en a un plus petit nombre.
7. Poète qui vivait au milieu du Ve siècle et avait innové dans le dithyrambe.
8. Ce vers est un souvenir d'Hésiode. (*Œuvres et Jours*, v. 263.)
9. Cette phrase ressemble à un vers didactique.
10. Isocrate, *Panégyrique*, § 1.
11. *Panégyrique*, § 30.
12. *Panégyrique*, § 41.
13. Panégyrique, § 48.
14. Panégyrique, § 72.
15. Panégyrique, § 89. Creuser dans le sens de « canaliser ».
16. Panégyrique, § 105.
17. Panégyrique, § 199.
18. Panégyrique, § 181.
19. Panégyrique, § 186.
20. Cp. Diod. Sic., xvi, 14. (Voir Spengel.)
21. « Car il reçut de lui un champ non travaillé. » Jeu de mots sur ἀγρὸς et ἀργὸς, que l'on rencontre aussi dans Xénophon. (*Cyrop.*, viii, 3, 37.)
22. « Ils se laissaient gagner par les présents et persuader par les paroles. » (*Il.*, ix, 526.)
23. « Ils crurent qu'il n'était pas le père de l'enfant, mais plutôt la cause de sa naissance. » Nous ajoutons une négation avec deux manuscrits et l'édition Aldine ; malgré cela, le sens reste douteux. Sauppe propose ἀλλ᾿ αὐτὸν παιδίον. On serait tenté de voir, dans ce dernier exemple et dans le suivant, l'origine du vers léonin.
24. « Dans les plus grands soucis et les plus faibles espérances. »

Poétique et Rhétorique

25. « Se jugeant digne d'une statue d'airain et ne valant pas un chalcous. » — Chalcous, petite monnaie d'airain, le huitième d'une obole.
26. La syllabe visée n'est pas entièrement semblable. Peut-être faut-il corriger ἀργόν en ἀγ?όν.
27. Ouvrage perdu, que l'on croit être la source de la *Rhétorique à Alexandre*.
28. Cp, Démétrius, § 24.

X. Sur les mots d'esprit.

I. Ces explications données sur ces points, il faut dire en quoi consiste ce qu'on appelle les propos piquants et les mots heureux. Ces propos ont leur source tantôt dans un naturel bien doué, tantôt dans l'exercice. Montrer ce que c'est est du ressort de l'art qui nous occupe. Parlons-en donc dans tous les détails.

II. Le fait d'apprendre aisément est agréable pour tout le monde ; or les mots ont toujours une certaine signification et, par suite, tous les mots qui contribuent à nous enseigner quelque chose sont les plus agréables. Mais le sens des mots étrangers reste obscur et, d'autre part, celui des mots propres est chose connue. La métaphore est ce qui remplit le mieux cet objet ; car, lorsqu'il dit (Homère)[1] que la vieillesse est (comme) la paille, il produit un enseignement et une notion par le genre, l'une et l'autre ayant perdu leurs fleurs.

III. Les images employées par les poètes atteignent le même but. Aussi, pour peu que l'emploi en soit bon, l'élégance se manifeste. En effet, l'image, comme on l'a dit précédemment[2], est une métaphore qui se distingue des autres par une exposition préalable ; de là vient qu'elle est moins agréable, étant trop prolongée. Elle ne dit pas que « ceci est cela » et, par conséquent, l'esprit ne cherche pas même « ceci ».

IV. Il s'ensuit nécessairement que l'élocution et les enthymèmes sont élégants lorsqu'ils sont promptement compris. Voilà pourquoi l'un ne goûte ni les enthymèmes entachés de banalité (et nous appelons banal ce qui est évident pour tout le monde et ne demande aucun effort d'intelligence), — ni ceux dont l'énoncé ne fait pas comprendre la signification, mais bien plutôt ceux dont le sens est compris dès qu'on les articule, si même il ne l'était pas auparavant[3], ou ceux dont le sens ne tarde guère à être saisi. En effet, dans ce dernier cas, nous apprenons quelque chose, tandis que, dans les précédents, on n'obtient ni l'un ni l'autre résultat[4].

V. Ainsi donc, l'on goûte ceux des enthymèmes qui ont ce caractère, d'après le sens des paroles énoncées, et aussi d'après l'expression envisagée dans sa forme, si l'on parle par antithèse. Dans cette phrase : « Et jugeant que la paix commune aux autres était la guerre pour eux-mêmes en particulier[5]..., » on oppose la paix à la guerre.

VI. Ensuite d'après les mots, s'ils contiennent une métaphore, et alors il ne faut pas que celle-ci soit étrangère[6] car on aurait peine à la comprendre ; ni banale, car elle ne ferait aucune impression. Puis, si l'on place (les faits) sous les yeux (de l'auditeur), car on voit mieux, nécessairement, ce qui est en cours d'exécution que ce qui est à venir. Il faut donc se préoccuper de ce triple but : la métaphore, l'antithèse et l'exécution[7].

VII. Des quatre sortes de métaphores[8], celles qui se font le plus goûter sont les métaphores par analogie. C'est ainsi que Périclès a dit : « La jeunesse qui a péri dans la guerre a laissé un vide aussi sensible dans la cité que si, de l'année, on retranchait le printemps[9]. »

Leptine, parlant en faveur des Lacédémoniens, a dit qu'il ne fallait pas permettre que la Grèce fût réduite à perdre un œil[10]. Céphisodote[11], voyant Charès insister pour rendre ses comptes au moment de la guerre olynthienne, dit, pour exprimer son indignation, « qu'il tentait de rendre ses comptes en tenant le peuple dans un four. » Et, pour exhorter les Athéniens à faire une expédition en Eubée : « Il faut, dit-il, après nous être approvisionnés, lancer le décret de Miltiade[12]. » Iphicrate, sur ce que les Athéniens avaient traité avec ceux d'Épidaure et les habitants de la côte, s'écriait dans son indignation : « Ils se sont ôté à eux-mêmes les approvisionnements de guerre. » Pitholaüs appelait la trière paralienne[13] « la massue du peuple », et Sestos « le marché au blé du Pirée ». Périclès voulait qu'on détruisît Égine, « cette chassie du Pirée[14]. » Mœroclès prétendait qu'il n'était pas moins honnête que tel

Poétique et Rhétorique

honnête homme dont il citait le nom, alléguant que ce dernier était malhonnête à raison d'un intérêt du tiers[15], tandis que lui-même l'était (seulement) à raison d'un intérêt du dixième.

Tel encore l'ïambe d'Anaxandride sur ses filles qui tardaient à se marier :

> Mes filles qui ont laissé passer l'échéance du mariage... ;

et ce mot de Polyeucte sur un certain Speusippe, frappé d'apoplexie, qu'« il ne pouvait se tenir en repos, bien que le hasard l'eût enchaîné dans les entraves d'une maladie pentésyringe[16] » Céphisodote appelait les trières « des moulins ornés[17] ». Le Chien [18] disait que « les tavernes étaient les phidities d'Athènes[19] ». Ésion dit que « (les Athéniens) répandirent leur ville sur la Sicile ». Il y a là une métaphore et le fait est mis devant les yeux.

Cette expression, encore : « C'est au point que la Grèce poussa un cri, » est, à certains égards, une métaphore et met le fait devant les yeux. De même, Céphisodote recommandait de veiller à ne pas tenir « des réunions nombreuses qui devinssent des assemblées populaires », et Isocrate critiquait « ceux qui se pressent dans les panégyries[20] ». Autre exemple dans l'*Éloge funèbre* : « Il était juste et digne que, sur le tombeau de ceux qui sont morts à Salamine, la Grèce se coupât les cheveux, la liberté étant ensevelie[21], en même temps que leur vaillance. »

En effet, si l'on avait dit : « Il était juste et digne qu'elle versât des pleurs, leur vaillance étant ensevelie en même temps..., » il y avait métaphore et le fait était mis devant les yeux, tandis que les mots « en même temps que leur vaillance... la liberté, » produisent une certaine antithèse. Dans ce mot d'Iphicrate : « Car mes paroles s'ouvrent un chemin au milieu des actes accomplis par Charès, » il y a métaphore par analogie, et la locution « au milieu... » met l'image devant les yeux. Cette expression, « exhorter aux dangers, » est une métaphore qui met aussi les choses devant les yeux. Lycoléon, plaidant pour Chabrias : « Et vous, dit-il, sans avoir égard à son image en bronze, qui vous supplie... » C'est là une métaphore propre à la circonstance présente, qui n'est pas d'une application générale, mais qui met les choses devant les yeux. Car Chabrias courant un péril, son image supplie ; partant, la matière inanimée s'anime, comme un témoin des actes de la cité (en son honneur). Autre exemple : « S'étudiant de toute façon à rabaisser leurs sentiments[22]. » En effet, *s'étudier à* marque une insistance. — « L'intelligence est le flambeau que Dieu alluma dans l'âme[23]. » Et réellement, les deux mots[24] servent à faire voir quelque chose. — « Nous n'en finissons pas avec les guerres, mais nous les ajournons ; car voilà deux choses qui appartiennent à l'avenir : l'ajournement et une paix faite dans ces conditions[25] ». — C'est comme de dire : « Les traités, ce sont des trophées bien plus glorieux que ceux qu'on recueille dans les guerres ; car ceux-ci, on les obtient pour un faible avantage et par l'effet d'un hasard, tandis que les traités sont

Poétique et Rhétorique

le fruit de toute la guerre[26] » En effet, les traités c'est comme les trophées : ils sont, les uns et les autres, des signes de la victoire. — « Les cités, elles aussi, rendent un compte sévère en encourant le blâme des hommes[27] ». Car la reddition de compte est une sorte de dommage émanant de la justice.

Ainsi donc, comme quoi les mots piquants ont leur source dans la métaphore par analogie et dans le fait mis devant les yeux, on vient de l'expliquer.

---

1. Odyssée, XVI, 214.
2. Chap. IV, § 3.
3. Aristote, si nous l'avons bien compris, parle ici du cas où l'auditeur peut penser. « C'est aussi ce que je me disais. »
4. À savoir, d'être compris d'emblée ou avec un léger effort.
5. Isocrate, Discours à Philippe, § 73.
6. C'est-à-dire choisie dans un ordre d'idées inconnues de l'auditeur.
7. Ἐνέργεια. Cp. Cic., De Orat., ii, 59.
8. Elles sont énumérées dans la Poétique, ch. XXI. La métaphore est : 1° Le transport du genre à l'espèce ; 2° de l'espèce au genre ; 3° de l'espèce à une autre espèce ; 4° celui d'un terme à son corrélatif, ce qui est la métaphore par analogie, dont Aristote va parler.
9. Cp. plus haut (l. I, ch. VII, § 34), où la même pensée est rapportée en d'autres termes. Il y a dans Hérodote (VII, 162) une métaphore ou plutôt une comparaison analogue. — Athénée (III, p. 99) attribue à Démade ce mot que « les éphèbes étaient le printemps du peuple. »
10. Cp. Plut Préceptes politiques, ch. vi. — (Voir l'éd. Spengel.)
11. C'est l'orateur athénien. Dobree, et non le disciple d'Isocrate.
12. Décret ayant pour objet l'expédition des Grecs contre Xerxès. Cp. Démosthène, Fausse ambassade, § 303. — Voir Dobree, Adversaria critica, p. 138.
13. L'une des deux trières consacrées (l'autre était la Salaminienne), lesquelles n'étaient mises à l'eau que dans les circonstances graves.

ARISTOTE

14. Cp. Strabon, IX, ch. xiv, où la petite île de Psyttalia, déserte et rocheuse, est qualifiée par quelques-uns : λήμη τοῦ Πειραιῶς.
15. Nous dirions aujourd'hui : À raison d'un intérêt de 33%.
16. À cinq trous. Allusion au πεντεσύριγγον ξύλον, carcan percé de cinq trous, où l'on faisait rentrer les jambes, les bras et la tête des condamnés. — Sur Polyeucte, voir H. Weil, *Revue de philologie*, t. VI, p. 16.
17. Voir la Préface.
18. Diogène le Cynique.
19. Par analogie avec les phidities, ou repas publics de Lacédémone. Diogène voulait peut-être parler de « marchands de vin traiteurs », chez qui l'on mangeait mal (φειδομένως).
20. Cp. Isocrate, *Discours à Philippe*, § 12.
21. Lysias, *Éloge funèbre*, § 60. (Voir la note dans la traduction de M. Barthélemy Saint-Hilaire, et dans Spengel.) Cp. Dobree (*Adversaria* t. 1er, p. 13), qui supprimait comme interpolation ἐν Σαλαμῖνι. On a proposé ἐν Λαμία, à Lamia.
22. Isocrate (*Panégyrique*, § 150), en parlant des sentiments serviles des Perses vis-à-vis de leurs princes.
23. Source inconnue.
24. φῶς et ἀνῆψεν.
25. *Panégyrique*, § 172.
26. *Panégyrique*, § 180.
27. Source inconnue. Cp. Isocrate. *Sur la paix*, § 126.

XI. Mettre les faits devant les yeux.

I. Il faut dire maintenant ce que nous entendons par un « fait mis devant les yeux » et ce qu'on fait pour qu'il en soit ainsi.

II. J'entends par « mettre une chose devant les yeux » indiquer cette chose comme agissant. Par exemple, dire que l'homme de bien est un carré, c'est faire une métaphore, car les deux termes renferment une idée de perfection[1], mais ils n'indiquent pas une action ; au lieu que, dans l'expression : « Ayant la force de l'âge pleinement florissante[2] » il y a une idée d'action. Dans cette autre : « Mais toi, en qualité d'homme libéré, il te convient…[3] » il y a une action. Dans celle-ci : « Alors les Grecs s'étant élancés de là…[4], » il y a action et métaphore. C'est ainsi qu'Homère, en beaucoup d'endroits, anime des êtres inanimés au moyen de la métaphore.

ARISTOTE

III. En toute occasion, le fait de mettre en jeu une action produit une impression goûtée de l'auditeur. En voici des exemples :

> Et, de nouveau, le rocher sans honte roulait dans la plaine[5].
> La flèche prit son vol[6].
> Brûlant de s'envoler[7].
> (Les traits) restaient immobiles sur le sol désireux de se repaître de chair[8].
> La lance traverse sa poitrine avec rage[9].

En effet, dans tous ces passages, les objets, par cela même qu'ils sont animés, apparaissent comme agissant. Les expressions « être sans honte », « avec rage », etc., indiquent une action ; le poète les a placées au moyen de la métaphore par analogie, et le rapport du rocher à Sisyphe est celui de l'être sans honte à celui sur qui l'on agit sans honte.

IV. Il en fait autant, dans des images d'un heureux effet, avec les êtres inanimés :

> Les (vagues) se soulèvent en courbes blanchissantes ; les unes s'avancent et d'autres arrivent par-dessus[10]

On le voit, il donne à toutes choses le mouvement et la vie ; or l'action est (ici) une imitation.

V. Il faut, quand on emploie la métaphore, comme on l'a dit précédemment[11], la tirer d'objets propres (au sujet), mais non pas trop évidents. En philosophie, par exemple, tu dois viser à considérer le semblable dans tels objets qui ont entre eux une grande différence. C'est ainsi qu'Archytas a dit : « Un arbitre et un autel sont la même chose, car vers l'un comme vers l'autre se réfugie l'homme qui a subi une injustice. » Ou, comme si l'on disait qu'une ancre est la même chose qu'une crémaillère, car toutes deux font une même chose, seulement elles diffèrent en ce que l'une la fait par en haut, et l'autre par en bas ; — ou encore : « Les (deux) villes ont été mises au même niveau[12]. » Un trait commun à deux choses très différentes, la surface et les ressources, c'est l'égalité.

VI. La plupart des propos piquants dus à la métaphore se tirent aussi de l'illusion où l'on jette l'auditeur. En effet, on est plus frappé d'apprendre une chose d'une façon contraire (à celle que l'on attendait) et l'âme semble se dire : « Comme c'est vrai ! c'est moi qui étais dans l'erreur. » Les apophtegmes sont piquants lorsqu'ils ne disent pas expressément ce qu'ils veulent dire. Tel, par exemple, celui-ci, de Stésichore : « Leurs cigales chanteront de par terre[13] » Les énigmes bien tournées sont agréables par la même raison ; car on y apprend quelque chose et il s'y trouve une métaphore. Une chose agréable aussi, c'est ce que prescrit Théodore : « user d'expressions nouvelles ; or c'est ce qui arrive lorsque l'application d'un mot est inattendue et non pas, comme il le dit, conforme à l'opinion antérieure[14], mais comme font ceux qui, dans leurs plaisanteries, emploient des expressions défigurées. Le même effet est produit dans les jeux de mots, car il y a surprise, et cela, mime en poésie : le mot qui vient n'est pas celui que l'auditeur avait dans l'esprit :

« Il marchait ayant aux pieds... des
　　engelures. »

On croyait que le poète allait dire - des souliers. Seulement il faut que, aussitôt le mot énoncé, le sens soit bien clair. Quant au jeu de mots, il fait que l'on dit non pas ce qu'on paraît vouloir dire, mais un mot qui transforme le sens. Tel le propos de Théodore s'adressant à Nicon le Citharède : Θράττει[15]. On s'attend à ce qu'il va dire : Θράττει σε, « il te trouble, » et il y a surprise, car il dit autre chose. Le mot est joli pour celui qui le comprend, attendu que, si l'on ne soupçonne pas que Nicon est Thrace, ce mot ne paraîtra plus avoir de sel. Tel encore cet autre jeu de mots : « Veux-tu le perdre[16] ? »

VII. Il faut que les deux applications du mot sur lequel on joue offrent un sens convenable ; c'est alors (seulement) qu'elles sont piquantes ; comme par exemple de dire : « L'empire (ἀρχή) de la mer n'est pas pour les Athéniens une source (ἀρχή) de malheurs ; car ils en profitent, » ou, comme Isocrate : « L'empire (de la mer) est pour les Athéniens une source de malheurs[17]. » Dans les deux expressions, on a dit une chose que l'auditeur ne présumait pas qu'on allait dire et qu'il a reconnue pour vraie. Et en effet, dire que l'empire est un empire, ne serait pas fort habile ; mais il ne parle pas de cette façon et le mot ἀρχή ne garde pas sa première signification, en reçoit une autre.

VIII. Dans tous les cas analogues, si le mot est amené convenablement par (homonymie, ou par la métaphore, alors, tout va bien. Exemple :

> « Anaschétos n'est pas ἀνάσχετος (supportable). »

Cette phrase renferme une homonymie, mais elle est convenable si l'individu est désagréable.

Autre exemple :

> Tu ne serais pas un hôte plutôt que tu ne dois être un étranger.

Ou bien : « pas plus que tu ne dois l'être, » Car le mot garde le même sens, et dans : « Il ne faut pas que l'hôte soit indéfiniment un étranger, » le mot ξένος est pris (successivement) dans un sens différent[18]. Même remarque sur ce vers célèbre d'Anaxandride :

> Il est, certes, beau de mourir avant d'avoir été digne de la mort.

C'est la même chose que si l'on disait : « Il est beau de mourir, bien que l'on ne soit pas digne de la mort » ; ou : « Il est beau de mourir quand on n'est pas digne de la mort ; » ou « quand on ne fait pas des actions dignes de la mort[19] ».

IX. Ici, c'est la forme de l'expression qui est la même.

Plus l'expression est laconique, plus elle accentue l'antithèse, mieux elle vaut. La raison en est que l'antithèse la fait mieux comprendre, et que l'on comprend plus vite ce qui est exprimé brièvement.

X. Il faut toujours que l'expression se rapporte à la personne qui en est l'objet, qu'elle soit correctement appliquée si l'on veut frapper juste, et qu'elle ne soit pas vulgaire ; car ces conditions ne vont pas séparément. Exemple :

> Il faut mourir sans avoir commis aucune faute.

Cet exemple n'a rien de piquant.

> « Il faut qu'une femme digne épouse un homme qui soit digne. »

Celui-ci aussi manque de sel.

C'est autre chose si les deux termes marchent ensemble : « Il est certes digne de mourir sans être digne de mourir. » Plus il y a de mots (dans l'antithèse), plus la phrase a de relief. C'est ce qui arrive, par exemple, si les mots renferment une métaphore, et telle métaphore, une antithèse, une symétrie, et s'ils comportent une action.

XI. Les images, aussi, comme on l'a dit plus haut [20], sont toujours, à certains égards, des métaphores appréciées ; car elles se tirent toujours de deux termes ; comme la métaphore par analogie. Nous disons, par exemple : « Le bouclier est la coupe de Mars[21] ; » — « un arc est une lyre sans cordes. »

En s'exprimant ainsi, l'on n'emploie pas une métaphore simple ; mais, si l'on dit que l'arc est une lyre, ou que le bouclier est une coupe, la métaphore est simple.

XII. On fait aussi des images de cette manière-ci : par exemple, un joueur de flûte est assimilé à un singe[22], l'œil du myope l'est à une lampe dont la mèche est mouillée. En effet, tous deux se contractent.

XIII. Les images sont heureuses lorsqu'elles renferment une métaphore, car on peut, par assimilation, appeler le bouclier « coupe de Mars », les ruines « haillons d'une maison », Nicérate « un Philoctète mordu par Pratys », assimilation faite par Thrasymaque, voyant Nicérate vaincu par Pratys dans un concours de rapsodie, et qui avait, lui aussi, les cheveux longs et une tenue misérable[23]. C'est surtout dans ces figures que les poètes échouent, s'ils ne les rendent pas bien, fussent-ils appréciés (d'ailleurs) ; j'entends par là s'ils les rendent ainsi :

> Il porte des jambes torses comme des branches de persil.
> Comme Philammon, lorsqu'il se bat avec le ballon de gymnastique[24]...

Tous les exemples analogues sont des images ; or les images sont des métaphores, nous l'avons dit souvent.

XIV. Les proverbes aussi sont des métaphores par lesquelles on passe d'une espèce à une autre espèce. Ainsi, que l'on introduise chez soi une chose avec la conviction qu'elle sera bonne, puis, qu'elle tourne en dommage : « C'est comme le lièvre pour le Carpathien, » dira-t-on [25]. En effet, tous deux ont éprouvé ce qu'on vient de dire.

Par quels moyens on peut tenir des propos piquants et à quelles causes ils se rattachent, c'est expliqué à peu près (complètement).

XV. Les hyperboles de bon goût sont aussi des métaphores. Par exemple, on dira d'un homme au visage balafré : « Vous croiriez voir un panier de mûres ». En effet, les meurtrissures sont rouges ; mais, le plus souvent, c'est abusif. La locution « comme ceci et cela » est une hyperbole qui ne diffère que par l'expression. Dans l'exemple :

> Comme Philammon se battant avec le ballon de gymnastique...,

vous croiriez que Philammon combat un ballon.

Dans celui-ci :

> Il porte des jambes torses, comme des branches de persil,

Poétique et Rhétorique

on croirait qu'il a non pas des jambes, mais des branches de persil torses.

XVI. Les hyperboles ont quelque chose de juvénile, car elles marquent de la véhémence ; c'est pourquoi elles viennent souvent à la bouche des gens en colère :

> Non, quand il me donnerait autant (de présents) que de grains de sable ou de poussière,
> je n'épouserais pas la fille d'Agammnon, fils d'Atrée ; non, quand même elle rivaliserait en beauté avec Aphrodite (aux cheveux) d'or, et en talents avec Athéné[26].

Les hyperboles sont principalement en usage chez les orateurs athéniens. Pour la raison donnée plus haut, elles ne conviennent pas dans la bouche d'un vieillard.

---

1. Le carré est une figure parfaite, limitée dans toutes ses parties.
2. Isocrate, *Discours sur Philippe*, § 10.
3. *Ibid.*, § 127.
4. Euripide, *Iphigénie en Aulide*, v, 80, où il y a ἀΐςαντες δόρυ ayant brandi leur lance.
5. Cp. Homère, *Odyssée*, XI, 598.
6. Homère, *Iliade*, XIII, 587.
7. *Iliade*, IV, 136.
8. *Iliade*, XI, 574.
9. *Iliade*, XV, 541.
10. *Iliade*, XIII, 799.
11. Ch. X, § 6.
12. Souvenir d'Isocrate (*Discours à Philippe*, § 40) : οἶδα γὰρ ἀπάσας ὡμαλιυμένας ὑπὸ τῶν συμφορῶν, car je sais que le malheur les a mises toutes au même niveau.

ARISTOTE

13. Mot déjà cité (l. II chap. XXI, § 8), comme laconique et énigmatique. (Voir la note.)
14. À celle que l'on avait antérieurement sur le sens de ce mot.
15. Peut-être faut-il écrire : Θραττ 'ᾖσε il a joué des airs thraces ? Cp. Meineke, *Comic. gr.*, t. III, p. 575. Buhle propose : Θράττῃ σε[τέτοκε et Cobet (*nov. lect.*) : Θράττης εἴ, p. 655.
16. Βούλει αὐτὸν πέρσαι. On entrevoit ici un jeu de mots sur πέρσαι qui signifie *avoir perdu* et *les Perses*.
17. *Discours à Philippe*, § 61 ; *Panégyrique*, § 119 ; *Sur la Paix*, § 101.
18. Ξένος signifie *hôte* et *étranger*.
19. Le mot ἄξιος est pris successivement dans les acceptions de *digne* (honorable) et de *possible*.
20. Ch. IV. § 1.
21. Cp. ci-dessus, ch. IV, § 4.
22. Sans doute à cause de ses contorsions.
23. Allusion à Philoctète, piqué par un serpent et, depuis lors, très négligé de sa personne. Cp. Sophocle (*Philoctète*, vers 267).
24. Spengel, sur ce passage, renvoie à Mercurialis, *Gymn.* II, 4.
25. Les Carpathiens avaient introduit dans leur île des lièvres dont la reproduction multipliée amena sa dévastation. Cp. Pollux, *Onomast.*, V, 12.
26. Homère, *Iliade*, IX, 385 et suiv.

XII. À chaque genre convient une diction différente.

I. Il ne faut pas ignorer que chaque genre (oratoire) s'accommode d'un genre différent d'élocution. On n'emploie pas la même dans le discours écrit et dans le discours débité en public, ni la même dans les harangues et au barreau. Seulement il faut posséder ce double talent : d'abord celui de savoir parler grec, ensuite de ne pas être réduit à se taire lorsqu'on veut se mettre en communication avec les autres, ce qui est le sort de ceux qui ne savent pas écrire.

II. L'élocution écrite est celle qui a le plus de précision ; celle des débats se prête le mieux à l'action. Cette dernière est de deux espèces : elle est morale, elle est pathétique. Aussi les acteurs recherchent l'un et l'autre de ces caractères dans les drames, et les poètes dans leurs interprètes. Ceux dont les œuvres se prêtent à la lecture ont une renommée soutenue. Chérémon, par exemple[1] ; car il est précis comme un logographe. Il en est de même de Lycimnius[2], parmi les poètes dithyrambiques.

Comparés entre eux, les discours écrits paraissent maigres dans les débats, et ceux des orateurs, qui font bon effet à la tribune, semblent être des œuvres d'apprentis[3] dans les mains des lecteurs. Cela tient à ce qu'ils sont faits pour le débat. Aussi les productions destinées à l'action, abstraction faite de la mise en scène, ne remplissant plus leur fonction, ont une apparence médiocre. Ainsi, par exemple, l'absence des conjonctions et les répétitions sont désapprouvées, à bon droit, dans un écrit ; tandis que, dans une œuvre faite pour le débat, les orateurs même peuvent recourir à ces procédés, vu que ce sont des ressources pour l'action.

III. Du reste, il faut varier les expressions pour dire la même chose, ce qui sert à amener les effets dramatiques : « Cet homme vous a volés ; cet homme vous a trompés ; cet homme enfin a essayé de vous livrer. » C'est ainsi, pareillement, que procédait l'acteur Philémon dans la *Gérontomanie* d'Anaxandride[4], quand il dit : « Rhadamanthys et Palamède, etc..., » et dans le prologue des *Eusèbes*, quand il dit. « moi ». En effet, si l'on ne met pas d'action en prononçant ces paroles, c'est le cas de dire : « Il porte une poutre[5]. »

IV. Il en est de même de l'absence de conjonctions : « Je suis arrivé, je l'ai recherché, je lui ai demandé... » Il faut mettre de l'action et ne pas prononcer ces mots en les disant tour à tour dans le même sentiment et sur le même ton. Les phrases dépourvues de conjonction offrent encore une particularité, c'est qu'il semble que l'on dise plusieurs choses dans le même moment ; car la conjonction isole plusieurs choses qui se succèdent ; de sorte que, si on la supprime, il est évident que la pluralité cède la place à l'unité, et de là résulte une gradation : « J'arrive, je prends la parole, je fais de nombreuses supplications ; mais il semble dédaigner ce que je dis, ce que j'affirme. » Homère recherche cet effet dans ce passage :

Nirée de Symé...
Nirée, fils d'Aglaé...
Nirée, le plus beau des hommes [6]...

En effet, celui de qui l'on dit plusieurs choses doit, nécessairement, être nommé plusieurs fois. Par suite, si on le nomme plusieurs fois, on semble dire de lui plusieurs choses. De cette façon il l'a grandi, tout en ne le mentionnant qu'une seule fois, grâce à l'illusion qu'il produit, et il en fixe le souvenir, bien qu'il n'en reparle plus nulle part.

V. Quant à l'élocution propre aux harangues, elle ressemble tout à fait à un tableau ; car plus les objets figurés sont nombreux, plus il faut se mettre loin pour le contempler. Aussi, dans l'une comme dans l'autre, les détails négligés et imparfaits ont l'apparence de la précision. L'élocution judiciaire demande plus d'exactitude, surtout quand on a affaire à un juge unique ; car, dans ce cas, il n'y a pas moyen de recourir aux artifices oratoires, attendu que l'on voit aisément ce qui se rattache à l'affaire et ce qui pourrait y être étranger. Il n'y a pas de débat et, par suite, la décision survient purement et simplement. C'est ce qui fait que les mêmes orateurs ne sont pas également goûtés dans toutes ces sortes de causes ; mais où l'on met le plus d'action, c'est là qu'il y aura le moins de précision, et cela aura lieu quand on donnera de la voix et, principalement, quand elle sera forte. L'élocution démonstrative est, plus que toute autre, propre au discours écrit ; car elle est faite pour la lecture ; vient en second lieu l'élocution judiciaire.

VI. Pour ce qui est de distinguer, en outre, quand l'élocution doit être agréable et (quand elle doit être) sublime, c'est chose superflue ; car pourquoi exiger ces qualités plutôt que la tempérance ou la générosité et quelque autre mérite moral ? Il est évident que les conditions précitées la rendront agréable, pour peu que nous avons défini en bons termes celles qui constituent sa qualité principale. En effet, à quoi tiendra qu'elle soit nécessairement claire, exempte de trivialité, mais convenable ? C'est que, si elle est diffuse, elle manquera de clarté ; et pareillement, si elle est trop concise, mais que la juste mesure se trouve au degré intermédiaire. Les conditions énoncées plus haut la rendront agréable, si l'on fait un heureux mélange de langage moral et étranger, de rythme et d'arguments persuasifs bien amenés.

Nous nous sommes expliqué sur l'élocution, sur ses divers genres considérés ensemble, et sur chacun d'eux en particulier. Il nous reste à parler de la disposition.

Poétique et Rhétorique

1. Poète tragique. Cp. l. II, ch. XXIII, et *Poétique*, ch. II et XXIV.
2. Cp. ch. II et plus loin ch. XIII.
3. Ἰδιωτικοί de profanes.
4. *La Folie des vieillards*, pièce d'Anaxandride. Cp. Athénée, *Deipnosoph.*, l. XIII, p. 570.
5. Le discours devient monotone comme le pas d'un homme qui porte un fardeau.
6. Homère, *Iliade*, II, 671.

XIII. De la disposition.

I. Il y a deux parties dans le discours ; car il faut nécessairement exposer le fait qui en est le sujet, puis en donner la démonstration. Aussi personne ne peut se dispenser de démontrer, quand on n'a pas commencé par un exposé. En effet, celui qui démontre démontre quelque chose, et celui qui fait un exorde le fait en vue d'une démonstration.

II. Ces deux parties sont donc : l'une, la proposition[1], l'autre, la preuve ; c'est comme si l'on établissait cette distinction que l'une est la question posée, et que l'autre en est la démonstration.

III. Aujourd'hui (les rhéteurs) établissent des distinctions ridicules, car la narration n'appartient, en quelque sorte, qu'au seul discours judiciaire ; or comment admettre que, pour le genre démonstratif et pour les harangues, une narration, telle qu'ils l'entendent, soit ou bien ce que l'on objecte à la partie adverse, ou l'épilogue (la péroraison) des discours démonstratifs ? L'exorde, la discussion contradictoire et la récapitulation ont leur place dans les harangues, alors qu'il y a controverse : et en effet, l'accusation et la défense interviennent souvent ; seulement, ce n'est pas en tant que délibération. La péroraison, en outre, n'appartient pas à toute espèce de discours judiciaire, à celui, par exemple, qui est de peu d'étendue, ou dont le sujet est facile à retenir ; car on peut alors la retrancher pour éviter la prolixité.

IV. Ainsi donc, les parties essentielles sont la proposition et la preuve. Ces parties sont propres (au sujet). Les plus nombreuses qu'il puisse y avoir sont l'exorde, la proposition, la preuve, la péroraison. Les arguments opposés à l'adversaire rentrent dans la classe des preuves. La controverse est le développement des arguments favorables à l'orateur, et, par suite, une partie des preuves, car on fait une démonstration lorsque l'on met en œuvre cette partie ; mais il n'en est pas de même de l'exorde, ni de la péroraison, laquelle a plutôt pour objet de remémorer.

V. Par conséquent, si l'on établit de telles distinctions, ce que fait Théodore, on aura la narration, la narration additionnelle, la narration préliminaire, la réfutation et la réfutation additionnelle ; mais alors il faut nécessairement que celui qui parle d'une espèce et d'une différence établisse autant de dénominations ; sinon, la division est vaine et frivole ; c'est ainsi que procède Lycimnius dans son traité, où il emploie les dénominations de ἐπούρωσις (impulsion)[2] de *digression* et de *rameaux*[3].

ARISTOTE

1. Πρόθεσις, la position préliminaire de la question.
2. Littéralement : « Souffle d'un vent favorable. » Cp la définition de l'ἐπούρωσις (sic) donnée par une scolie : « Éléments venant en aide aux enthymèmes, et, d'une manière absolue, tout ce que l'on peut dire à l'appui d'une démonstration. » . (Spengel, Συναγωγή τεχνῶν. *Artium scriptores* p. 89.)
3. C'est peut-être comme qui dirait le branchage d'un discours ; autrement dit, une série de petites digressions.

XIV. De l'exorde.

I. L'exorde est placé au début d'un discours ; c'est comme en poésie le prologue et, dans l'art de la flûte, le prélude ; car tous ces termes désignent le début et comme une voie ouverte à celui qui se met en marche. Le prélude donne bien une idée de ce qu'est l'exorde des discours démonstratifs. En effet, les joueurs de flûte, en préludant, rattachent à l'introduction[1] l'air de flûte qu'ils savent exécuter, et dans les discours démonstratifs, c'est ainsi qu'il faut composer, à savoir : faire une introduction et y rattacher ce que l'on veut dire en l'exposant tout de suite. Tout le monde cite pour exemple l'exorde de l'*Hélène*, d'Isocrate. Car il n'y a aucun rapport entre les œuvres de controverse et l'*Hélène*[2]. Et en même temps, si, l'orateur fait une digression, c'est un moyen d'éviter que tout le discours soit uniforme.

II. Les exordes des discours démonstratifs ont pour texte un éloge ou un blâme. Par exemple, Gorgias, dans son discours olympique : « Ils sont dignes de l'admiration générale, Athéniens... » En effet, il va louer ceux qui organisent les panégyries. Dans cet autre exemple, Isocrate lance ce blâme : « Les qualités corporelles, ils les honoraient par des présents ; mais aux gens vertueux ils ne donnèrent aucune récompense. »

III. Ils ont aussi pour texte un conseil. Exemple : « Il faut honorer les hommes de bien. » C'est pourquoi il fait l'éloge d'Aristide. Ou encore on louera ceux qui ne sont ni considérés, ni vicieux, mais dont le mérite reste ignoré comme Alexandre, le fils de Priam. Ici encore, l'orateur donne un conseil.

IV. En outre, parmi les exordes judiciaires, il en est où l'on a en vue l'auditeur, soit que le discours porte sur un fait inadmissible ou fâcheux, ou sur un bruit très répandu, de façon qu'on fasse appel à l'indulgence. De le ce mot de Choerile :

Mais maintenant que tout a été partagé[3]...

Les exordes des discours démonstratifs ont donc pour texte un éloge, un blâme, l'exhortation, la dissuasion, les faits énoncés en vue de l'auditeur. Il arrive, nécessairement, que l'introduction du discours est étrangère ou familière.

V. Quant aux exordes du discours judiciaire, il faut comprendre qu'ils jouent le même rôle que les prologues des œuvres dramatiques et les préambules des poèmes épiques, tandis que ceux des dithyrambes sont semblables aux exordes démonstratifs :

> À cause de toi et de tes dons, et de tes dépouilles...[4]

VI. Dans les discours et dans les poèmes épiques (l'exorde) est comme un aperçu du sujet traité, afin que l'on voie d'avance de quoi il s'agit et que l'esprit ne reste pas en suspens, car l'indéterminé nous égare. Ainsi donc celui qui nous met un exorde en quelque sorte dans la main obtient que l'auditeur suive attentivement le discours. De là ces préambules :

> Chante, Muse, la colère...[5].
> Muse, dis-moi cet homme...[6].
> Guide-moi maintenant pour raconter
>   comment de la terre d'Asie une grande
>   guerre fondit sur l'Europe[7]...

Les tragiques aussi font un exposé de la pièce, sinon dès l'abord, comme Euripide, du moins dans quelque partie du prologue ; tel Sophocle :

> Mon père était Polybos...θ[8].

Pour la comédie, c'est la même chose. On le voit, la fonction la plus essentielle du préambule, celle qui lui est propre, c'est de montrer le but vers lequel tend le discours. C'est pourquoi, lorsque la chose est évidente par elle-même et de peu d'importance, il n'y a pas lieu de recourir au préambule.

VII. Les autres espèces (d'exorde) mis en usage sont des expédients d'une application commune. On les emprunte soit à la personne de l'orateur ou de l'auditeur, soit à l'affaire, soit encore à la personne de l'adversaire. Ceux qui se rapportent à l'orateur ou au défendeur consistent à lancer ou à détruire une imputation (διαβολήν). Mais le procédé n'est pas le même pour les deux cas. Lorsqu'on se défend, on répond d'abord à l'imputation ; quand on accuse, on ne la produit que dans la péroraison. La raison en est simple : celui qui se défend doit nécessairement, pour ramener l'opinion, dissiper tout ce qui entrave sa défense ; il faut donc qu'il commence par réduire à néant l'imputation ; celui qui la produit doit la produire dans la péroraison, afin qu'elle se fixe mieux dans la mémoire. Les arguments qui s'adressent à la personne de l'auditeur ont pour origine l'intention de se concilier sa bienveillance et d'exciter son indignation ; quelquefois aussi d'attirer son attention sur un point, ou, au contraire (de l'en détourner), car il n'est pas toujours avantageux d'attirer l'attention. Aussi s'efforce-t-on souvent de provoquer l'hilarité. Il y a toute espèce de moyens d'instruire l'auditoire, si tel est le dessein de l'orateur. On s'applique aussi à paraître honnête, car l'auditoire prête plus d'attention aux paroles de ceux qui le sont. Il est attentif aux choses de grande importance, à celles qui le touchent particulièrement, aux faits étonnants, à ceux qui lui font plaisir. C'est pourquoi il faut inspirer l'idée que le discours va traiter de ces sortes de questions. Maintenant, si l'on veut détourner l'attention, on suggérera l'idée que l'affaire est de mince importance, qu'elle ne touche en rien les intérêts de l'auditeur, qu'elle est pénible.

Poétique et Rhétorique

VIII. Il ne faut pas laisser ignorer que toutes les considérations de cette nature sont prises en dehors du discours[9], lorsqu'elles s'adressent à des auditeurs d'un mauvais esprit et prêtant l'oreille à des paroles étrangères à la question. En effet, si l'auditeur n'est pas dans cette disposition, il n'y a pas besoin de préambule, mais il suffit d'exposer le gros de l'affaire, afin qu'il en possède la tête comme s'il en avait le corps tout entier.

IX. Au surplus, la nécessité de rendre l'auditoire attentif s'impose à toutes les parties (d'un discours), si elle existe[10] ; car l'attention n'est jamais moins relâchée qu'au début. Aussi serait-il ridicule de prendre ce soin quand on commence à parler et que tous les auditeurs prêtent le plus d'attention. Ainsi l'on devra, au moment opportun, s'exprimer en ces termes :

« Et veuillez, je vous prie, m'accorder votre attention, car je n'y suis pas autant intéressé que vous, » ou encore : « Je vais dire une chose si terrible, que vous n'en avez jamais entendu de telle, ni de si surprenante. » C'est ainsi que Prodicus, voyant que ses auditeurs s'endormaient, leur fit remarquer en passant qu'il s'agissait pour eux de cinquante drachmes[11].

X. Il est évident que l'on ne s'adresse pas à l'auditeur en tant qu'auditeur, car, dans les préambules, on cherche toujours soit à lancer une imputation, soit à écarter des motifs de crainte :

Si je suis à bout de respiration, prince, je ne

tairai pas que c'est d'être venu en toute hâte[12].
— Que signifie ce préambule[13] ?

C'est ainsi que s'expriment les personnes qui ont ou paraissent avoir en main une mauvaise cause. Car, dans ce cas, il est préférable de discourir sur toutes sortes de points, plutôt que de se tenir dans le sujet. C'est ce qui fait que les esclaves ne donnent pas les explications qui leur sont demandées, mais tournent autour du fait[14] et font des préambules.

XI. Quels moyens on doit employer pour se concilier la bienveillance de l'auditoire, nous l'avons expliqué, ainsi que chacun des autres procédés de même ordre. Comme le vers suivant contient une idée juste :

Accorde-moi d'arriver chez les Phéaciens en ami et en homme digne de leur pitié...[15],

il faut viser à ce double but[16]. Dans les discours démonstratifs, on doit faire en sorte que l'auditeur croie avoir une part des louanges, soit lui-même en personne ou dans sa famille, ou dans ses goûts, ou à n'importe quel autre point de vue. Socrate dit dans l'*Oraison funèbre*, avec raison, que « le difficile n'est pas de louer les Athéniens au milieu des Athéniens, mais de le faire parmi les Lacédémoniens »[17]. Les (exordes) de la harangue sont empruntés à la source qui fournit ceux du discours judiciaire ; mais on en use le moins possible, car l'auditoire sait de quoi il s'agit, et l'affaire dis-

Poétique et Rhétorique

cutée n'exige aucunement un exorde, — à moins que ce ne soit en vue de l'orateur ou de ses contradicteurs, ou si les auditeurs ne supposent pas à la question le degré d'importance qu'on lui donne, mais un degré supérieur, ou inférieur. Aussi faut-il ou avancer, ou détruire une imputation, et grandir ou diminuer les choses. Or, pour cela, il faut un exorde. Il en faut aussi à titre d'ornement ; en effet, le discours a l'apparence d'une œuvre sans art, s'il n'y en a pas. Tel sera l'éloge des Eléens, par Gorgias, qui, sans préparation, sans passes préliminaires[18], débute immédiatement ainsi : « Élis, heureuse ville!... »

---

1. Τὸ ἐνδόσιμον, c'est l'exécution instrumentale qui précède le chant vocal. (*Hésychius*.)
2. Cp. Quintilien, *Inst. orat.*, III, 8 ; 8.
3. Fragment d'un passage de Choérile de Samos, qui a été rapporté par le scoliaste et où le poète déplore que le champ des lettres et des arts soit tellement encombré que le serviteur des Muses ne sait où faire courir « son char au nouvel attelage ».
4. Le scoliaste donne une citation plus complète de ce préambule : « Je suis venu auprès de toi, à cause de toi, et de tes dons, et de tes bienfaits, et de tes dépouilles, ô dieu Dionysos ! »
5. Début de l'*Iliade*.
6. Début de l'*Odyssée*.
7. Vers considérés généralement comme début du poème de Chœrile de Samos sur la guerre médique.
8. Sophocle, *Œdipe roi*, v, 767 *alias* 774. Le texte a dû être altéré, ou même interpolé. Nous lirions volontiers. avec Spengel : « Sinon dès le prologue, comme Euripide, du moins, en quelque partie, comme Sophocle. » (Voir Spengel, notes, et Egger. *Hist. de la critique chez les Grecs*, p. 226.)
9. En dehors de la cause que l'on plaide.
10. S'il n'y a pas lieu, au contraire, de distraire l'attention.
11. Prodicus avait sans doute autour de lui un auditoire qui avait payé 50 drachmes pour l'entendre. Cp. Plat., *Cratyle*, p. 384 B.
12. Sophocle, *Antig.*, vers 223.

13. Euripide, *Iphigénie en Tauride*, vers 116
14. Cp. Sophocle, *Antig.*, vers 241.
15. Homère, *Odyssée*, VI, 317.
16. Se concilier l'attention et l'intérêt de l'auditeur.
17. Platon, *Ménéxène*, p. 235. Cp. ci-dessus.
18. Métaphores empruntées aux gestes des athlètes qui vont lutter.

XV. Des moyens de réfuter une imputation malveillante.

I. En ce qui concerne l'imputation à réfuter, le premier moyen consiste dans les arguments avec lesquels on pourrait détruire une appréciation défavorable ; car il n'importe qu'elle résulte, ou non, des assertions énoncées ; par conséquent, ce procédé s'emploie en toute occasion.

II. Un autre moyen consiste à répondre, sur les faits contestés : ou qu'ils n'existent pas, ou qu'ils ne sont pas nuisibles, ou qu'ils ne le sont pas à la partie adverse, ou qu'ils n'ont pas l'importance qu'elle leur prête, ou qu'il n'y a pas eu injustice, ou qu'elle n'est pas grave, ou qu'il n'y a pas eu d'action honteuse, ou enfin que celle-ci n'était pas d'une grande portée, — car ces questions sont autant de matières à débat.

Citons, par exemple, Iphicrate contre Nausicrate. Il dit avoir accompli l'action que celui-ci met sur son compte, et il ajoute qu'elle a été nuisible, mais non pas injuste. On dira que, si une injustice a été commise, il y a eu compensation ; que, s'il y a eu dommage, l'action, du moins, était honnête ; que, si elle a été déplaisante, elle était du moins utile, — ou quelque autre chose de ce genre.

III. Un autre moyen consiste à dire qu'il y a erreur, malchance, nécessité. Ainsi, Sophocle disait qu'il tremblait non pas, comme le prétendait son accusateur[1], en vue de paraître vieux, mais par nécessité ; qu'en effet, ce n'était pas pour son bon plaisir qu'il avait quatre-vingts ans. On peut aussi alléguer une raison qui excuse le mobile du fait imputé, en disant que l'on n'avait pas l'intention de nuire, mais d'accomplir telle action, non pas celle qui nous est imputée ; et que le résultat a tourné à mal : « Il serait juste de me haïr si j'avais agi avec l'intention qu'on me prête. »

IV. Un autre consiste à voir si l'accusateur n'a pas été impliqué (dans le fait en cause), soit maintenant, soit auparavant, soit lui-même, ou dans la personne de ses proches.

V. Un autre consiste à voir si l'on implique (dans une imputation) des gens que l'on reconnaît ne pas donner prise à cette imputation. Par exemple, si l'on dit que le libertin est innocent (on en conclura) que tel ou tel doit l'être aussi.

VI. Un autre, c'est d'alléguer que (l'accusateur) a fait la même chicane à d'autres personnes, ou un autre au défendeur, ou bien que d'autres ont été présumés (coupables du même délit) sans être mis en accusation de même que l'orateur aujourd'hui, lesquels ont été reconnus non coupables.

VII. Un autre moyen consiste à lancer une imputation contre l'accusateur. Car il serait absurde qu'une personne ne fût pas digne de confiance et que ses discours le fussent.

VIII. Un autre encore, c'est lorsqu'il y a eu jugement ; Euripide l'employa alors qu'il répondit à Hygiénon qui l'accusait d'iniquité dans le procès d'*antidosis*[2], comme ayant excité au parjure en écrivant ce vers :

> La langue a juré, mais l'esprit est libre de tout serment[3].

Il allégua que celui-ci commettait une injustice en portant devant les tribunaux les décisions du concours dionysiaque [4] ; que, dans ce concours, il avait déjà rendu compte (de ce vers) et qu'il en rendrait compte encore si l'on voulait porter l'accusation sur ce point.

IX. Un autre moyen, c'est de prendre à partie l'imputation calomnieuse en montrant combien elle est grave, en alléguant qu'elle déplace les questions, qu'elle ne se fie pas au fait[5]. Un lieu communément utile aux deux (parties) consiste à produire des conjectures. Ainsi, dans le *Teucer*, Ulysse suppose que Teucer est apparenté à Priam, car Hésione[6] était la sœur (de ce dernier). Teucer répond à cela que Télamon, son père, était l'ennemi de Priam, et qu'il n'a pas dénoncé les espions.

X. Un autre moyen, pour celui qui veut lancer une imputation, consiste à placer un blâme sévère à côté d'un éloge insignifiant, à mentionner en peu de mots un fait important, à commencer par avancer plusieurs assertions avantageuses (à l'adversaire) pour en blâmer une qui a trait directement à l'affaire. Ceux qui parlent dans cet esprit sont les plus habiles et les plus injustes, car ils s'efforcent de blâmer avec ce qu'il y a de bien en le mêlant à ce qu'il y a de mal. Or c'est un procédé commun à l'imputation malveillante et à la défense, puisqu'il peut arriver ainsi que le même résultat est obtenu dans une intention différente, en ce sens que celui qui veut incriminer doit prendre en mauvaise part le fait qu'il dégage, et que celui qui veut défendre doit le prendre en bonne part. Citons, par exemple, ce fait que Diomède a préféré Ulysse : pour un défenseur, c'est parce que Diomède l'a supposé le meilleur ; pour un accusateur, ce n'est pas par ce motif, mais parce qu'il ne voyait pas en lui un rival[7], vu son peu de valeur.

Voilà ce qu'il y avait à dire sur l'imputation calomnieuse.

---

1. Probablement Iophon, son fils et poète tragique comme lui.
2. *Antidosis*, échange de biens entre deux citoyens dont le plus fortuné devait prendre à sa charge les frais de liturgie imposés à l'autre. (Voir, dans le *Dictionnaire des antiquités gr. et rom.*, de Saglio, l'article *Antidosis*, par E. Caillemer.)
3. *Hippolyte* (tragédie jouée en 428), vers 612.
4. On voit qu'Euripide invoque ici l'axiome de droit : *Non bis in idem*, éloquemment développé avant lui par l'orateur Andocide (IV, 8), comme l'a remarqué Spengel.
5. Littéralement : « elle produit des jugements autres (que ceux qui se rapporteraient à un fait précis) ; elle ne compte pas sur un fait réel pour porter une accusation.. (Voir, sur la διαβολή, plusieurs citations d'orateurs attiques réunies par Spengel.)

Poétique et Rhétorique

6. Fille de Laomédon, roi de Troie, devenue la troisième femme de Télamon. Explication conjecturale : Résidant à Troie pendant la guerre, Télamon n'a pas dénoncé les espions que les Grecs introduisaient dans la ville. — *Teucer*, pièce d'un poète inconnu, peut-être Sophocle, qui avait composé un Teucer (Scol. d'Aristoph., *Nubes* v. 583),
7. Homère, *Iliade*, x, vers 130 et 141. — Cp. ci-dessus, II. ch. XXIII, 30.

XVI. De la narration.

I. La narration, dans les discours démonstratifs, ne se développe pas tout d'un trait, mais à l'occasion de chaque partie ; car il faut exposer les actes qui servent de texte au discours. En effet, le discours, dans sa composition, renferme un élément indépendant de l'art, attendu que l'orateur n'est en rien la cause des actes, — et un élément tiré de l'art, et cet élément consiste à démontrer ce qui existe, si la chose est difficile à croire, ou à montrer quelle en est la qualité ou la quantité, ou tout cela ensemble.

II. Voici pourquoi, dans certains cas, il ne faut point raconter tout d'un trait : c'est que, à démontrer de cette façon, on chargerait trop la mémoire. D'après tels faits, l'homme dont on parle est brave ; d'après tels autres, il est habile, ou juste, et le discours, ainsi conduit, est plus simple ; mais, conduit de l'autre manière, il est varié et alourdi.

III. Il faut rappeler les (actions) célèbres ; aussi beaucoup de discours peuvent se passer de narration : par exemple, si tu veux louer Achille ; car tout le monde connaît ses actions. Mais (en d'autres cas) on doit y recourir. S'il s'agit de Critias, il le faut ; car bien des gens ne le connaissent pas[1].

IV. Il est ridicule de dire, comme quelques-uns le font aujourd'hui, que la narration doit être rapide. C'est comme cet individu à qui un boulanger demandait s'il devait pétrir une pâte dure ou molle : « Eh quoi ! répondit-il, n'est-il pas possible de faire bien ? » Il en est de même ici. Il ne faut pas être prolixe dans la narration, pas plus qu'il ne faut l'être dans l'exorde, ni dans l'exposé des preuves ; car, ici, la bonne proportion ne dépend pas de la rapidité ou de la brièveté, mais de la juste mesure : or celle-ci consiste à dire tout ce qui rendra évident le fait en question, ou tout ce qui aura pour résultat d'en faire admettre l'existence, ou le côté blâmable, le côté injuste, ou enfin d'y faire trouver les qualités que l'orateur veut qu'on y trouve, et d'obtenir l'effet contraire dans le cas opposé.

V. Il (te) faut intercaler, sous forme de narration, tout ce qui peut mettre en relief ton mérite. Exemple : « Quant à moi, je lui ai toujours donné des avertissements conformes à la justice en lui disant de ne pas abandonner ses enfants, » Pareillement, ce qui fait ressortir la perversité de l'adversaire : « Il a répondu à cela que, là où il serait, il aurait d'autres enfants. » Cette réponse est placée par Hérodote dans la bouche des Égyptiens quittant leur pays[2]. On introduira encore tout récit fait pour plaire aux juges.

VI. Dans la défense, la narration est moins importante. Le point discuté alors c'est : ou que le fait (mis en cause) n'existe pas, ou qu'il n'est pas nuisible, ou injuste, ou qu'il n'a pas la gravité qu'on lui prête. Aussi ne convient-il pas de disserter en vue d'établir un point reconnu, à moins que l'on n'ait pour but de montrer, par exemple, si l'acte en cause a été accompli, qu'il l'a été, mais sans causer de préjudice.

VII. Il faut, en outre, raconter les faits passés, à moins que des faits actuels n'excitent la pitié ou la terreur. L'apologue d'Alcinoüs en est un exemple lorsqu'il est retracé à Pénélope en soixante vers[3]. Citons encore Phayllus et son poème cyclique[4] ; ainsi le prologue qui se trouve dans l'*Énée*[5].

VIII. Les mœurs doivent jouer un rôle dans la narration. C'est ce qui aura lieu si nous voyons ce qui lui donne un caractère moral. D'abord, c'est de faire connaître son dessein : on reconnaîtra quel est le caractère moral en apercevant quel est le dessein ; et l'on reconnaîtra quel est le dessein d'après le but auquel tend l'orateur.

Ce qui fait que les discours mathématiques n'ont pas de caractère moral, c'est qu'ils ne comportent pas non plus une détermination. Car il n'y a rien en eux qui les motive. Mais les discours socratiques en ont, attendu, qu'ils traitent de questions qui portent ce caractère.

IX. Certaines considérations morales sont inhérentes à chaque trait de mœurs. Par exemple : « Il marchait tout en parlant ; » ce qui dénote de l'arrogance et de la rusticité. Il faut discourir non pas comme d'après sa pensée, ainsi que le font les orateurs d'aujourd'hui, mais comme d'après une détermination. « Quant à moi, telle était ma volonté, parce que telle était ma résolution; mais, si ce n'était pas de mon intérêt, du moins, c'était préférable. » En effet, le premier parti est d'un homme avisé, et l'autre, celui d'un homme de bien. S'il est d'un homme avisé de poursuivre un but utile, il est d'un homme de bien de se déterminer d'après le beau. Si le fait est incroyable, il faut s'étendre sur les motifs. C'est ce que fait Sophocle. Citons ce passage de l'*Antigone* (où elle dit) qu'elle a plus de sollicitude pour son frère que pour un mari ou des enfants, alléguant que ceux-ci, ayant péri, pourraient être remplacés ;

> Tandis que, son père et sa mère étant descendus chez Pluton, il ne pourrait plus lui renaître[6] un frère.

Si tu n'as pas de motif à faire valoir, tu allégueras que tu n'ignores pas que tes assertions sont incroyables, mais que ta nature est ainsi faite. En effet, on ne croit pas que quelqu'un fasse, de gaieté de cœur, autre chose que ce qui lui est avantageux.

X. De plus, il faut, dans la narration, tirer parti des effets de pathétique, déduire les conséquences, dire des choses connues de l'auditeur, et apporter des arguments qui touchent personnellement l'orateur ou l'adversaire : « Il s'est éloigné en me regardant de travers ; » ou comme Eschine[7], qui dit de

Cratyle : « Il se mit à siffler et à battre des mains. » En effet, ce sont là des choses qui apportent la conviction, attendu que ce sont des indices, que l'on connaît, des choses que l'on ne sait pas. On peut retrouver la plupart de ces indices dans Homère.

> Elle dit, et la vieille femme tenait son visage dans ses mains[8].

En effet, ceux qui se mettent à pleurer portent les mains à leurs yeux. Présente-toi, tout d'abord, sous tel caractère, afin que l'on considère ton adversaire comme ayant tel autre caractère ; seulement, fais-le sans le laisser voir. La preuve que c'est facile est à prendre dans ceux qui annoncent une nouvelle. Sans en savoir rien encore, nous nous en faisons déjà pourtant une certaine idée. Il faut placer la narration sur plusieurs points de son discours et, quelquefois même, au début.

XI. Dans la harangue, il y a très peu de place pour la narration, parce que l'on n'a rien à raconter quand il s'agit de l'avenir ; mais, s'il y a narration, elle prendra son texte dans des événements passés, afin que, par ce souvenir, on conseille mieux sur les faits ultérieurs, soit qu'il serve à incriminer ou à louanger ; et alors on ne fait plus acte de conseiller. Mais, si l'opinion avancée est incroyable, il faut promettre de donner immédiatement ses motifs et faire appel au jugement de qui l'auditoire voudra désigner. Citons, par exemple, la Jocaste de Carcinus, dans son *Œdipe*, qui promet toujours (des indications),

Poétique et Rhétorique

quand l'interroge celui qui cherche son fils, et encore l'*Hémon* de Sophocle[9].

---

1. Dans le manuscrit de Paris (1741), on a reproduit ici le passage relatif à l'éloge, l. I, ch, IX, §§ 33 - 37 (p. 1367 *b* 26 - 1368 *a*, 10).
2. Cp. Hérodote (II, 30), où les Égyptiens accentuent leur réponse d'un geste caractéristique. — Cette dernière phrase pourrait bien être une scolie introduite dans le texte.
3. Le récit fait par Ulysse devant Alcinoüs, dans lequel les faits sont reproduits comme actuels (πραττόμενα), occupe les chants ix à xii de l'*Odyssée*. Racontés devant Pénélope, comme passés (πεπραγμένα), ils n'occupent plus que 60 vers. On a proposé de lire 30 (chant xxiii, vers 310-340), ou 26 (262 - 288). L'apologue d'Alcinoüs était passé en proverbe, pour désigner un récit interminable. (Voir Spengel et Meredith Cope.)
4. Phayllus, poète inconnu, qui paraît avoir résumé des récits étendus formant un poème cyclique.
5. Le scoliaste donne le début de ce prologue qui ouvrait l'*Énée* d'Euripide.
6. Littéralement « fleurir ». (Sophocle, *Antig.*, vers 911-912)
7. Probablement, Eschine le Socratique.
8. *Odyssée*, XIX, 361.
9. *Antig.*, vers 635 ; alias 679.

XVII. Des preuves.

I. Les preuves doivent être, nécessairement, démonstratives ; or il faut démontrer, puisque la controverse a lieu sur quatre points [1], en portant la démonstration sur le point controversé. Par exemple, qu'il s'agisse de discuter : pour établir que le fait n'existe pas, on doit insister sur la démonstration de ce point ; — qu'il n'a pas été nuisible, sur celle de cet autre point ; — qu'il ne l'a pas été autant (que le dit l'adversaire), ou qu'il a été accompli à bon droit (sur celle de chacun d'eux).

II. Il ne faut pas laisser ignorer que c'est dans ce seul ordre de discussion[2] que l'un des deux adversaires sera nécessairement de mauvaise foi ; car cette discussion n'a pas pour cause l'ignorance, comme il pourrait arriver si l'on discutait sur le juste. Aussi faut-il s'arrêter longtemps sur ce point ; mais sur les autres, non.

Poétique et Rhétorique

III. Le plus souvent, dans les discours démonstratifs, l'amplification aura pour objet d'établir que les actes (discutés) sont beaux et utiles. Il faut que les choses soient dignes de créance, car il arrive rarement que l'on en apporte la démonstration, si elles sont incroyables, ou si quelque autre en est l'auteur.

IV. Dans les harangues, on pourrait discuter pour établir ou que tel fait n'aura pas lieu, ou bien que ce que l'on prescrit aura lieu, mais que ce ne sera pas juste ou pas utile, ou que l'importance n'en sera pas telle qu'on le dit. Il faut voir, en outre, si quelque fausseté n'est pas avancée en dehors du fait discuté ; car ce sont autant de preuves qu'il y a eu mensonge sur les autres points.

V. Les exemples sont tout ce qu'il y a de plus propre aux harangues ; les enthymèmes, aux discours judiciaires ; car les premières ont trait à l'avenir et, par suite, c'est dans les faits passés qu'il faut puiser des exemples. Les seconds se rapportent à ce qui a ou n'a pas lieu, et c'est plutôt sur ce point que se fait la démonstration et que la nécessité s'impose ; car le passé a un caractère de nécessité.

VI. Seulement, il ne faut pas donner les enthymèmes tout d'un trait, mais les entremêler ; ; autrement, il se nuisent entre eux, car toute quantité a une mesure :

> O mon ami, tu as dit ni plus ni moins que ce qu'aurait dit un homme sage[3].

Mais non pas : « les choses telles que les aurait dites... »

VII. Il ne faut pas non plus chercher à placer des enthymèmes à tout propos ; sinon, tu feras ce que font quelques-uns des gens qui philosophent, lesquels érigent en syllogismes des pensées plus connues et plus croyables que celles dont ils tirent leurs explications.

VIII. Lorsque tu veux produire un effet pathétique, n'emploie pas d'enthymème ; car, ou bien cet effet sera manqué, et l'enthymème sera sans portée. Les mouvements produits ensemble s'entre-détruisent, ou bien encore s'évanouissent, ou sont affaiblis. On ne doit pas non plus, lorsqu'on veut faire paraître des mœurs dans un discours, chercher, en même temps, à placer un enthymème. La démonstration (dans ce cas) ne comporte ni mœurs, ni intention.

IX. Les sentences sont de mise dans une narration et dans la preuve ; car c'est un élément moral : « Moi aussi j'ai donné (de l'argent), tout en sachant bien qu'il ne faut pas être confiant. » Voici la même idée, exprimée en termes pathétiques : « Il ne m'importe guère d'être préjudicié ; à lui il reste le profit, mais à moi, la justice. »

X. Haranguer est plus difficile que de plaider ; et cela se comprend : dans le premier cas, on s'occupe de l'avenir, et dans le second, du passé. Les augures le savaient bien, comme l'a dit Épiménide le Crétois. Il ne prononçait pas d'oracles sur l'avenir, mais sur le passé, inconnu d'ailleurs. La loi sert de texte aux discours judiciaires ; or, quand on part d'un principe, il est facile de concevoir une démonstration, et l'on n'a pas à beaucoup insister. Ainsi l'on peut faire du pathétique contre l'adversaire, ou en faveur de sa propre cause, mais, en aucune façon, sans s'écarter du sujet. Il faut donc n'y recourir que si l'on est à court d'arguments ; c'est ce que font les orateurs d'Athènes, et (notamment Isocrate), il accuse dans un discours délibératif ; c'est ainsi qu'il incrimine les Lacédémoniens dans le *Panégyrique*, et Charès dans son discours sur les alliés[4].

XI. Dans les discours démonstratifs, il faut placer çà et là des louanges sous forme d'épisodes comme le fait Isocrate ; car toujours il met en scène quelque personnage[5]. C'est dans ce sens que Gorgias disait que la matière ne lui faisait pas défaut : parlant d'Achille, il fait l'éloge de Pélée, puis d'Éaque, puis du dieu (Jupiter), puis, par la même occasion, celui de la bravoure ; ou bien « il a fait ceci, il a fait cela, ce qui, certes, a telle ou telle importance... »

XII. Ainsi donc, quand on dispose d'arguments démonstratifs, il faut encore parler au point de vue des mœurs, et démonstrativement ; mais, si tu n'as pas d'enthymèmes à ta disposition, parler (surtout), au point de vue des mœurs. Pour un orateur honnête, il est plus convenable de faire paraître ses qualités morales que l'exactitude de ses expressions.

XIII. Parmi les enthymèmes, ceux qui tendent à réfuter sont plus goûtés que ceux qui tendent à démontrer, vu que tous ceux qui établissent une réfutation rentrent mieux, évidemment, dans les conditions du syllogisme, car le rapprochement des contraires rend ceux-ci plus saisissables.

XIV. Les arguments qui s'attaquent à l'adversaire ne sont pas d'une autre espèce que de celle des preuves ; destinés qu'ils sont à détruire son opinion les uns au moyen d'une objection, les autres au moyen d'un syllogisme. Or, soit dans une délibération, soit dans un procès, si l'on parle le premier, il faut d'abord exposer ses preuves[6], puis répondre aux arguments contraires, soit qu'on les détruise, ou qu'on les prévienne pour les combattre. Si la contradiction donne prise de plusieurs côtés, aborder en premier les raisons contraires, comme le fit Callistrate dans l'assemblée des Messéniens, car il renversa d'avance ce qu'ils auraient pu dire ; puis, cela fait, il s'y prit de cette manière pour produire ses propres raisons.

XV. Si l'on parle le second, il faut d'abord répondre au discours de l'adversaire en détruisant ses arguments et les retournant contre lui ; et cela, surtout lorsqu'ils ont été goûtés par l'auditoire. Car, de même que l'esprit n'admet pas (comme innocent) un homme contre lequel se sont élevées des préventions, il n'admet pas davantage (comme plausible) un discours, si l'adversaire lui a semblé avoir parlé dans le bon sens. Il faut donc préparer une place dans l'esprit de l'auditeur pour le discours que l'on va prononcer. C'est ce qui arrivera si tu détruis (les arguments du préopinant). Voilà pourquoi ce n'est qu'après avoir combattu ou bien tous les points traité, ou les plus importants, ou ceux que l'auditoire a paru admettre, ou enfin ceux dont la réfutation est facile, que l'on abordera, de la façon que j'ai dit, les arguments plausibles qui nous sont propres.

> Je me porterai d'abord comme champion des déesses ;
> Car, pour moi, Junon...[7].

Dans ces vers, le poète touche d'abord le point le plus simple. Voilà pour les preuves.

XVI. Quant aux mœurs, comme le fait de donner quelques détails sur sa propre personne nous expose à l'envie, à l'accusation de prolixité ou à la contradiction, et celui de parler d'un autre au reproche d'outrage ou de grossièreté, il faut faire parler une autre personne, comme Isocrate le fait dans le *Philippe*[8] et dans l'*Antidosis*[9]. De même Archiloque, pour blâmer. Il met en scène un père qui parle ainsi au sujet de sa fille, dans cet ïambe :

> Avec de l'argent, il ne faut désespérer de rien, ni affirmer par serment l'impossibilité de quoi que ce soit.

Il met en scène l'architecte Charon, dans l'ïambe qui commence ainsi :

> Peu m'importent les richesses de Gygès...

De même Sophocle fait parler Hémon à son père en faveur d'Antigone, comme si d'autres personnes tenaient la parole[10].

XVII. On doit aussi transformer les enthymèmes, et quelquefois les convertir en sentences : « Il faut que les hommes de sens[11] contractent des traités pendant qu'ils sont heureux ; car, dans ces conditions, ils obtiendront les plus grands avantages »[12]. Maintenant, sous forme d'enthymème : « En effet, si c'est au moment où les traités sont le plus utiles et le plus profitables qu'il faut les conclure, il faut conclure des traités pendant que la fortune est prospère. »

---

1. 1° Non-existence du fait, — 2° Fait existant, mais non nuisible. — 3° Fait existant, nuisible, mais moins qu'on ne l'a dit. — 4° Fait existant, nuisible, nuisible autant qu'on l'a dit, mais non injuste.
2. Dans la discussion portant sur la non-existence du fait en litige.
3. Homère, *Odyssée*, IV, 204.
4. *Discours sur la paix*, § 27.
5. Thésée (*Hélène* § 22 ; Pâris (*Ibid.*, § 41) ; les prêtres égyptiens et Pythagore (*Busiris*, § 21) ; les poètes (*Ibid.*, § 38) ; Agamemnon (le *Panathénaïque*, § 72). Cp. Spengel.
6. C'est-à-dire les preuves justifiant sa propre opinion ou sa propre conduite.
7. Euripide, *Troyennes*, vers 969 ; alias 979.
8. § 73.78 ou plutôt § 4-7. (Spengel.)
9. § 141-149 ; § 132- 139. (Voir, dans Spengel, plusieurs entres exemples de cet artifice oratoire.
10. *Antig.*, vers 688 et suivants.
11. Ou plutôt les peuples sensés.
12. Cp. Isocrate, *Archidamus*, § 50.

XVIII. De l'interrogation. — De la plaisanterie.

I. En ce qui concerne l'interrogation, il est surtout opportun d'en user lorsque (l'adversaire) a dit le contraire, de façon que l'orateur faisant questions sur questions, il en résulte une absurdité. Exemple : Périclès interrogeait Lampon au sujet de l'initiation aux mystères de la déesse libératrice[1] ; et, comme celui-ci répondait qu'il n'était pas possible d'en entendre parler quand on n'était point initié, il lui demanda si lui le savait. Lampon lui dit que oui. — « Eh ! comment le sais-tu, n'étant pas initié ? »

II. En second lieu, lorsque le premier point est évident, mais qu'il est visible pour l'interrogateur que l'autre point lui sera concédé ; car, s'informant sur une première proposition, il ne faut pas que sa seconde question porte sur un point évident, mais qu'il énonce la conclusion. Ainsi Socrate : Mélitus disant que celui-ci ne croyait pas à l'existence des dieux, il lui demanda si lui, Socrate, affirmait l'existence d'un démon. Mélitus en tomba d'accord. Socrate poursuivit : « Les démons sont-ils des enfants des dieux, ou enfin quelque chose de divin ? » Mélitus disant que oui : « Est-il quelqu'un au monde, dit Socrate, qui admette l'existence d'enfants des dieux sans admettre celle des dieux ? »

III. De même encore, lorsque l'on va faire voir que (l'adversaire) dit des choses contradictoires ou paradoxales.

IV. En quatrième lieu, lorsque l'on ne peut répondre, pour détruire l'assertion avancée, que d'une manière sophistique. Car, si l'on répond de cette manière qu'il y a ceci, mais qu'il y a aussi cela, bien que tantôt il y ait ceci et tantôt cela, ou encore qu'il y a ceci à certains égards, mais cela sous tel autre point de vue, il en résulte que les auditeurs sont déroutés et se troublent. Il ne faut pas opérer ainsi dans d'autres circonstances ; car, si l'adversaire fait une objection, on semble rendre les armes. Il n'est pas possible de faire un grand nombre de questions, à cause de la faiblesse de l'auditeur. Aussi doit-on serrer le plus possible les enthymèmes.

V. Maintenant, il faut répondre d'abord aux équivoques en établissant des distinctions dans une argumentation pas trop écourtée ; d'autre part, aux assertions qui semblent contradictoires, en apportant immédiatement une solution, dans sa réponse, avant que l'adversaire ait fait suivre une nouvelle question ou un nouveau raisonnement ; car il n'est pas difficile d'entrevoir d'avance sur quoi porte son discours. C'est un point dont l'évidence doit ressortir du livre des *Topiques* ², ainsi que les solutions à opposer.

VI. Il faut donner des motifs en manière de conclusion lorsqu'une question implique elle-même une conclusion.

Ainsi Sophocle³, à qui Pisandre demandait s'il avait donné sa voix, comme les autres membres du Sénat, à l'établissement des Quatre-Cents : — « Oui, dit-il. — Eh quoi ! cela ne te semblait donc pas une mauvaise chose ? » — Il l'accorda : « Ainsi donc, dit l'autre, tu as fait là une mauvaise chose ? — Oui, répondit-il, mais parce qu'il n'y avait rien de mieux à faire. »

C'est comme ce Lacédémonien, rendant ses comptes d'éphorat, à qui l'on demandait s'il trouvait que ses collègues avaient mérité d'être condamnés. Il répondit que oui : « Mais tu as donné les mêmes avis que ces derniers ? » — Et comme il en convenait : « Eh bien ! donc, tu aurais mérité de subir la même condamnation. — Non pas, répliqua-t-il, car ils avaient reçu de l'argent pour agir comme ils l'ont fait ; moi, non : j'ai agi suivant ma conscience. »

Il ne faut donc poser de question ni après la conclusion ni comme conclusion, à moins que la vérité ne nous soit pleinement favorable.

VII. Quant à la plaisanterie (car elle me semble pouvoir être d'un certain usage dans les débats et Gorgias dit, et a raison de dire que l'on doit détruire le sérieux de ses adversaires par la plaisanterie et leur plaisanterie par le sérieux), — on a énuméré, dans la *Poétique*[4], les diverses sortes de plaisanteries.

Les unes conviennent à un homme libre ; les autres, non. Il faudra voir dans quelles circonstances pourra être de mise celle qui convient à l'orateur. L'ironie a quelque chose de plus relevé que la bouffonnerie. Par la première, on fait une plaisanterie en vue de soi-même, tandis que le bouffon s'occupe d'un autre[5].

---

1. Déméter-Cérès.
2. *Top.*, l. VIII.
3. Mentionné déjà ci-dessus, l. I, ch. XIV, § 3.
4. Partie perdue.
5. Le bouffon (ou plutôt le mauvais plaisant) s'occupe de faire rire, d'amuser autrui.

XIX. De la péroraison.

I. La péroraison (ἐπίλογος) se compose de quatre éléments : bien disposer l'auditeur en sa faveur et l'indisposer contre l'adversaire ; grandir ou abaisser ; mettre en œuvre les passions de l'auditeur ; rappeler les faits. Il arrive, naturellement, qu'après avoir démontré que l'on est véridique et que l'adversaire a menti, on peut, sur ces données, louer, blâmer et mettre la dernière main. Or il faut viser à établir l'une de ces deux opinions, que l'on est bon au point de vue de l'auditeur, ou absolument, et, d'autre part, que l'adversaire est malfaisant, soit au point de vue des auditeurs, soit absolument. Quant aux moyens à employer pour amener ces dispositions, on a exposé les lieux qui servent à présenter les hommes comme bons ou mauvais.

II. Le point qui vient après celui-là, les faits une fois démontrés, consiste naturellement à les grandir et à les rabaisser ; car il faut nécessairement que les faits accomplis soient reconnus pour que l'on puisse arriver à parler de leur importance ; et en effet, l'accroissement des corps en suppose la préexistence. Les lieux qui servent à grandir ou à rabaisser sont déjà l'objet d'un exposé antérieur[1].

III. Après cela, une fois qu'on a fait voir clairement les faits et qu'on les a mesurés à leur valeur, il faut agiter les passions de l'auditoire. Ces passions, ce sont la pitié et la terreur, la colère, la haine, l'envie, l'émulation et la dispute[2]. On a expliqué précédemment les lieux qui s'y rapportent[3].

IV. Reste le fait de rappeler les arguments avancés dans les parties précédentes. Or il convient de le faire de la même manière que certains le conseillent pour les exordes, ce en quoi ils ont tort ; car ils prescrivent de revenir souvent à la charge pour que les choses soient bien connues.

Dans cette partie-là, il faut exposer la chose, afin de ne pas laisser ignorer à l'auditeur les détails de la question mise en cause ; tandis que, dans celle-ci, on doit récapituler les arguments qui ont établi la démonstration.

V. Au début (de la péroraison), l'orateur dira qu'il a tenu les promesses qu'il avait faites ; et pour cela, il doit rappeler ces promesses et dire comment il les a tenues. Cela s'obtient par le contre-rapprochement des arguments de l'adversaire. On rapprochera ou les choses que les deux parties ont dites sur le même point, ou celles qui n'ont pas été mises en opposition : « Mon contradicteur a dit telles choses à ce sujet, et moi telles autres choses, pour telles raisons. » Ou bien on recourt à l'ironie, comme dans cet exemple : « Oui, certes, il a bien dit ceci, mais moi, j'ai dit cela ; » et dans cet autre : « Que ne ferait-il pas s'il avait démontré ceci, mais non pas cela ? » — ou encore à l'interrogation : « Quel point est resté sans démonstration ? » ou bien : « Qu'a-t-il démontré ? » On peut aussi procéder, soit par rapprochement ou dans l'ordre naturel, de la même façon que les choses ont été dites, les reprendre en vue de sa propre cause, et, par contre, si on le désire, revenir isolément sur les divers points du discours de l'adversaire.

VI. À la fin (de la péroraison), il convient de parler un langage dépourvu de conjonctions, afin que cette fin soit bien un épilogue, mais non pas un nouveau discours : « J'ai dit ; vous avez entendu, vous possédez (la question) ; prononcez[4]. »

FIN DE LA RHÉTORIQUE D'ARISTOTE.

---

1. L. II, ch. XIX et XXVI.
2. ἔρις. Peut-être χάρις, la faveur. (Spengel.)
3. L.II, ch. I - XI.
4. Cp. Lysias, *contre Ératosthène*, dernière phrase.

Copyright © 2023 par Alicia Éditions
Couverture et mise en page : Alicia Éditions ; www.canva.com ;
https://www.flickr.com/photos/sonsespics/28214898208/
Long Room, Trinity College Dublin Date 3 mai 2018, 12:29 Source
Aristotle Bust at Old Library Auteur Sonse
Fichier disponible selon les termes de la licence Creative
Commons Attribution 2.0 Générique.
Tous Droits Réservés

www.ingramcontent.com/pod-product-compliance
Lightning Source LLC
LaVergne TN
LVHW021339080526
838202LV00004B/238